古代中世寺院組織の研究

牛山佳幸著

吉川弘文館刊行

戊午叢書

序

日本仏教史の研究にはさまざまなアプローチの仕方があると思うのであるが、私自身はこれまで、国家の寺院政策や寺院内部の制度史的な面に焦点を当てて、日本における仏教受容の特質やその展開過程を考究するという立場をとってきた。本書はそうした日本寺院史の問題を扱った拙論のうち、主として一九八一年から一九八六年にかけての数年間に発表したものを、若干の手を加えつつ集成したものである。個々の論文はいずれも、その時々の問題意識に沿って考えをまとめたものであったり、あるいは当時の学界動向に刺激を受けて執筆したものであるから、本書全体は必ずしも体系立った叙述にはなっていない。ただ、私が研究を進める際に常に持ち続けたのは、次のような視点であって、それらが本書を構成する三つの柱ともなっている。

第一は、日本における仏教史を享受・修行・教学・布教・実践・救済・被救済といった諸側面からみた場合、尼・尼寺が僧・僧寺とともに、その主要な構成要素をなしていたという点である。尼と尼寺の問題は最近、女性史研究の高揚によってようやく一部で注目を浴びるようにはなっている。しかし、女性史の立場に立つか立たないかは別として、日本の教団仏教がまず女性によって受容されたという事情や、古代から近世を通じて、尼と尼寺に関する記事が史料上に所見される点を考慮に入れれば、最初からその存在を度外視した仏教史の研究は不十分と言わなければならないだろう。本書では第一章と第二章が尼と尼寺を中心テーマに据えて、その地位の変動する過程と背景を追求しているが、第三章と第七章においても、そうした点への配慮を怠らないようにつとめた。

第二に、国司制度や国衙機構と関連づけながら、僧尼や寺院の問題を考えようとしたことである。日本の古代寺院が官庁と類似した機能を果していたとか、僧尼が国家公務員的性格を有していたといった点は、従来からも指摘されており、律令制下の仏教が官制機構・官僚制原理のもとで導入されていたことは、むしろ常識的な理解とも言えよう。その点を踏まえて、私は官衙のうちでもとくに国衙に的を絞り、国衙機構と寺院機構の同質性をより具体的な素材を用いて明らかにしようとした。解由制度の適用に注目した第三章、寺院における在庁を「発掘」した第四章がそれであるが、第五章もその応用としての意味を持っている。この構想自体は本書全体の中で、必ずしも成功しているとは言えない面があるかもしれない。しかし、前近代においては一般行政と仏教（宗教）行政とは常に同一の場で論議されていたのであって、国司制度の研究と寺院制度の研究が没交渉で行なわれているのは今日的現象に過ぎないことを想起する時、なお今後とも見失いたくない研究視角である。

第三は、古代と中世の両時代に目を向け、その間の変化や変質に注意を払ったことである。日本史研究者の中には通史を執筆できる大家や、過渡期の時代を専門にされている方も少なくないが、一般的には古代・中世・近世といった時代別に、はっきりと研究領域を設定されている場合が多い。もちろん、今日のように歴史学が空前の発展を遂げて、研究テーマの細分化がますます進んでいる状況のもとでは当然のことであろうが、法学部という傍系の出身で日本史の研究を始めた私には、最初こうした間口の狭隘さに戸惑いを感じたことである。しかし、そうは言っても歴史事象を絶えず日本史全体の中で論ずるといった、大それたことは到底私の能力をもってしてはできるはずもないから、せいぜい古代・中世を一貫した時代として捉え、その流れの中に問題点を見出そうとするにとどまっている。僧綱制の変質過程を扱った第五章や、入道親王と法親王の関係を追求した第七章に、その点は最も顕著に示されているが、第三章と第四章も、本来はそうした視角の中から構想が生れたものである。なお、尼と尼寺の問題についても、第一章と第二章の内容を受けて中世の状況を論じた拙文をすでに公表しているが、紙数の都合で収録できなかった。

本書における研究方法の特徴を求めるとすれば、だいたい以上の通りである。もとより冒頭に述べたように、基本的な研究テーマは国家の寺院政策や寺院内部の制度的側面であるから、本書の内容を一言で説明するとすれば、古代中世における「寺院制度史の研究」もしくは「寺院機構の研究」ということになるかもしれない。ところが、全体を改めて眺めてみると、僧・尼・別当・鎮・三綱・在庁・僧綱・威儀師・従儀師、また入道親王・法親王と、日本の寺院組織を構成していた主要なメンバーが一応出揃っていることに気づいた。本書の題名は『古代中世寺院組織の研究』とするのが最もふさわしいのではないか、と考えるに至った次第である。

目次

序

第一章　律令制展開期における尼と尼寺……一
　――その実態についてのノート――
はじめに……一
第一節　問題の所在……二
第二節　尼の地位とその変質過程……五
　1　中国・朝鮮における僧綱制と尼……五
　2　僧尼令と僧尼位……八
　3　尼の国家的法会からの排除……一一
　4　尼の得度の制限……一四
第三節　尼寺の機構的特質――鎮をめぐって――……一九
むすび……二九

第二章　古代における尼と尼寺の消長……四四
はじめに……四四
第一節　女性不浄観と女性蔑視思想の問題……四六
第二節　尼の仏教界排除の要因……五三
第三節　その後の尼と尼寺の動向……六一
むすび……六八
第三章　諸寺別当制の展開と解由制度……八三
はじめに……八三
第一節　解由制度適用の前提……八四
第二節　『延喜式』における手続と運用……八九
第三節　残存する交替公文の分析からみた解由制度の実態……九六
1　仁和四年五月二十四日東寺解由状案……九六
2　承平元年十一月二十七日神護寺交替実録帳写……九八
3　（年月日欠）広隆寺交替実録帳……一〇三

4 諸寺の交替公文の逸文等……一〇四
5 長元八年十一月二日元興寺検録帳……一一〇
第四節 諸寺別当制の変質と解由制度……一一三
むすび……一一九

第四章 寺院在庁と国衙在庁……一二三

はじめに……一二三
第一節 いわゆる修験系寺院の在庁から……一二五
第二節 在庁固有の機能を求めて……一四五
1 美濃長滝寺と加賀白山寺……一四六
2 越前越知山大谷寺……一四八
3 大和吉野金峯山寺……一四九
4 石清水八幡宮寺の在庁……一五一
第三節 別当・三綱制と在庁の関係――法隆寺の例を中心として――……一五三
第四節 寺院在庁と国衙在庁の関係……一六三

むすび……一七〇
第五章　僧綱制の変質と惣在庁・公文制の成立……一八四
はじめに……一八四
第一節　僧綱発給文書における威儀師・従儀師連署の出現……一八五
1　僧綱発給文書の収集と分析……一八五
2　記録に見える「惣在庁」「公文」の検出……一九四
第二節　惣在庁・公文制の機能と性格……二〇二
1　法務制の成立と僧綱の不在化……二〇二
2　威儀師・従儀師の在庁化……二〇九
3　惣在庁・公文の職掌と機能……二一一
4　「綱所」の意味の変容……二一五
第三節　東寺一長者―惣在庁・公文制の成立とその意義……二一八
1　東寺一長者＝法務の実権掌握と僧綱所の廃絶……二一八
2　東寺一長者と顕密体制……二二三
3　仁和寺宮と「綱所」……二二三

むすび……二三五

第六章　「賜綱所」と「召具綱所」……二三八
――仁和寺御室の性格究明への一視点――

はじめに……二三八

第一節　仁安二年の「惣法務宣下」をめぐって……二四〇

第二節　「賜二綱所一」ということの意味……二四三

第三節　法務と「召二具綱所一」……二五一

第四節　仁和寺御室の性格……二五四

むすび……二五八

第七章　入道親王と法親王の関係について……二六三

はじめに……二六三

第一節　入道親王の表記の仕方をめぐって……二六四

第二節　入道親王と法親王の関係についての通説……二六九

第三節　入道親王と法親王の性格とその変遷……二七五

むすび……二六二
付　記……三〇一
あとがき……三一一

第一章　律令制展開期における尼と尼寺

――その実態についてのノート――

はじめに

日本における宗教と女性の問題をめぐる研究史を振り返ってみると、これまで取り挙げられることが圧倒的に多かったのは、巫女(1)や熊野比丘尼(2)に関してであり、その蓄積は今日厖大なものがあると言えよう。研究視角も多種多様で、どちらかと言えば歴史学・宗教学よりも民俗学がその中心的役割を果してきた感があるが、熊野比丘尼については、近年絵解きの問題が国文学の分野からもクローズ・アップされるなど(3)、新しい状況も生まれつつあるようである。

一方、民俗宗教から仏教へ目を転じると、女人往生(4)とか縁切寺(5)の問題など、いわゆる仏教の救済論理を追求したもの(6)は従来も比較的多いように思われるが、出家者である尼や、その居住・修行の場である尼寺となると、学問的なレベルで論及されることは極めて少ないという現状にある。教団の編纂にかかる「尼僧史」(7)の類を除けば、このテーマでは荒木良仙氏の研究(8)がほとんどで唯一のものとして知られるが、この内容は僧尼令や『元亨釈書』等に見える尼の記事からの引用と、熊野比丘尼の概説的考察がなされているに過ぎず、通史としても甚だもの足りない。

各時代別の研究状況はどうかと言えば、まず中世における尼・尼寺の歴史的意義を正面から論じたものは現時点ではほとんど見当らず、[9]近世では日蓮宗を中心に各宗派の尼・尼寺の実態を追求された坂本勝成氏の論文[10]が数少ない成果の一つである。これに対して古代では、堀池春峰氏の先駆的な業績[11]に続き、近年須田春子氏がその大著[12]の中で、「尼寺・尼僧とその教学」についてかなりの頁数を割かれるなど、他の時代よりは研究の進展がみられるものの、まだまだ論じ残された問題は多い。なべて尼・尼寺をめぐる研究は、仏教史の他の分野に比べて著しく立ち遅れていることは否めないところであろう。

私は、このように従来看過されて、ややもすれば興味本位に扱われやすかった尼・尼寺の問題を、各時代毎に論点を抽出して日本史の上に正しく位置づけようと意図するものであるが、本稿はそのうちの古代における序説に過ぎない。その視角や問題意識は次節であらためて述べることとする。

第一節　問題の所在

「はじめに」で概観したように、古代における尼・尼寺を中心テーマとして論じられているのは堀池・須田両氏の業績ぐらいであるが、[13]上記した先行研究の中で、これとは別の視角から「女性と宗教」の問題を追求された研究の中にも、古代の尼や尼寺に関説する個所が全くないわけではない。ここでは、それらのうちの主要なものの紹介を兼ねて問題点を指摘し、併せて本稿の課題を導き出したいと思う。

そこで、まず看過できないのは笠原一男氏の『女人往生思想の系譜』[14]である。これは「仏教と共に生きる人々との関係の時代的変遷を背景として、女性と仏教の関係はどのような歴史を辿ってきたかを、古代・中世・近世の三つの時代において」考察された大作で、古代においては「伝」、中世においては「論」、近世においてはその二つの面から布教が行なわれたことなどの興味深い指摘がなされている。その反面、経典の説く「五障・三従の教え」を直ちに日本における女人往生の思想と結びつけられること[15]や、仏教の役割が布教・救済にあるとの立場のみから日本仏教史を通観されることなどには、少なからぬ疑問を抱くものであるが、当面の問題となるのは次の点である。つまり、一貫して「古代仏教の諸山寺は結界して女性を拒絶するという差別を女性に対してとりつづけた[16]」という理解の上に立って論述されていることである。これは、多分に鎌倉新仏教の祖師たちの著述に負っているように思われるのだが、この点を強調されることは歴史的事実と齟齬する[17]ばかりか、初期仏教受容期における女性の果した役割を捨象してしまうことになりかねないのである。

ところで、その仏教伝来当初の女性の担った栄光とは、敏達天皇十三年（五八四）にわが国で初めて出家したのが、司馬嶋（善信尼）を始めとする三人の女性であり、彼女らはこののち物部・中臣両氏ら排仏派の度重なる迫害にもめげず精進し、とくに善信尼は百済へ学問尼として渡り、帰国後は桜井寺において授戒権を握る尼として、その後しばらく日本仏教界をリードしたという、『日本書紀』の一連の記事[18]や「元興寺縁起[19]」によって知られる逸話である。この経過については、すでにいろいろな視角から論じられているところ[20]であるが、近年、この問題について注目すべき見解を出されたのが桜井徳太郎氏であった[21]。桜井氏によれば、仏教初伝の六世紀段階には、かつてのシャーマニズム的要素がなお無視しえない影を残しており、ことに家庭祭祀にあっては専らファミリー・シャーマン（家巫）の手に掌握されており、初期仏教が尼によって担われた理由はここにあったとされるのである。すなわち、日本における仏教の受容基盤として当時のシャーマニズムの存在を取り挙げ、初期の尼を女性司祭者（巫女）とオーバーラップさせて考察されたもので、その鋭い着眼は大方において従うべきであろう。ただ、気になるのは、「少なくとも中世に至るまでの僧尼の比重は、大きな格差を生ぜしめたとは考えられない状態を示している」と指摘されるなど、桜井氏の論旨には日本においては女性出家のことが恒常的に存在していた、という点を強調されようとする傾向がみられること(22)である。これは一面の事実ではあるが、その場合、尼の数だけを問題にされるだけでは国家権力との対応、あるいは笠原氏とは逆に、女性差別の問題を欠落させてしまうことになるのではなかろうか。桜井氏は導入部において文献史学の方法を厳しく批判され、民俗学的手法の独自性を強調されているのであるが、先の点には却って民俗学の有する、ある種の限界が示されているように感じられてならないのである。

さて、そうした女性の地位低下とか女性差別の問題については、古くからの研究史があるのであるが、尼に関しては詳しく取り挙げられたことがなく、例えば高群逸枝氏の厖大な研究の中でも、ごくわずかに触れられているに過ぎ(23)ない。近年再び盛んになりつつある女性史研究においてもほぼ同様で(24)、最近刊行された女性史総合研究会編『日本女性史』第1巻原始・古代編（一九八二年）では、何人かの執筆者が女性の地位低下に仏教思想の影響のあった点を示唆されているのに(25)、肝心の尼の実態については直接扱ったものがなかった(26)（ちなみに、同書第2巻中世編（一九八二年）の「あとがき」でも、仏教の立場からの論考がないことが述懐されている）。

以上のように研究史をたどってくると、結局のところ、かつての日本の仏教界において中心的な役割を果した尼が、そののち僧とどのように差別され、地位が低下するに至ったのかという点が未解明のままで、古代においてはまず、こうした基礎的な作業が必要であることを痛感させられる。実は、冒頭に紹介した堀池・須田両氏の研究、とくに須田氏の『律令制女性史研究』は、正倉院文書を中心に奈良時代の史料を渉猟され、「尼寺・尼僧とその教学」を可能な限り明らかにされた文字通りの労作であり、本稿を執筆するにあたっても多大の恩恵を蒙っているのであるが、それでは尼・尼寺は僧・僧寺と比較して、その存在形態にいかなる特質があったのかという点になると、必らずしも鮮明にされてはいないように思われるのである。

右のような問題意識に立脚して、以下に「尼の地位とその変質過程」と「尼寺の機構的特質」の二つの点について基礎的な整理を試みたい。

第二節　尼の地位とその変質過程

1　中国・朝鮮における僧綱制と尼

わが国古代の尼の地位を考える上で、中国や朝鮮のそれと比較していかなる相違があるのか、という視角は当然看過されてはなるまい。本稿ではこうした点に深く立ち入るだけの準備は到底ないのであるが、僧綱制の問題はまず、その点を考察する上で示唆的なものを含んでいるように思われる。わが国における僧綱の設置を告げるのは、推古紀三十二年（六二四）の「観勒を僧正、鞍部徳積を僧都、阿曇連某を法頭に任ず」[27]という記事を初見とし、こののち大化元年（六四五）の十師設置記事を経て[28]、天武紀十二年（六八三）に「僧正・僧都・律師を任じ、法の如く僧尼を統領せしむ」[29]とあるので、天武朝にその後の模範となる僧綱制が確立されたとするのが今日の通説である。ここに至るまでに、中国各王朝のいかなる制度を継承しつつ、わが国古代の仏教統制機構が確立されていったかについては、従来の研究によってかなり詳細に明らかにされているが、(30) 逆に中国ないし朝鮮の制度のどのような部分が摂取されなかったのか、という点には比較的注意が向けられていないようである。「尼の僧綱への登用」という点は、大陸に先蹤があるのに、わが国においては見出すことのできないそうした例の一つと言える。

例えば、中国南北朝時代には北魏（四三九～五五六）に「比丘尼統」の制度があったとされるし、劉宋（四二〇～四七九）では明帝の泰始二年（四六六）に勅命で宝賢尼が「都邑僧正」に任ぜられ、そのもとで法浄尼が「京邑都維那」に就いたなど、その例は多く知られる。(31) これらの尼官の国制上における位置づけについては、僧官と同系統か別系統かといった点など、不明の点も少なくないが、新羅では中央仏教統制機関の中に、尼が僧に伍して充てられていた例が存在した。『三国史記』(32)に、

……国統一人一云寺主真興王十二年以二高麗恵亮法師一為二寺主一、都唯那娘一人阿尼、大都唯那一人、真興王始以二宝良法師一為レ之……

と見える「都唯那娘」がこれである。(33)

わが国では、推古天皇三十二年（六二四）に僧尼の数を検校した際、僧八百十六人に対して尼五百六十九人が存在したとあり、(34) 尼の占める割合は実に四〇％以上であったことが知られるが、このように尼の果たす役割が並々ならぬものであったこの当時においてさえも、尼が僧綱の一員に加えられていた形跡はない。結局、仏教伝来以降、近代に至るまで尼が僧綱に列した事実は、ついにこれを見出すことができないのである。律令制成立期の日本では、ひたすら大陸からその制度・文化を輸入、模倣することに傾注したはずであるが、それが決して手当り次第というわけではな

く、ある種の選択が行なわれたらしい徴証のあることが、あらためて注意される。従来指摘されているものでは、教団としての道教や宦官の制度などが知られるが、いわば「尼綱」もわが国では採用されなかった制度の一つであったとみてよいようである。

なお、正倉院文書[35]や『続日本紀』[36]などによると、当時「大尼（公）」「小尼（公）」という尼に対する呼称があったことが知られる。『類聚国史』[37]は大尼の記事を「僧位尼位附出」の項に分類しているから、その編纂当時は尼の位階として理解されていたものであろうか。これに対して『古事類苑』[38]では、沙彌尼の受戒例の記事を挙げた中で、「大尼ハ如法ノ受戒ヲ為シタモノ、小尼ハ然ラザルモノナリ」と注している。一方、堀池春峰氏の前掲論文でもこの大尼・小尼に言及されており、「大尼公は明らかに法華寺の最高位にあった尼僧」と指摘され、さらに「僧の尊称である大徳に当る尊称であり、老宿の尼を大尼、若い尼を少《ママ》尼と呼んだわけであろう」とも述べられている。これらの見解のうち、尼独自の位階と解釈するのはやや無理があろう（尼位については次節で扱う）。また、受戒に関係あるとする説の場合、大尼とは「大比丘尼戒」に由来するものとしてみても、小尼については必ずしも納得のいく説明が得られない。断言はできないのだが、尊称とするのが現時点では最も妥当のように思われる。

ただ、堀池氏は主として正倉院文書によって考察を加えられたものだが、『続日本紀』には大尼についての注目すべき記事が二つある。その一つは、神護景雲二年（七六八）の大尼法戒と大尼法均をそれぞれ従三位、従四位下に準じるというもので[39]、これによって大尼が同時に複数存在したことが明らかである。従ってまた、大尼と呼ばれる尼が法華寺に限られていたかどうかも、今後の検討に残されている。もう一つは、天平宝字四年（七六〇）八月、万年通宝等の新銭を賜った百官主典以上の中に「僧綱・大尼」と見えることである[40]。つまり、大尼が僧綱と並び称せられているわけで、これをもって日本にも、「尼綱」のようなものが存在したことを想定する向きがないわけではない。[41]しかし、天武朝の僧綱制確立の段階ですでに、「僧綱が僧尼を統べ領むる」[42]と謳われている以上、やはりここでも尊称とみるのが穏当のようである。それにしても、この時期においても僧綱と対置されるほどの、一部の特権的な尼の存在が確認できることは瞠目に値するが、[43]同時にこの記事は、尼が僧綱に登用されない建前であったことを、あらためてうかがわせるものであるとも言えよう。

以上の検討結果からすると、わが国では七世紀における僧綱制の確立過程で、すでにある程度、僧優位の傾向の存したことを認めざるを得ないのであるが、その僧綱監督下における僧尼はあくまでも平等・対等の関係にあった。そのことは僧尼令の条文にもはっきりと具現されているのである。その点を次にみよう。

2　僧尼令と僧尼位

僧尼令については、これまでに多くの研究成果が積み重ねられており、[44]唐の道僧格を手本としながらも、その道教関係の部分を削除しつつ、日本の国情に合せて令の篇目として作成されたことなどは、もはや周知の事実に属するであろう。また、その個々の条文が決して空文でなかったことなども、ほぼ認められつつあるところである。

ここでは、僧尼令の内容にあまり深く立ち入った考察は避けたいが、条文を通覧して[45]あらためて驚くことは、そこにおける「僧尼」の扱いである。すなわち、全二十七カ条のうち、14任僧綱条と24出家条（これらには「僧尼」という文言がない）は別として、残り二十五カ条のうち、二十二カ条は「凡僧尼……」という書き出しで始まるか、もしくは条文中に「僧尼」という文言を有する（22私度条、26布施条）ものであるということである。そして、僧と尼とが区別して表記されているのは次の三カ条に過ぎない。

6　取童子条

凡僧聴㆘近親郷里、取㆓信心童子㆒供侍㆖、年至㆓十七㆒、各還㆓本色㆒、其尼取㆓婦女情願者㆒、

11　停婦女条

凡寺僧房停㆓婦女㆒、尼房停㆓男夫㆒、経㆓一宿以上㆒、其所由人、十日苦使、五日以上、卅日苦使、十日以上、百日苦使、三綱知而聴者、同㆓所由人罪㆒

12　不得輙入尼寺条

凡僧不㆑得㆔輙入㆓尼寺㆒、尼不㆑得㆔輙入㆓僧寺㆒、其有㆘観㆓省師主㆒、及死病看問、斎戒、功徳、聴学㆖者聴、

しかし、これらは僧（男）・尼（女）間に性的関係の生じるのを未然に防ぐことを配慮して、僧寺と尼寺とを別寺とした仏教寺院本来のあり方からすれば、むしろ設けられるのが当然とも言える条文ばかりであり、僧尼どちらか一方に対する不当な差別的待遇を規定したものでは決してない。このように、僧尼令においては、僧尼は原則として平等・対等の扱いを受けていたと言ってよいのであり、その意味で鎮護国家体制のもとにおける尼は、官僧に対するまさしく官尼であったわけである。このことは、あるいは至極当然のことのように思われるかもしれないが、それでは他の令の篇目にこれほど男女が対等に位置付けられている規定を見出すことができるであろうか。最近、岡田精司氏は神職の地位を例に、男性が優位に転化し女性を排除するに至るのは七世紀であって、その最大の要因は律令官人制度にあったと指摘されているほどである。[46] こうした点を踏まえると、「僧尼」という特殊身分とは言え、僧尼令に男（僧）女（尼）平等の精神が明文化されているという事実は、やはり軽視されるべきではなかろう。[47]

ところで、僧尼間に性的差別がなく、ともに官僧・官尼として待遇されていたことをよく示す事例として、他に位階の存在がある。僧と同様、尼にも位階が与えられていたことは、僧尼令任僧綱条の令釈に、(48)

凡僧尼給公験其数有」三、初度給、受戒給二、師位給三、

とあることから疑いない。ここに言う三種の公験とは、それぞれ度縁・戒牒・位記に当るもので、『延喜式』にも僧尼位記式の一条が規定されている。(49)中国や朝鮮で僧尼に位階が与えられていたかどうかは不明で、もし日本のみであったとすれば、その仏教受容が官僚制機構に依存していたという特徴を最も顕著に示す一例と言えるだろう。奈良時代における僧尼制の体系や制度的変遷については不明の点が少なくないが、のちの基本となる僧尼位制が一応整備されるのは天平宝字四年（七六〇）のことであった。すなわち、同年七月二十三日、大僧都良弁・少僧都慈訓・律師法進等が奏上し、若干修正の上で認可された(50)「四位十三階制」がこれである。この内実をめぐっては、かつて山田英雄氏と、(51)石原正明の『冠位通考』(52)の説を継承した舟ケ崎正孝氏との論争があり、(53)実施の有無についても両者の間には微妙な見解の違いがある。これらの当否は本稿では擱くとして、問題となるのは両氏とも、これを「天平宝字僧位制」と呼ばれていることからもうかがわれるように、無意識のうちに僧のみの規定と解釈されているように思われることである。しかし、天平宝字元年（七五七）四月四日に「僧綱及び京内の僧尼復位以上に物を施す」(54)ことがあり、一方、翌天平宝字二年（七五八）の淳仁天皇即位宣命には「僧綱を始めて諸寺の師位の僧尼等に御物布施賜ふ」(55)とあるが、後者とほぼ同一の文言は宝亀元年（七七〇）十月一日の光仁天皇即位宣命(56)にも見えているのである。このように、天平宝字四年（七六〇）の前後に尼にも位階が与えられていたことを示す徴証がある以上、同年の四位十三階制は、当然尼をも含むものとしなければならないのではなかろうか。

次に、道鏡政権のもとで特異な「僧位」制が実施されていたことが、やはり舟ケ崎氏等[57]によって指摘されているが、その特徴の一つは進守大法師、進守法師などの「進守」系列の位階があったことだとされる。この道鏡政権下の制度も、従来は「僧」本位に検討されてきたものであるが、『日本後紀』所引の和気清麻呂薨伝[58]の一節に、姉広虫（法均尼）のことに及んで、

姉広虫及二笄年一、許二嫁従五位下葛木宿禰戸主一、既而天皇落餝、随出家為二御弟子一、法名法均、授二進守大夫尼位一、

と見え、彼女が「進守大夫尼位」なる位階を授けられたことが知られるのである。[59]これは道鏡政権下での尼位の一端を示すものとして比類のない史料と言えるが、実は古代において尼位の与えられた尼で、その法名が判明する唯一の例でもある。天平宝字四年制にしても道鏡政権下の制にしても、今後はさらに尼を含めた「僧尼位」制として、その全貌を明らかにしていく作業が急務であろう。[60]

3　尼の国家的法会からの排除

右に検討したように、僧尼令の規定には僧・尼を対等に処遇しようとする意図がみられ、奈良時代を通じてうかがえる尼位の存在は、国家が官僧に対する官尼として扱おうとしたことを示すものであり、原則として女性を排除していた律令官人制の中においては、極めて特異な例と言える。それでは、こうした僧尼令制定当時漲っていた僧尼平等の理念は、現実にはいつ頃まで維持されていたのであろうか。先に触れたように、『延喜式』には「僧尼位記式」（内記式）の一条が設けられ、「判授位記式」（玄蕃寮式）も当初は「尼」をも対象にしたものであったと思われるが、平安期以降、尼への位記の判授・勅授の実例は今のところ見出し難く、貞観六年（八六四）二月十六日太政官符[61]には、

国典所ㇾ載之僧位制本有二三階一、満位法師位大法師位是也、

などとあるように、当時は尼位のことなどは全く顧みられなくなっている。この事実だけでも、平安初期までには「官僧・官尼」の体制が崩れて、尼がその対象外に置かれていたことを示唆するが、その過程を最も明瞭に物語るのは法会などの仏事における待遇の変化であろう。

『日本書紀』や『続日本紀』などにおける仏教関係記事のうち、一般の僧や尼を対象としているものは、大別するとほぼ二通りがある。一つは、天皇即位や天下大赦などに際して「僧尼」に絁・綿・米・塩などの物を施すという、いわゆる賑給の記事(62)であり、もう一つは、宮中に斎供を設けて読経させたり、安居を命じている記事(63)である。とくに、後者の宮中読経における僧尼共集の例などは、僧尼を国家的な場へ招集する際には本来、同座・同席を原則としていたことと根を同じくするものであったと言ってよい。その好個の例は、推古紀三十二年（六二四）のわが国僧綱制設置の契機となった「一僧執ㇾ斧殴二祖父一」った事件後に、「悉聚二諸寺僧尼一」めて推問したという記事(64)や、孝徳紀大化元年（六四五）に「遣二使於大寺一、喚二聚僧尼一」して十師・寺司・寺主等を任命したという記事(65)などにみることができる。もっとも、たまたまここにあげた二つの記事には、そのストーリーに作為性のあることはしばしば指摘されるが、当時存在した僧尼の同座・同席の慣例までも否定し去ることはできないのであり、こうした点にこそ、当時の尼の面目躍如たる姿を髣髴とさせるものがあると言えよう。

ところが、賑給の場合には平安後期まで一貫して「僧尼」が対象とされているのに対し(66)、「僧尼」がともに法会の場に臨む例は神亀四年（七二七）二月十八日、災異を除かんがために「僧六百、尼三百」を宮中に請じて金剛般若経を転読させたのが(67)、国史上における最後の記事であり(68)、天平九年（七三七）五月一日の宮中での大般若経転読の際には、

「僧六百人」と記録されるだけで、[69]これ以降、宮中読経に招かれるのは原則として僧のみとなるのである。ただ、天平二十年（七四八）五月八日、太上天皇（元正上皇）の不豫に際し、国毎に僧尼を一寺に集めて読経せしめよという勅が出ているように、[70]地方ではこの後も主として国分寺の法会に、僧尼が同席することがしばらくはあったらしい。[71]しかし、中央では宮中読経、あるいはその他の国家レベルでの仏事にしても、ほぼ七三〇年前後を境に尼が排除されるに至ったとみてよいようである。[72]かの天平勝宝四年（七五二）四月九日の東大寺大仏開眼供養においても、『続日本紀』の記事には「請僧一万」とあるばかりで、[73]尼が少なくとも「東大寺内」に請用された形跡は読みとることができない。また、それよりも三年前の天平勝宝元年（七四九）十二月二十七日、宇佐八幡大神の禰宜尼大神朝臣杜女が入京し、天皇と同じ紫色の輿に乗って東大寺を参拝した時にも、礼仏読経のために請じられたのは「僧五千」とあるように、[74]ここでも同様に尼は招かれていないのである。この折、男性神職の主神司大神田麻呂は外従五位下に叙されたのに対して、大神杜女は従四位下に叙せられており、従来この大神杜女の入京事件は、古代の女性の地位の高さを象徴的に示す好例（それは最後の残映でもあったが）として理解されているのであるが、中央仏教界では当時一足早く、尼への性的差別が着実に及んでいたものとみなさなくてはなるまい。

それでは、これ以後尼が宮中の法会等の招請に全く与からなかったかと言えば、決してそうではなく、宝亀四年（七七三）七月二十七日の称徳天皇周忌御斎会に、「尼及女孺二百六十九人」が供奉している例がある。[75]これは故称徳女帝のための斎会という特殊事例ではあるが、この時期においても尼のみが国家的仏事に招かれることがあった点からすると、実際には尼の全面的排除が一挙に進んだわけではなく、その前段階として、まず僧尼の同座・同席の厳禁を徹底化させる政策がとられたとみることができるかもしれない。しかし、尼の法会からの疎外が顕著になるのと並行して、国家が広く諸臣に意見を述べさせる際に、「百官及師位僧等」とある如く[76]、尼がその対象外とされる事態も出現しつつあった事実なども勘案すれば、こうした一連の動きはまさに尼への差別待遇に他ならず、やがてはその地位の低下に結びつくものであったと思われる[77]。このようにみると、いずれにしても、仏教界における僧尼間の性的差別は、まず尼の国家的法会・仏事への参加の拒否、という形態をとって立ち現われてきたことは疑いないところと言えよう。

4　尼の得度の制限

次に注目されるのは尼の生産、すなわち、女性の出家それ自体が次第に制限されるに至ることである。この点は僧尼の得度者数の沿革を追うことで明らかにしうるが、それに先立って得度制について概観しておこう。得度とは一般的には出家して仏門に帰依することに違いないが、律令制下においては、得度した僧尼には太政官から度縁が交付されて、調庸などの課役が免除される規定であり、いわゆる私度僧でない国家公認の出家者の最初の階梯を意味した[78]。従って、わが国でも中国の制度に倣い、早く試験によって得度を許可したもので、この試経得度制の実態と変遷は尾上寛仲氏の研究[79]にほぼ尽されていると言ってよい。ここでは尾上氏の成果を参酌しつつ、私自身の理解も加味して以下に概略を述べる。

わが国における試経得度に関する規定は、『続日本紀』天平六年（七三四）十一月二十一日条に、法華経か金光明最勝王経の一部を暗誦し、浄行三年以上の者を条件とするとあるのを初見とするが、その法制化は天平四年（七三二）以前にさかのぼりうる。得度の方法には臨時度と年分度の二通りがあり[80]、平安時代以降は両者が並行して実施されていたが、当初は前者の臨時度のみであった。このように「時に臨んで」得度が許される機縁は、奈良時代においては天皇・皇后の不豫に際して、その平復祈願のためという例が圧倒的に多い。これに対して平安期になると、貴族や僧侶を対象に「賜二度〇人一」という表現がこれにとって代るが、これは特定の人物にいわば代度させるか、もしくは度者の推挙権を与えることを意味していると解釈でき、同時にここからは得度の観念の変容をも看取しうる。一方、年分度制とは年々一定数の得度を許す場合で、所定の学業の研究者を補充することに眼目があった。この濫觴はすでに持統天皇十年（六九六）に求められるが、制度的に確立するのは延暦十七年（七九八）のことである。ついで延暦二十五年（八〇六）には、華厳・律・三論・法相の各業に年分度者の定員が決められたが、この時に初めて天台にも年分度者二人が認められた。これ以後、天台・真言両宗では、寺院単位に年分度者が固定されるなどの展開を遂げていくことになる。(81)

さて、臨時度者の場合、許可された僧尼の人数が正史に記載されていることが多いので、男女間の得度者数の差を比較することが可能である。幸い、現存する『類聚国史』には仏道部の一部が含まれ、そこに「度者」の項があるので、六国史の検索に便利であるばかりか、『日本後紀』の欠をも補いうる。これをもとに作成したのが表1である。(82)(83)(84)ここでは七九〇年（延暦九年）を基準に、二十年毎の間隔に区切った。ただし、この表の見方については若干の解説が必要である。奈良～平安初期までは、天皇や皇后の不豫に際して大量に得度させる例が多いが、その場合、「僧尼」「男女」ないしは「僧」と明記される例があるのに対して、「於二宮中一度二二十人一」のように僧尼の別を記さない例も多く、後者の場合には僧尼双方を含むものか、僧のみかはにわかに判断しがたい。そこで、こうしたものは一括して「不明」として処理することとした。これに対して、前述の如く平安期以降には、特定の貴族・僧侶に「度を賜う」という方法がほとんどを占めるに至るが、これらのうち尼の場合には、例えば『類聚国史』所引の『日本後紀』延暦十四

表1　六国史に見える臨時度者一覧

年　　　　　　　　　　代	僧	尼	不　明	備　　考
590(崇峻天皇3)年～609(推古天皇17)年	1	12		
610(推古天皇18)年～629(舒明天皇元)年	0	0		
630(舒明天皇2)年～649(大　化　5)年	0	0		
650(白　雉　元)年～669(天智天皇8)年	0	0	330	
670(天智天皇9)年～689(持統天皇3)年	103＋α	β		
690(持統天皇4)年～709(和　銅　2)年	86＋α	β	300	α＋β=100
710(和　銅　3)年～729(天　平　元)年	43＋α	9＋β	30	α＋β=100
730(天　平　2)年～749(天平勝宝元)年	1752	1000	5400	
750(天平勝宝2)年～769(神護景雲3)年	1052＋α	57	800	
770(宝　亀　元)年～789(延　暦　8)年	1002	0	30	
790(延　暦　9)年～809(大　同　4)年	1430～1433	1172～1174	207＋α	
810(弘　仁　元)年～829(天　長　6)年	109	25	130	
830(天　長　7)年～849(嘉　祥　2)年	392＋α	0		
850(嘉　祥　3)年～869(貞　観　11)年	498＋α	0	590＋β	
870(貞　観　12)年～889(寛　平　元)年	242	0	80	

注　六国史以外の史料に見える臨時度の事例として、『内証仏法相承血脈譜』所引の行表度縁には、天平13年（741）12月14日の勅により宮中で773人の度者が許されたとあり、また高山寺所蔵『宿曜占文抄』所引「道鏡伝」（堀池春峰「道鏡私考」『芸林』8—5、1957年で紹介）には、天平宝字8年（764）9月29日法華寺浄土院で、道鏡を師主として度者1000人を給わったと見えるものなどが知られるが、これらの場合、僧尼別の度者数は不明である。

年（七九五）三月二十五日条（逸文）に、

賜二正四位下藤原朝臣産子度尼十一人一

とある如く、[85]わざわざ「度尼〇人」と記されており、僧のみの場合の「度〇人」とは、正史では区別されているように思われる。このように考えて、単に「賜二度〇人一」とあるものはすべて僧と解釈した。[86]そこで、あらためて表1を見ると、尼に対する臨時度は延暦期を過ぎると急激に減少していることがわかる。また、正史に所見のある、尼に臨時度が許可された最後の例は天長五年（八二八）であるが、この時の文言に、

有レ勅、特令レ度二尼十九人一

とあることからも、[87]当時女性の得度が極めて困難になっていた状況を察することができる。[88]

一方、年分度者の方はどうか。そこで、年分度制の確立を示すとされる延暦十七年（七九八）四月十五日の勅[89]を全文引用する。

勅、双林西変、三乗東流、明譬二炬燈一、慈同二舟檝一、是以弘レ得持レ戒、事資二真僧一、済レ世化レ人、貴在二高徳一、而年分度者、例取二幼童一、頗習二二経之音一、未レ閲二三乗之趣一、避二課役一、纔忝二緇徒一、還棄二戒珠一、頓廃二学業一、爾乃形似二入道一、行同二在家一、鄒璞成レ嫌、斉竽相濫、言念二迷途一、寔合レ改レ轍、自今以後、年分度者、宜乙択下年卅五以上、操履已定、智行可レ崇、兼習二正音一、堪レ為レ僧者上、為甲之、毎年十二月以前僧綱所司、請二有業者一、相対簡試、所レ習経論、惣試二大義十条一、取下通二五以上一者上、具レ状申レ官、至レ期令レ度、其受戒之日、更加二審試一、通二八以上一、令レ得二受戒一、又沙門之行、護二持戒律一、苟乖二此道一、豈曰二仏子一、而今不レ崇二勝業一、或事二生産一、周二旋閭里一、無レ異二編戸一、衆庶以レ之軽慢、聖教由レ其陵替、非三只黷二乱真諦一、固亦違二犯国典一、自今以後、如レ此之輩、不レ得レ住レ寺、并充二供養一、凡厥斎会、勿レ關二法筵一、三綱知而不レ糺者与同罪、自余之禁、宜レ依二令条一、若有二改過修行一者、特聴二還住一、使下夫住レ法之侶、弥篤二精進之行一、厭レ道之徒、便起中慚愧之意上

従来、この格については深く吟味することなく、漠然と「僧尼」を対象とするものと考えられがちであった。尾上氏もそうであるが、ほかにも例えば、井上光貞氏もそのような理解をされているように見受けられる。というのは、井上氏は光仁・桓武朝の対仏教政策は「財政上の見地よりする僧尼・寺院の厳しい統制」と「清浄な教団・僧尼の育成」という二つの基調を合せもっていたとの前提から、この二つを統一した政策として年分度制の改革を挙げられ、延暦十七年格の骨子を次のように解釈されているからである。(90)

毎年十二月以前に僧綱と所司が所習の経論について大義十条を問い、五以上に通じたものを太政官に申告して度を許すことにしたものである。また、得度して沙弥・沙弥尼となったものが進んで戒をうけるのについても、予め簡試を設けて、八以上通じたもののみにこれを許すこととした。(以上、傍点は引用者)

しかし、格文には「資二真僧一」ないしは「堪レ為レ僧者」とあるのみで、「尼」の字句は全く見えない。これまでも指摘してきたように、私は六国史や律令格式においては「僧尼」と「僧」とは厳密に区別されており、(91)「僧」の中には原則として尼は含まれない(92)と考えるものである。年分度制は、基本的には僧のみを対象にしたと解釈すべきではなかろうか。

そこで念のために『延喜玄蕃寮式』(93)に規定される得度関係の条項も検討しておこう。これには国分二寺に関するもの（19条）を除くと、次の二カ条（66条・73条）がある。

〔66条〕

凡年分度者、試業訖更随二所業一、互令二各論一、択二其翹楚者一、乃聴二得度一、其応レ度者、正月斎会畢日令レ度、畢省先責二手実一申レ官、与二民部一共勘籍、即造二度縁一通一、省寮僧綱共署、向二太政官一請印即授二其身一、其別勅度者勘籍度縁亦宜レ准レ此、但沙弥尼度縁者用二省印一、

〔73条〕

凡除二年分度者一之外、臨時度者有レ過二僧廿人尼十人一、省執申、

まず、66条の条文の中で「但沙弥尼……」以下の部分は、「其別勅度者勘籍度縁亦宜レ准レ此」を受けたものとみてよい。ここで「別勅度者」というのは、実際には臨時度者のことを指していると思われ、(94)文意は臨時度者のうち、僧の度縁は年分度者のそれに準じて太政官の請印を要するが、尼の場合には治部省印だけで済ませてよい、と解釈できよう。一方、73条の規定も、これだけでは年分度者に尼を含むものだとは読みとれず、むしろ臨時度者のみに僧と尼の区別があったことを示唆しているかのようである。ちなみに、68条には「沙弥・沙弥尼」の受戒の手続きについて

の規定があるが、この場合の沙弥尼は臨時度によるものと考えてさしつかえない。このようにみると、『延喜式』には尼の年分度が規定されていたことを積極的にうかがわせる条項は見当らないわけである。なお、『類聚三代格』巻二には「年分度者事」に関する四十ヵ条の格が収められているが、ここでも尼を対象としたものは認められないように思われる。前掲の尾上論文には、史料上に所見される年分度者の認可された寺院が列挙されているが、それらはいずれも僧寺であって、尼寺が一例もないことは、これまで指摘してきた点とまさしく符合する事実と言うべきであろう。

以上から、桓武朝の対仏教政策の多くは、もちろん基本的には僧尼を対象としていたとみられるが、少なくとも年分度制に関しては、僧（寺）のみに適用されたものと考えられる。そして、年分度制の確立は、それまでの得度制のあり方に対して国家の統制強化を示すものにほかならなかったのであるから、別の視点からすれば、この時点で尼の得度を最初から度外視した、一つの制度が成立したことを意味しているのである。このように、女性の出家制度が桓武朝の仏教政策の一つとしてみられることは、あらためて注目しなくてはならぬが(95)、前年の延暦十六年（七九七）格で、諸尼が競って法華寺に入ることを禁断している(96)ことなども、これと軌を一にする動き(97)であると思われる。

第三節　尼寺の機構的特質——鎮をめぐって——

仏教伝来当初のわが国の寺院の状況について、「此国者、但有㆓尼寺㆒、無㆓法師寺及僧㆒」とは、元興寺の古縁起(98)の伝えるところであるが、七世紀初め頃までには僧寺も建立され、尼寺と合せて四十六ヵ寺に増えていた。すなわち、前節でも触れたように推古天皇三十二年（六二四）に寺院および僧尼の数を検校したところ、「寺卅六所、僧八百十六人、尼五百六十九人、幷一千三百八十五人」[99]があったとされるのである。この寺院数は考古学的所見からもほぼ裏付けされる数値[100]と思われるが、僧尼の割合からすれば、そのうち二十カ寺近くは尼寺であった可能性がある。このの ち、さらに寺院が急激に増加するのに伴って、尼寺の占める比率も依然高かったと推定されるものの、奈良時代に存在したことが確認される尼寺は、堀池春峰氏によると[101]、法華寺・豊浦寺（桜井寺）・坂田寺（金剛寺）・葛木寺（妙安寺）・岡本寺（法起寺）・橘寺（菩提寺）・西隆寺・池後寺[102]・中宮寺（以上いずれも大和国）、それにいわゆる行基建立四十九カ寺のうち、大和国の隆福尼院・頭陀尼院等の五畿内にまたがる十三尼院を合計した二十二カ寺である。また、須田春子氏は以上のほかに、平城宮内にあったらしい嶋院・中嶋院を尼の居住する寺院と規定したり、安殿西院などの院中尼師所の存在を明らかにされている[103]。

両氏の指摘されなかったものとして、畿内近国では、聖徳太子建立伝説を有する大和国葛下郡の般若寺（片岡尼寺）[104]、推古天皇の時に建立されたという山城国宇治郡の東安寺[105]、聖武天皇の時代に存在したという紀伊国伊都郡の狭屋寺[106]などがあり、摂津国嶋上郡の梶原尼寺も延暦十一年（七九二）が初見[107]だが、創建はそれ以前に遡りうるものと思われる。しかし、これらを含めても寺名を知りうる尼寺は、奈良時代に同地域に存在したとみられる僧寺に比較すれば、あまりにもその数は少ない。ここに尼寺が早く衰えた事実が反映されているとは言え、その点のみから、当時尼寺の建立が稀であったとみなすことは必ずしもできないだろう。

というのも、地方に目を転ずれば、また違った状況が見えてくるからである。例えば、大宰府には観世音寺とともに大宝元年（七〇一）から五年間封戸を給されたという尼寺があった[108]。これなどは官寺と言ってよいが、『豊後国風土記』[109]によれば、同国大分郡に国分二寺以前の寺とみられる、僧寺とペアの尼寺が存在していたし、『出雲国風土記』[110]に所見される新造院のうち、大原郡斐伊郷のそれには「尼二軀」が居住していたことが知られる。さらに、『塵袋』には、

尾州葉栗郡ニ光明寺ト云フ寺アリ、ハグリノ尼寺ト名ヅク、是ヲバ飛鳥浄御原ノ御宇丁丑、小乙中葉栗臣人麻呂始テ建立スト見エタリ、

という、『尾張国風土記』逸文にも擬せられる古文献からの引用記事[111]がある。これらは郡領層などの豪族の氏寺を中心に、地方にも広く尼寺が存在していたことを示唆するものであり、近年発掘調査の進んでいる各地の古代廃寺の中にも、尼寺を想定してみることが必要とされるように思われるのである。[112]

さて、それではこうした古代の尼寺は、一般的に僧寺と同じ機構を有していたものであろうか。もし異なるとすれば、僧寺とどこがどのように異なるのであろうか。このような点に留意しつつ、本節では律令制下の尼寺の機構を明らかにし、それを通じて尼寺が次第に統制を受ける過程に光を当ててみたい。

まず、最も史料が豊富である法華寺については、これまでの多くの研究[113]も指摘されるように三綱制をとっており[114]、一方、鎮の存在も知られる。また、宝亀頃の造東大寺牒の宛名に「西隆寺鎮三綱務所」とあるもの[115]があって、称徳天皇創建といわれる大和西隆寺も、鎮および三綱からなる寺院機構を有していたことは疑いない。このほか、正倉院文書に見える「寺主尼善光」「上座尼敬称」「都維那尼善第」を須田春子氏が嶋院三綱であることを明らかにされており[116]、行基創立寺院の一つとして著名な隆福尼院（登美尼院）にも三綱が存在したことは、『日本霊異記』の中の説話[117]に見える、

置染臣鯛女者、奈良京富尼寺上座法邇之女也、

という記述から推定できる。当時の尼寺でその機構が知られるのは、ほぼ以上の四例であり、[118]極めて限られた史料からではあるが、少なくとも畿内近国の場合、尼寺も三綱を中心とし、さらに鎮なる職を設置する場合が多かったと思われる。このように鎮・三綱制をとる点においては、律令制下の尼寺は他の一般僧寺と同様とみてよい。ところが、のちの史料ではあるが、弘仁三年（八一二）諸寺僧尼の「男女混雑」を禁断した際に、「寺家奴婢及尼寺鎮等不ㇾ在㆓禁限㆒」とあることなどから、[119]尼寺の鎮とは、もともと僧（従って、他寺の僧ということになる）をもって任命されるものであったことが推定されるのである。事実、奈良時代における尼寺の鎮で、法名が判明する唯一の例である法華寺大鎮の慶俊も、従来から指摘される通り大安寺僧であった。[120]つまり、尼寺においては僧＝男性がその寺内機構の一角を占めていたとみられるのであって、[121]僧寺と尼寺との格差は、すでにここにうかがわれるとしなければならないのである。この点の歴史的意義は鎮制を分析することによって、さらに明確になってこよう。

いわゆる寺鎮の問題は、これまで古代寺院制度史における最も難解な問題の一つであったと言ってよく、時折触れられることはあっても、[122]全面的にその解明が試みられることはなかった。しかるに、最近の加藤優氏による研究は、[123]東大寺の鎮に主眼が置かれているとは言え、初めて鎮を中心的テーマに据えて論及されたものとして注目される。そこでは重要な指摘や創見が多くみられるが、中でも『日本高僧伝要文抄』[124]第三所引『延暦僧録』逸文の沙門釈浄三菩薩伝の記事から、文室真人浄三が東大寺大鎮であった点を明らかにされたこと、[125]また、「三綱と変わらない面もあるが、寺領売買のような重要寺務には必らず関与したようである」とされ、鎮固有の職務を考える上での示唆を与えられたことなどは、これまでの寺鎮の研究を大きく前進させたものと評価できよう。しかし、一方で「東大寺鎮制」は

東大寺の大・中・少鎮の存続期間が道鏡政権の時期とほぼ一致する点から、道鏡が良弁の活動を封じていた間、東大寺を運営する組織として設けられた、とされる結論[126]には若干の疑念を抱かざるを得ない。つまり、鎮とはいかに独裁的な一政権下においてとは言え、ある特定の一寺院を対象にその存廃が左右されることが可能であった、というような性格の僧職であったかどうか、ということである。そこで、まずこの点から検討に入りたい。

加藤氏の論旨には、「鎮は、中小寺院にも広く置かれたことがわかる」が、「史料の制約を考慮に入れても、官大寺の興福寺・大安寺・薬師寺・法隆寺等では置かれた形跡がなく、官大寺すべてに置かれたものではなさそうである」との前提があるようである。しかし、奈良時代における鎮の史料の大部分の典拠となっている正倉院文書は、たまたま東大寺（造寺所・写経所なども含めて）と経典の借貸等、何らかの関係にあった寺院や官庁との間で授受された文書によって、そのほとんどが占められているのであるから、その意味では正倉院文書は極めて特異な文書群と言えるのである。それに対して、他の官大寺は今日、奈良時代の文書がほとんど伝来していないことで知られる寺院ばかりであって[127]、この点からすれば、正倉院文書を主要な典拠とした上で、東大寺と他の官大寺とを同一の俎上で論じることにはやや無理があり、やはり史料的制約の面を重視せざるを得ない。例えば、元興寺の場合など、遥か後世の保延四年（一一三八）の東大寺文書[128]によって、わずかに鎮の存在（しかも、これは遺制と考えられるもの）が知られるだけであることは、その点を象徴的に物語るものと言ってよいであろう。従って、少なくとも平城京内外の寺院においては、ごく一般的に設置されていた僧職であったと考える方が穏当ではなかろうか。また、各寺院内で勝手に任免されうるものでなかったことは、釈浄三が「朝命」によって東大寺大鎮に任命されたこと[129]でも察せられるが、さらにその点をよく示すのは、承和元年（八三四）空海が、東寺の三綱を東寺居住の真言宗僧五十人の内より選任されるよう認可を求めた際、同時に三綱以外の鎮などの僧職を一切省除すべく、わざわざ願い出ている事実である。[130] これらの点はまた、奈良時代から平安時代にかけて、鎮制がいわば国家的制度として、三綱制などとともに広く諸寺において機能し、定着していたことを十分にうかがわせるものであろう。そして、諸寺の鎮（ただし、後述のように尼寺を除く）が、「諸寺雑職……其数猥雑」という理由で一斉に禁断の対象とされたのは、承和二年（八三五）のことであるから、[131] 東大寺のみ道鏡政権の崩壊とともに廃止されていたとは考え難いのである。従って、宝亀二年（七七一）頃を境に東大寺の鎮が所見されなくなるのは、史料の欠如に帰すべきであるか、もしくはその後「空席」のままであった、とみなすべき性格のもののように思われる。

　それでは次に、鎮とはいかなる職務ないしは機能を有していたものであろうか。この点については、まず寺鎮が大陸伝来の制度なのか、それとも日本寺院独特のものなのかを考えてみることが当然必要であるが、管見の範囲ではその例を中国・朝鮮に求めることはできず、わが国で生れた僧職（寺職）とみてよいようである。ただ、『梁高僧伝』[132] によると、劉宋（四二〇～四七九）の時代に道猷が勅によって新安寺の「鎮寺法主」に任じられたとあり、須田春子氏はこれをもって「鎮も亦唐（ママ）の官制を模したもののようである」とされる。[133] しかし、それとほぼ同一の記事が『大宋僧史略』の「雑任職員」の項[134]には、

　又宋斉之世、会立㆓法主一員㆒、故道猷、勅為㆓新安寺鎮寺法主㆒、

と見えることに注意したい。これによれば、僧職の例として挙げられているのは、「鎮」ではなくて「法主」なのであるから、「鎮寺」とはこの場合、単に「法主」の修飾語として用いられているに過ぎず、従って「寺を鎮める」と訓読すべきものではないかと解されるのである。なお、日本でも「鎮」の用例は鎮守府・鎮西府・鎮長などのように、

「しずめる」という意味で用いられていることは疑いなく、[135] 寺鎮の場合も同様と思われるが、字義のみでは職務までは推し測ることができない。

そこで、残された方法は実際に鎮の署判のある文書の内容を検討してみることである。ただし、鎮・三綱双方の署判のある文書では、各々の職務を識別することはできないから、この場合、三綱のみの署判を有する文書と、鎮・三綱双方の署判を有する文書とについて、その内容を比較することが必要となる。この方法は、加藤氏が前掲論文で新薬師寺を例に試みられており、三綱のみの文書が経典等の物品貸借のような日常寺務であるのに対し、鎮・三綱双方の文書は庄地の売買立券にかかわるものであると分析され、鎮の職務がとくに寺領売買に関与するものであった点を指摘されている。しかし、他の寺院についてみると、この点は必ずしも判然とした結果が得られない。それは、現存文書の中には鎮創設以前の三綱署判のみの文書や、鎮の任務が次第に拡大されてきた段階の文書も含まれているためと思われる。そこで、本稿では加藤氏の指摘をさらに補強するために、原則として鎮の署判からなり、三綱の連署はみられない文書の内容を検討してみたい。このような文書で、まず注目すべきものは次の二通である。

その一つは、「少鎮兼寺主僧神勇」という署判のみの天平宝字六年（七六二）閏十二月二日石山院牒[136]で、内容は同院の写経司政所に対し、その納物等の失不を検定することを命じたものである。神勇はこの時点では寺主を兼ねているが、これ以前にも「石山院少鎮」[137]の肩書きで寺用の白米等の借入れのことに当っているほか、造石山院料の出納に関しても多くの活動が知られる僧である。もう一通は、文永八年（一二七一）の惣持自筆にかかる『河内国西琳寺縁起』[138]所引の神護景雲二年（七六八）の文書である。

衆僧御供養加益事

右、頃年之間、頻遭二旱九一雖二供養一猶乏少、今商量、加二口別四合一、米定二一升二合一如レ前、

神護慶雲《ママ》二年八月一日

大鎮僧等定

大政人蔵田長　　少政人武生継長

これは、当時打ち続いた旱魃の影響から漸く寺院経済が立ち直り、衆僧の供養米を加増する（と言っても、同縁起のこの前の部分に引用される天平十五年の資財帳によれば、本来は口別に一升八合が与えられていたものである）ことを決めたというのが、おおよその文意であろう。井上光貞氏の詳細な研究(139)で明らかにされたように、蔵氏や武生氏は西琳寺の檀越西文氏の一族であり、大政人・少政人とは衆僧の供米の出納などの経済面をつかさどるために、檀越の中から任じられた職名と思われるが、かかる文書に「大鎮」僧がともに加署しているのである。このほかの例として、正倉院文書には東大寺奉写一切経所関係のもので、神護景雲四年（七七〇）から宝亀二年（七七一）頃にかけての文書が大量に収められており(140)、そこには原則として、下段に造東大寺司大判官美努連（宿禰ともある）奥麻呂・修行進守大法師円智・修行進守法師奉栄の三人と、上段に少鎮修学進守大法師実忠の署判が加えられている。この場合、下段の三人が写経所の別当と考えられるのに対して、実忠がどのような権限で関与していたのか、従来必ずしも明らかではなかったが、これらの文書の内容を検討してみると、料紙・料墨に関する解文、あるいは用度帳・銭納帳の類が圧倒的に多いことがあらためて注目されるのである。

以上の諸例からすれば、鎮固有の職掌が広い意味での寺院経済に関わるものであったことは、もはや疑いの余地がないと言ってよいのではなかろうか。東大寺大鎮の文室真人浄三が、加藤氏の指摘の如く沙弥であったらしい点も、

鎮が経済的な職務であって初めて理解できることである。[141] もちろん、鎮の新設によって三綱と鎮との職務が画然と区別され、三綱が全く寺院経済に関与しなくなったわけではない。むしろ、官大寺の例では三綱が寺鎮の売買等に当たる際に、鎮はそれを監督するという関わり方が多かったようである。

もともと三綱制は、中国から朝鮮を経て輸入された制度であるが、その中国における事例を見ると、上座・寺主・都維那という各名称には本来それぞれ意味があって、[142] 教学や寺内の諸雑務は、この三人によって、分掌されていたもののようである。[143] ところが、わが国においては三綱の形式のみがもたらされただけで、上座・寺主・都維那の間の職務分担もはっきりせず、単に寺内における上下の階梯を示すものとして理解されていた形跡がある半面、[144] 原則としてすべての寺務に共同で関知するのが例であった。そして一方、中国では寺院の経済面（具体的には寺戸の管掌など）に僧侶が当ることは少なく、在俗の組織が携わるのが通例であったようであるのに対し、[145] わが国では、氏寺の場合に檀越等が参与した例がみられるものの、一般に官大寺においては早くから三綱が寺院経済に関わっていたことは周知の通りである。[146]

このようにみてくると、わが国では寺院における封戸や庄田の施入が次第に増加するのに伴い、輻輳する寺務がこなし切れなくなったことに対処し、とくに経済面（僧供料等の出納、寺領経営など）を担当、もしくは監督させるために、鎮なる僧職が新たに諸寺に設けられたと推定されるのである。その時期を考えてみるに、宝亀十一年（七八〇）十二月二十五日の日付を有する西大寺の資財帳[147]の署判に大・少鎮が見えるのに対し、法隆寺・大安寺・元興寺の各寺のものが残る天平十九年（七四七）二月十一日勘録の資財帳[148]の署判には、いまだその姿を見せていない。しかるに、鎮の初見は加藤氏も指摘される如く、天平勝宝三年（七五一）の弘福寺の例であるから、諸寺に鎮が設置され始めたのは天平勝宝の初年、つまり、ほぼ七五〇年頃からと断定してさしつかえなかろう。なお、鎮と三綱の寺内における地位については、「鎮三綱」と呼ばれることや、両者の署判の位置からしても鎮の方が一般に上位であったことは確かであるが、同一寺院内において、三綱にして鎮を兼ねる例がしばしば見られ、(149) ことに東大寺の実忠のように少鎮を経て寺主・上座に就任している例(150)もある。鎮が寺務全般について三綱を監督するのではなく、両者の関係が職務分担に基づくものであったことは、これらの点からもうかがわれるのである。

奈良時代における寺鎮制一般について、私はおよそ以上のように考える。そこで本題に立ち返ると、尼寺の鎮は僧をもって任命されていたのであるから、尼寺は鎮制の開始された天平勝宝初年頃（七五〇年前後）より、僧による経済面での介入を受けるか、ないしはその監督下にあったということになる。そして、この時期が前節で明らかとなった、尼が国家的法会から排除され始めた時期とほぼ一致することは、決して偶然ではなかろう。ただ、尼寺の経済的事務を男性に管掌させた例は、尼の社会的地位の高かった中国においてもすでに見られるので、(151) こうした尼寺の機構的特質に反映されているのが、単に「尼に対する性的差別」という現象のみとしてよいかどうかは、なお慎重を期さねばならない。

むしろ重要なのは、尼寺における鎮制のその後の経過である。すなわち、先述の如く承和二年（八三五）に廃止されたはずの諸寺の鎮が、尼寺においてはそのまま残されて制度的に公認され、(152) ついで貞観十二年（八七〇）諸寺への解由制度適用を契機に、(153) 一般僧寺に設置されていた別当（長官）と同等の扱いを受けるようになったことであった。(154) この解由制度の実施という事態は、諸寺に対する監督強化策であるとともに、別当の寺務執行を国家が実質的に承認したことをも意味するものであったから、(155) いまや尼寺は単に経済面のみならず、寺務全般に渉って鎮僧＝男性の統制を受ける存在に至った[156]と言えるのである。

むすび

最近の女性史研究の動向によると、原始・古代の女性史の場合には、他の時代の女性史とは異なった独自の課題が存在すると指摘されている。[157]その課題とは、「日本では古代のある時期以降、女性の隷属が開始された」が、「女性の真の解放（それはすべての人間の解放でもあるが）がいかにして実現されるのかを明らかにするためには、古代において女性が男性の従属下に組み込まれていった過程と要因を追求し、そのことによって逆に現代の女性解放の条件を解明することが必要」であるというのである。

寺院社会の場合、本稿で明らかになったその「過程」は、八世紀中頃を境に、まず宮中における国家的仏事から排除されるという形態をとって現われ、ついで得度そのものも極めて制限されるに至り、とくに九世紀初頭に確立した年分度制からは完全に締め出されたと推定されるのである。一方、こうした尼の差別待遇という動きと並行して、諸寺に鎮制が施行された際、尼寺には僧が鎮として配される。この段階では単に経済面のみの監督を受けるに過ぎなかったが、平安初期の諸寺別当制の成立とともに、尼寺は別当に準ずる鎮（僧＝男性）によって、寺務全般の統制を受けることを余儀なくされるに至るのである。

それでは、本来僧と全く対等であった尼の地位が、八世紀において急激に低下した「要因」は何か。この点については、本稿では全く言及することができなかったが、その後の尼寺の動向とともに、今後の課題として取り組んでいく予定である。一応の見通しだけを述べておくと、まず岡田精司氏が宮廷巫女を例に指摘された[158]ような律令官人制度に帰することは、尼の場合、僧尼令の規定からして必ずしも妥当とは思われない。また、女性に対する厳しい差別を説いている仏典の影響とみることも[159]、中国・朝鮮においては尼が社会的に高い地位にあったことや、わが国でも当初は尼が仏教界をリードした事実を考慮すると、少なくともこの八〜九世紀という時期に、あまり重視することは躊躇される。結局のところ、当時の家族形態とかケガレの問題なども加味しなくては、十分に説明がつかないことは確かであり、尼＝出家者とは言え、一般女性と同一の基盤から考察することが必要となるのであるが、これらの点はすべて続稿に譲ることとする。なお、尼寺に論及しながら国分尼寺の問題[160]を全く捨象する結果となったが、これは国分二寺については別に考察を進めているためで、この点も合わせて了解せられたい。

注

（1）　枚挙にいとまがないが、研究史上重要なものとしては、折口信夫『古代研究』第一部民俗学篇（一九二九年）所収の諸論考、柳田国男『妹の力』『巫女考』（『定本柳田国男集』ではいずれも第九巻に所収、一九六二年）、中山太郎『日本巫女史』（一九五〇年）、山上伊豆母『巫女の歴史』（一九七二年）、桜井徳太郎『日本のシャマニズム』上・下（一九七四・一九七七年）、倉塚曄子『巫女の文化』（一九七九年）などがある。また、『講座　日本の民俗宗教』の第四巻「巫女と俗信」（一九七九年）と第七巻「民間宗教文芸」（一九七九年）に巫女関係の論考が収められている。

（2）　前後するが、注(3)の林雅彦氏の著書の巻末に「絵解き研究のための参考文献目録」が載せられ、熊野比丘尼に関する主要論文がほぼ網羅されているので参照されたい。なお、中山太郎『売笑三千年史』（一九二七年）や滝川政次郎『遊女の歴史』（一九六五年）など、売笑婦ないしは遊女の問題としてもしばしば取りあげられている。

（3）　林雅彦『日本の絵解――史料と研究――』（一九八二年）が代表的なものであろう。なお、『国文学　解釈と鑑賞』六〇九

（一九八二年）に「絵解き」が特集されている。

（4）例えば、遠藤元男「中世仏教と女性」（歴史教育研究会編『女性史研究』所収、一九三七年）、松野純孝「鎌倉仏教と女性」（『印度学仏教学研究』一〇ノ二、一九六二年）、横超慧日「浄土経典における女性」（『干潟博士古稀記念論集』所収、一九六四年）、大鹿実秋「大智度論の女性観」（『印度学仏教学研究』一九ノ二、一九七一年）、納富常天「南都仏教における女人往生思想」（『印度学仏教学研究』二五ノ二、一九七七年）、笠原一男『女人往生思想の系譜』（一九七五年）、目崎徳衛「日本仏教に見る女性像」（聖心女子大学キリスト教文化研究所編『女性と宗教』所収、一九七八年）など。

（5）東慶寺については井上禅定『駈入寺松ヶ岡東慶寺と寺伝』（一九五五年）、同『駈入寺東慶寺史』（一九八〇年）、満徳寺については五十嵐富夫『縁切寺の研究――徳川満徳寺の寺法と寺伝――』（一九六七年）、同『縁切寺』（一九七二年）などが代表的なもの。また、穂積重遠『離縁状と縁切寺』（一九四二年）、石井良助『江戸の離婚――三行り半と縁切寺――』（一九七六年）、高木侃『縁切寺満徳寺史料集』（一九六五年）など、古くから法制史（離婚法）の立場から取り挙げられることも多い。

（6）武見李子「『血盆経』の系譜とその信仰」（『仏教民俗研究』三、一九七六年）、同「日本における血盆経信仰」（『日本仏教』四一、一九七七年）で明らかにされた血盆経の問題もこの範疇に含められるだろう。

（7）曹洞宗尼僧史編纂会編『曹洞宗尼僧史』（一九五五年）、浄土宗尼僧史編纂委員会編『浄土宗尼僧史』（一九六一年）。

（8）『比丘尼史』（一九二九年）。のち『仏教制度叢書』別巻（一九七七年）として復刻。

（9）ただし、三浦吉春「北条貞時後室覚海円成尼について――伊豆円成寺の創建とその時代的背景――」（『地方史静岡』五、一九七五年）、荒川玲子「景愛寺の沿革――尼五山研究の一齣――」（『書陵部紀要』二八、一九七七年）、三山進『太平寺滅亡――鎌倉尼五山秘話――』（一九七九年）など、個別に尼・尼寺を扱ったものはある。

（10）「尼寺考――日蓮宗の場合――」（立正大学史学会編『宗教社会史研究』所収、一九七七年）。

（11）「奈良時代に於ける尼寺・尼僧に就いて」（『南都仏教』五、一九五八年）

（12）『律令制女性史研究』（一九七八年）。とくに第四章の「尼寺・尼僧とその教学」。

（13）なお、注（7）で掲げた『曹洞宗尼僧史』でも、「古代の尼僧」の部分については比較的、客観的に論じられていて有益である。

(14) 前掲注(4)参照。

(15) もっとも、笠原氏も『日本霊異記』には往生思想がみられず、『日本往生極楽記』の編纂される百数十年の間に、日本人の仏教への見方に急激な変化のあったという点を認められている（同書四〇頁）。

(16) これとほぼ同様の指摘が随所に見られる（同書一〜二、一六〜二一、一〇四頁など）。

(17) 後述のように、僧尼令における僧尼は全く対等であり、居住する寺が僧寺と尼寺に別れていたに過ぎない。このことは直接女性への差別とは関係なかろう。ちなみに、山林修行する尼さえ存在したことは、『日本霊異記』の説話（上巻、第三十五話）などから知られる。結局、笠原氏は仏教を布教・救済という面のみから見ようとされるから誤解が生じるわけで、古代仏教は基本的には鎮護国家仏教として把えるべきではなかろうか。

(18) 『日本書紀』敏達天皇十三年是歳条、同十四年三月丙戌条、同年六月条、崇峻天皇元年是歳条、同三年三月条。

(19) 天平十九年二月十一日勘録牒上したという奥書を有する、元興寺伽藍縁起幷流記資財帳写の冒頭部に記された縁起（『寧楽遺文』中巻、日本思想大系『寺社縁起』などに所収）。

(20) 多くの日本仏教史の概説書に記述されているところであるが、最近のものとしては田村円澄『古代朝鮮仏教と日本仏教』（一九八〇年）がある。

(21) 『日本のシャマニズム』下巻（一九七七年）第六章の「初期仏教の受容とシャマニズム」。このもとになった論文は、「神仏交渉——初期仏教の受容とシャマニズム——」（和歌森太郎編『文化史学への提言』所収、一九七五年）である。

(22) 例えば、同書三〇一頁。なお、中国・朝鮮についての「尼僧の地位はきわめて低く、かつ女性による出家は多くの障害に囲遶されていた」との指摘も、必ずしも妥当とは言えない。中国・朝鮮の事情については本稿の後章で若干触れている。

(23) 『招婿婚の研究』第六章第七節の「女の財産」の項など。

(24) なお、勝浦令子「行基の活動における民衆参加の特質——都市住民と女性の参加をめぐって——」（『史学雑誌』九一ノ三、一九八二年）は、行基集団の中の尼に言及されており注目される研究である。

(25) 例えば、佐藤宗諄「女帝と皇位継承法――女帝の終焉をめぐって――」など。
(26) ただし、比較史研究の立場からの永田瑞「今昔物語天竺部における女性の地位」には、尼について触れられるところがあり、示唆的な提言もみられる。
(27) 『日本書紀』推古天皇三十二年四月壬戌条。
(28) 同右、大化元年八月癸卯条。
(29) 同右、天武天皇十二年三月己丑条。
(30) 井上光貞「日本における仏教統制機関の確立過程」（『日本古代国家の研究』所収、一九六五年）が代表的な研究。新羅の制度を重視されたものに中井真孝「新羅における仏教統制機関について」（『朝鮮学報』五九、一九七一年）がある。
(31) 以上は山崎宏『支那中世仏教の展開』（一九四二年）第二部第一章に触れられている。これらの典拠は『仏祖統紀』『比丘尼伝』などである。
(32) 『三国史記』巻四〇、職官志下。
(33) これらについては注(31)の中井論文に拠るところが多い。「阿尼」についての従来の諸見解もここに紹介されている。
(34) 『日本書紀』推古天皇三十二年九月丙子条。
(35) 大尼は『大日本古文書』（編年文書）七217、九339 364、十七597など、小尼は同書二288、三558、八363、二十四166 196などに見える。
(36) 例えば『続日本紀』神護景雲二年十月庚午条など。
(37) 『類聚国史』巻第百八十五、仏道部十二。
(38) 『古事類苑』宗教部二十七、仏道二十七、戒律上。
(39) 前注(36)参照。
(40) 『続日本紀』天平宝字元年八月己卯条。
(41) 例えば、須田氏は前掲書（三五三頁）でこの点に若干言及して、「大尼は寧ろ僧官に対する尼官の如き性格がうかがわれる」とされている。

(42) 天武天皇十二年三月己丑条。
(43) というのは、後節で検討するように、当時は一般に尼が国家的法会等から排除され始め、その性的差別が顕著になっていた時期であるからである。
(44) 僧尼令についての主要な研究に、三浦周行「僧尼に関する法制の起源」(『法制史の研究』所収、一九一九年)、井上薫「古代仏教制度論――僧尼令の成立をめぐる諸問題――」(藤直幹編『古代社会と宗教』所収、一九五一年)、二葉憲香『古代仏教思想史研究』(一九六二年)第二編僧尼令、石田瑞麿『日本仏教における戒律の研究』(一九六三年)第一章第一節、井上光貞「仏教と律令――僧尼令の刑罰体系――」(『日本古代思想史の研究』所収、一九八二年)などがある。詳しい研究史は最も新しい井上論文を参照されたい。
(45) 僧尼令についても、大宝令と養老令の間の異同に関して諸説あるが、ここではすべて現存する養老令の条文に基づいて考察する。
(46) 「宮廷巫女の実態」(『日本女性史』第1巻原始・古代所収、一九八二年)。
(47) なお、井上光貞氏も前掲論文で、これまで僧尼令は単に僧尼の活動を厳しく統制するものとしてのみ評価されることが多かった点を批判され、「僧尼に刑法上の特権を認めた」もので、「僧団の自治を軽視しなかった」という新しい見解を出されている。
(48) 『令集解』巻第八、僧尼令第七ノ二。
(49) 『延喜式』巻十二、内記11条。なお、巻二十一、玄蕃寮65条の判授位記式も「尼」の字は見えないが、「僧尼」を含むものと推定される。
(50) 『続日本紀』天平宝字四年七月庚戌条。
(51) 「古代における僧位」(『続日本紀研究』一二二、一九六四年)。
(52) 文化二年(一八〇五)の版本(版元は尾州名古屋本町通七丁目、永楽屋東四郎)による。
(53) 「宝字僧位制の僧綱奏案をめぐる諸問題」(『大阪教育大学紀要Ⅱ社会科学・生活科学』一七、一九六八年)。

(54)『続日本紀』天平宝字元年四月辛巳条。

(55)同右、天平宝字二年八月庚子朔条。

(56)同右、宝亀元年十月己丑条。

(57)舟ヶ崎・山田両氏前掲論文のほか、舟ヶ崎氏には別に「道鏡政権下の僧位について」（大阪学芸大学『歴史研究』四、一九六六年）がある。

(58)『日本後紀』延暦十八年二月乙未条。

(59)この点については、須田氏前掲書（三五二〜三頁）でも若干触れられている。

(60)なお、先に触れたように神護景雲二年、大尼法戒、大尼法均をそれぞれ従三位、従四位下に準ずるとあるので、尼の場合にはこうした俗階と尼位とがどのような関係にあったかなど、さらに難問題が横たわっている。

(61)『類聚三代格』巻三、僧綱員位階幷僧位階事所収。

(62)例えば、『日本書紀』天武天皇九年十月乙巳条など。

(63)例えば、同右、天武天皇十二年是夏条など。

(64)『日本書紀』推古天皇三十二年四月戊申条。

(65)同右、大化元年八月癸卯条。

(66)『日本紀略』後編によると、治安元年（一〇二一）、長元五年（一〇三二）、長元八年（一〇三五）など、十一世紀に入っても、賑給の際には「老人及僧尼」が対象とされていたことがわかる。

(67)『続日本紀』神亀四年二月辛酉条。

(68)なお、鎌倉末期以前の書写にかかるとされる『皇太子御斎会奏文』（法隆寺献納御物。法隆寺現蔵の『法隆寺東院縁起』はこれを元文元年（一七三六）に良訓が筆写したもので、『影印本法隆寺史料集成』一に所収）によると、天平八年（七三六）行信が皇后宮職大進安宿倍真人等を率いて、道慈律師を講師とし、「僧尼三百余人」を請用して法華経の講説を行なったと見える。これは法隆寺で催された講会であろうが、他の文献には所見されず、記事の信憑性については確証がない。

(69)『続日本紀』天平九年五月甲戌朔条。
(70)同右、天平二十年五月丁丑条。
(71)例えば、『東大寺要録』巻第三、供養章之余に引く「供養東大寺盧舎那大仏記文」には、貞観三年（八六一）の大会における「僧尼」の供料等が記されているが、そのあとの部分に引用される貞観三年正月二十一日太政官符によって、その大会が諸国国分二寺で催されたものであることが推定される。
(72)桜井氏前掲書（三〇〇頁）には、「僧尼の同席・同座を厳禁する律令制下においては、僧の法会に匹敵する仏事法会が尼を中心に執行された」と述べられている。この根拠は不詳であるが、少なくとも律令にそうした規定があるわけではなく、本稿で指摘したように律令制展開期に突如として現われるわけである。
(73)『続日本紀』天平勝宝四年四月乙酉条。
(74)同右、天平勝宝元年十二月丁亥条。
(75)同右、宝亀四年七月庚子条。
(76)同右、天平宝字三年六月丙辰条など。
(77)ただし、先に触れたように奈良時代を通じて、法華寺を中心に「大尼」と呼称される高位の尼が存在したことは注意される。
(78)得度・受戒の手続・管理等について明らかにされた最近の好論に、倉橋はるみ「度縁と戒牒――奈良末期～平安初期を中心に――」（『日本歴史』四〇四、一九八二年）がある。
(79)「年分度者に見られる課試制度」（『日本仏教』八・九、一九六〇年）。
(80)なお、このほかに奈良時代の史料にしばしば所見される「例得度」という語を、得度制の一形態として把える見解がある。例えば、薗田香融氏は「例得度」を臨時度に対するもの、従って年分度に該当するものとされた（「平安仏教」『岩波講座日本歴史』第四巻古代4、一九六二年）が、この見解は最近の若井敏明氏の論文（「奈良時代の対仏教政策――得度の問題点を中心に――」『ヒストリア』一〇九、一九八五年）にも継承されている。これに対して、年分度は「例得度」とは異なると主張されたのが二葉憲香氏で（『日本古代仏教史の研究』第四章古代律令仏教の教学的側面　所収の「年分度者の原義とその変化」、一九八四年）、同様の見解に立つ舟ケ崎正孝氏は、統一構造的な官僧の育成策の拠り所として養老期に成立した試業得度制が、「例得度」にほかならないとされた（「試業得度・公験制と民間僧尼」および「試業得度・公験制と戒師招請問題」、いずれも同氏『国家仏教変容過程の研究』所収、一九八五年）。しかし、「例得度」なる用例は実は年分度・臨時度の双方に関して見られることから、中井真孝氏が私案として提示された、「〜の一員として得度した」というほどの意味に解釈すべきだとする見解（「奈良時代の得度制度——特に公験制を中心に——」、速水侑編『論集日本仏教史』2奈良時代所収、一九八六年）は妥当と思われ、尾上寛仲氏の説を基本的には訂正する必要はないと考える。ただし、中井氏は国分二寺の僧尼の場合は、広義には臨時度の一種とされつつも、地方で行なわれた点などに特徴があるとして、別に「国分金光明寺得度」を措定すべきことを主張されているが、本稿では国分二寺の問題は、後述するように原則として除外した。

(81)　尾上氏の論文では、むしろこれ以降について詳しく扱われているので参照されたい。

(82)　『類聚国史』巻第百八十七、仏道部十四。

(83)　ただし、一カ所脱漏がある（『続日本紀』天平二十年十二月甲寅条）ことに注意。

(84)　尾上氏の論文でも表が掲げられているが、それは延暦期以降のみであること、および史料解釈が若干異なることなどの理由で、あらためて作成することとした。

(85)　このような例は、このほかに二つある（『類聚国史』巻第百八十七所引『日本後紀』延暦十四年五月庚辰条逸文、『日本後紀』延暦二十四年二月壬戌条）。

(86)　ただし、女性が賜った「度」もすべて男とみなすことには若干の疑問も残る。この点は今後の課題としたい。

(87)　『類聚国史』巻第百八十七所引『日本後紀』天長五年四月丁卯条逸文。

(88)　なお、『日本後紀』弘仁四年（八一三）二月丙戌条によると、治部省の申請が認可されて、従来受戒の日に毀つことになっていた「僧尼」の度縁が、今後は永く公験とすべきことになった。その際、僧の度縁には太政官印を押すのに対して、尼のそれには治部省印を用いよとある（後述のように、この規定はのちに『延喜玄蕃寮式』66条となる）ことから、ここにも僧尼間の差別がなされたことが明瞭である。しかし、女性の出家が制限されつつあったこの時期においても、得度が許可された際の受け皿が規定されていた点は注意される。
(89)『類聚国史』巻第百八十七所引『日本後紀』延暦十七年四月乙丑条逸文。
(90)同氏『日本古代の国家と仏教』（一九七一年）前編第四章第一節の「光仁・桓武朝の仏教政策」。
(91)なお、「緇徒」という語は本来は「僧尼」双方を含むものであったのが、次第に僧のみを指称する語に変化したと考えられる。先に触れた天平宝字四年（七六〇）の僧尼位制を定めた奏状などに見える「緇徒」は、前者の例であろう。
(92)ただし、『延喜玄蕃寮式』の度縁式に「沙弥某」、判授位記式に「僧某」とあるが、この場合には、「沙弥・沙弥尼」「僧尼」をそれぞれ「沙弥」と「僧」で代表させているに過ぎないと考えられる。
(93)『延喜式』巻二十一、玄蕃寮。
(94)その理由は、前掲の天長五年（八二八）の例などのように、臨時度者を認可した場合には、国史の記事に「有㆑勅」とか「依㆑勅」という文言がしばしば見えるからである。
(95)これまで桓武朝の仏教政策を論じた代表的なものとして、前掲の井上光貞『日本古代の国家と仏教』のほか、勝野隆信「桓武朝における宗教政策」（『古代学』一〇ノ二・三・四、一九六二年）や舟ヶ崎正孝「法令上からみた光仁・桓武朝の仏教情勢――僧尼の資質問題中心の考察――」（『生活文化研究』一三、一九六五年）などがあるが、いずれにおいても僧尼（男女）間の相違という点にはほとんど注目されていない。
(96)延暦十六年二月二日太政官符（『類聚三代格』巻三、僧尼禁忌事所収）。
(97)このほか、延暦二年（七八三）に国分寺僧の死闕の替りに「当土之僧」を補すことになった時、尼寺については、「但尼依㆑旧」とされたのも、このような視点から把えるべき事例であろう。
(98)注(19)参照。
(99)注(34)参照。
(100)石田茂作『飛鳥時代寺院址の研究』（一九三六年）では五十八ヵ寺が取り挙げられている。

(101)　堀池氏注(11)前掲論文参照。
(102)　池後寺を岡本寺と同一寺院とする説も古くからあるが（その当否は福山敏男『奈良朝寺院の研究』、一九四八年、を参照）、ここではしばらく堀池氏にそのまま従っておく。
(103)　前掲『律令制女性史研究』第四章第一節（四五六〜八頁）。
(104)　『延暦僧録』（『日本高僧伝要文抄』第三所引）第二、上宮皇太子菩薩伝に見える般若寺が片岡尼寺であることは、たなかしげひさ「諸国般若寺の研究」（『考古学論叢』九、一九三八年。のち『奈良朝以前寺院址の研究』に所収、一九七八年）の考証による。なお、須田氏前掲書（序章第二節）でも「片岡王寺」の項を立て、『上宮聖徳法王帝説』などによりつつ山代大兄王の同母妹片岡女王によって建立されたことなどを指摘するが、尼寺と断定するまでには至っていない。
(105)　『醍醐雑事記』巻第四（中島俊司校訂本による）。
(106)　『日本霊異記』中巻、罵僧与邪婬得悪病而死縁第十一。
(107)　『類聚国史』巻百八十二仏道部所引『日本後紀』延暦十一年四月丙戌条逸文。
(108)　『続日本紀』大宝元年八月甲辰条。
(109)　日本古典文学大系2『風土記』（秋本吉郎校注）による。
(110)　同右。
(111)　『塵袋』第五人倫「人磨ト云フハ歌仙ノ外ニハナキ歟」。なお、前掲の日本古典文学大系本『風土記』に尾張国の逸文（存疑）として所引。
(112)　栃木県日光男体山頂遺跡から出土した「東尼寺印」なる印文を有する私印は、平安初期の遺品らしいとは言え、この意味で注目すべきものであろう。この銅印については、荻野三七彦『印章』（一九六六年）二二四頁などで触れられている。
(113)　奈良時代の法華寺に関する主要な研究として、福山敏男「大和法華寺」「奈良時代に於ける法華寺の造営」（いずれも『日本建築史の研究』所収、一九四三年）、藤谷俊雄「大和法華寺の沿革」（角田文衛編『国分寺の研究』上巻所収、一九三八年）、田村吉永「法華寺と海竜王寺」（『南都仏教』六、一九五九年）、藤井一二「法華寺の造営と寺領」（『ヒストリア』六三、一九七三年）などがある。

(114) とくに藤井一二氏前掲論文では、法華寺の三綱一覧表が掲げられているので参照されたい。

(115) 正倉院文書（『大日本古文書（編年文書）』十三169）。

(116) 須田氏前掲書四〇九頁。

(117) 『日本霊異記』中巻、贖蟹蝦命放生得現報縁第八。

(118) ほかに、海竜王寺（隅寺）にも鎮が置かれたことが知られるが、この寺が尼寺であったのは『九条家本隅寺縁起』に付載される大同二年七月十一日玄蕃寮牒案（『平安遺文』補三号）によると、延暦二十年（八〇一）～大同二年（八〇七）の間なので、ここでは一応除外する。

(119) 『日本後紀』弘仁三年四月癸卯条。

(120) 例えば、堀池氏前掲論文、須田氏前掲書など。とくに慶俊については、佐久間竜「慶俊の一考察」（『続日本紀研究』四ノ一二、一九五七年）に詳しい。

(121) 鎌倉時代の史料であるが、法空の『上宮太子拾遺記』（『大日本仏教全書』第一一二、聖徳太子伝叢書所収）第四によると、橘寺（ただし、当時は僧寺）の伽藍の中には「鎮坊」「大鎮坊」があったことが知れらる。この点については、福山敏男「橘寺の創立とその伽藍配置」（『日本建築史研究』所収、一九六八年）。

(122) 例えば、竹内理三『奈良朝時代に於ける寺院経済の研究』（一九三二年）第六章第二節、佐久間竜「慶俊の一考察」（前掲）、同「東大寺僧等定について」（『日本歴史』二八五、一九七二年）、同「実忠伝考」（名古屋大学文学部国史学研究室編『名古屋大学日本史論集』上巻、一九七五年）、伊地知鐵男編著『日本古文書学提要』上巻（一九六六年）二八五頁、須田氏前掲書第四章第一節の「国分尼寺法華寺と鎮・三綱」の項など。

(123) 「東大寺鎮考——良弁と道鏡の関係をめぐって——」（『国史談話会雑誌』二三、一九八二年）。

(124) 『新訂増補国史大系』第三十一巻所収。

(125) 従来、東大寺に大中少の鎮が設置されたことが文書等から知られながら、大鎮の任にあった僧名は不詳とされたままであった。例えば、佐久間氏「実忠伝考」（前掲）もそうであるが、須田氏に至っては（前掲書三八〇頁）「東大寺に中鎮の例はあるが大鎮はついに見当らない」とされているほどである。

(126) なお、東大寺における鎮制と道鏡政権との関係は、すでに佐久間氏「実忠伝考」（前掲）でも示唆されている。

(127) 法隆寺の場合、天平十九年（七四七）と天平宝字五年（七六一）の二通の資財帳が伝わるが、このいずれにも鎮の署判はない。このうち後者の資財帳の署判部分が不完全なものであることは、例えば都維那が落ちていることからも察せられ、一方、後述のように天平十五年の段階では、諸寺における鎮制がまだ施行されていなかったと思われる。従って、この二通の資財帳を根拠に、法隆寺に鎮が設置されていなかったと断定するわけにはいかないであろう。

(128) 保延四年十二月十五日元興寺領某荘検田帳（『平安遺文』二四〇一号）。

(129) 加藤氏の紹介された『日本高僧伝要文抄』所引『延暦僧録』逸文の釈浄三の記事。

(130) 承和元年十二月二十四日太政官符（『類聚三代格』巻二、経論并法会請僧事所収）。

(131) 承和二年十一月七日太政官符（『類聚三代格』巻三、僧尼禁忌事所収）。

(132) 『梁高僧伝』巻第七、釈道猷三十一。

(133) 須田氏前掲書三七九頁。

(134) 『大宋僧史略』巻中、三五。

(135) 『続日本紀』には、このほか鎮京使・鎮国衛・鎮所・鎮狄将軍・鎮東将軍・鎮撫使などの用例が見える。また、『延喜神祇式』によると四時祭・臨時祭の中に「鎮〇〇祭」と称するものが多い。

(136) 正倉院文書（『大日本古文書（編年文書）』五328）。

(137) 詳しくは竹内理三他編『日本古代人名辞典』第四巻九五五頁の「神勇」の項を参照。

(138) 『美術研究』七九（一九三八年）に自筆原本が翻刻されている。一般には「西琳寺文永註記」の名で知られる。

(139) 「王仁の後裔氏族と其の仏教」（『史学雑誌』五四ノ九、一九四三年）。ここでは、前引の文書が十分に信頼に足るものであることも考証されている。

(140)　これらの文書は、ほとんど『大日本古文書（編年文書）』十七に所収。
(141)　このことはまた、鎮の職務が例えば、最初から華厳宗の教学に関わるものであるとするような説が、成り立たないことをも示している。
(142)　例えば、『大宋僧史略』巻中、三五、雑任職員の項。
(143)　鎌田茂雄『朝鮮仏教の寺と歴史』（一九八〇年）一四七頁によると、朝鮮でも同様であったらしい。
(144)　その点は、のちの貞観十二年（八七〇）諸寺への解由制度適用に際して、別当・上座・寺主・都維那が四等官制に準じたことに最もよくうかがわれよう。
(145)　例えば中原ではなく辺境の敦煌の例であるが、竺沙雅章「敦煌の僧侶制度」、同「敦煌の寺戸について」（以上いずれも『中国仏教社会史研究』所収、一九八二年）で明らかにされている寺卿や車頭・団頭などの組織は興味深い。
(146)　三綱署判のある文書の初例は、天平七年（七三五）の弘福寺領讃岐国山田郡地図（『大日本古文書（編年文書）』七50）である。三綱の職務については、橋本政良「三綱の職務と律令格式」（『姫路短期大学研究報告』二六、一九八一年）を参照。なお、岸俊男氏が明らかにされている（「東大寺領庄園と造東大寺司」『日本古代政治史の研究』所収、一九六六年）ように、東大寺の場合、荘園経営の主体が造寺司から三綱に移るのは天平宝字八年（七六四）頃である。東大寺における鎮の活動が他寺よりも遅く、天平神護元年（七六五）頃から知られるのは、この点と関係があるかもしれない。
(147)　『寧楽遺文』中巻、宗教編・経済編上所収。
(148)　同右、所収。
(149)　本文で挙げた石山院の「少鎮兼寺主僧神勇」のほか、殖槻寺の「鎮兼寺主法師」（『大日本古文書（編年文書）』五520）などの例がある。
(150)　『東大寺要録』巻第七、雑事章第十、東大寺権別当実忠二十九ヶ条事。
(151)　竺沙雅章「敦煌の僧官制度」（前掲）参照。ただし、この敦煌の例は俗人（寺卿）であるが。
(152)　このように、寺鎮制に二段階のあったことは須田春子氏、加藤優氏なども看過されているようである。

(153) 『日本三代実録』貞観十二年十二月二十五日条。

(154) とくに法華寺の場合、大鎮が諸寺別当、少鎮が諸寺三綱と同格の扱いを受けたことが、『延喜玄蕃寮式』39条の従僧・沙弥・童子を定めた規定によって知られる。この法源の一つは延暦十七年六月十四日太政官符(『類聚三代格』巻三、僧綱員位階幷僧位階事所収)であろう。

(155) 拙稿「諸寺別当制の展開と解由制度」(『古文書研究』一九、一九八二年)。補訂して「諸寺別当制の展開と解由制度」と改題の上、本書第三章に収めた。

(156) この段階においては、鎮の職務の中に教学の面も含まれていたとみてよいだろう。この点の実態については、昌泰三年十二月九日太政官符(『類聚三代格』巻二、経論幷法会諸僧事所収)などに示されている。

(157) 『日本女性史』第1巻原始・古代編(前掲)の編集後記(関口裕子氏執筆)。

(158) 岡田精司氏注(46)前掲論文参照。

(159) 経典の影響については、笠原一男『女人往生思想の系譜』(前掲)のほか、目崎徳衛「日本仏教に見る女性像」(前掲)や牧田茂『神と女の民俗学』(一九八一年)などでも指摘されるところがある。

(160) 国分尼寺については、主として考古学の視角から論じられたものであるが、斎藤忠「国分尼寺の性格――特に国分僧寺との比較を中心として――」(『仏教史研究』四、一九六九年)がある。

第二章　古代における尼と尼寺の消長

はじめに

本稿は先に発表した「律令制展開期における尼と尼寺――その実態についてのノート――」[1]の続編をなすものである。その末尾に別稿を準備中である旨を書き添えながら、かくも遅延するに至ったのは、前稿において若干の不備な点があったためと[2]、その後に発表された諸論考に啓発されるところが多く、それらの成果を少しでも取り入れていく必要を感じたためであった。思えば、前稿執筆以後に日本女性史に関する文献目録[3]が刊行されて、多大な便宜を与えるようになるなど、この方面の研究も一段と進展したように見受けられるが、とりわけ注目されるのは、「女性と宗教」の問題を扱った論文や研究書が相次いで公にされたことである。管見に及んだ範囲だけでも十指に余るものがあった[4]。

こうした動向をみると、ここ一、二年ほどの間に歴史学・民俗学を問わず、「女性と宗教」というテーマが学界の大きな潮流となってきていることを痛感せずにはいられない。なかんずく、高木豊氏の後家尼の研究や萩原龍夫氏の熊野比丘尼の研究によって、これまで遅れていた中世の尼の存在形態を考える上で、貴重な素材が提供されたことは特記すべきことであろう。しかし、中世史料に実に多様さを見せて登場する「尼」をどのように統一的に把握するのか、そもそも古代の尼と中世の尼とがどのように系譜的につながるのか、といった点などは、なお未解決の難問題として横たわっている。本稿は、このような日本史における「尼」の歴史的変遷を跡づける作業の一環として、古代の側からアプローチした前稿同様の一試論に過ぎない。

さて、前稿で指摘した点を要約すれば次のようになる。

① 寺院社会における尼（女性）の差別待遇は、八世紀中頃を境に、まず宮中における国家的法会から次第に排除され始める、という形態をとって現われた。

② ついで、得度そのものも極めて制限されるに至り、とくに九世紀初頭に確立した年分度者の対象からは全くはずされたと推定される。

③ 一方、八世紀中葉に諸寺の鎮が設置された際、尼寺では僧が鎮に任命されたとみられるのだが、平安初期に諸寺別当制が確立すると、尼寺の鎮は、別当に準ずる扱いを受け、ここに尼寺は鎮僧（男性）により寺務全般にわたって一定の統制を受けることになった。

以上の三点である。このように、当初僧尼平等を建前とした仏教界で、尼がどのように差別待遇を受けていくかという面に視点を据えると、まず八世紀中頃に僧尼同席の法会の場から疎外され、ついで九世紀に入ると、出家そのものも制限されるという二つの段階が存在していたことが知られる。そこで本稿の課題は、第一にそれぞれの場合の要因としてはどのような事情が考えられるか、あるいは、そのことは何を意味するかといった点を明らかにすることである。第二に、それでは尼が正規の仏教界から排除されるという事態は、その後にどのような影響を及ぼしたのか、とくに尼寺のあり方は③のような処遇を経て、さらにどのような存在形態をとらざるを得なかったのか、その実態をさぐることである。

第一節　女性不浄観と女性蔑視思想の問題

一般に古代における女性の地位の低下を論ずる場合、仏教思想との関係で問題にされることの多いのは、仏教の受容によって成立したとされる不浄観や、仏典に見える女性蔑視思想の影響といった点である。しかし、少なくとも奈良時代から平安初期にかけての時期に、女性に対する蔑視思想や不浄観が存在していたとは考えがたい。

最近、関口裕子氏は八、九世紀の女性のあり方を簡潔に整理され、男性と同様に所有権を有したこと、共同体祭祀の場においても男性と全く対等であったこと、結婚・離婚の決定権をもったこと、男女の性結合は女性の合意を前提としており、従って売春は存在しなかったことなどの諸点とともに、女性蔑視思想や女性不浄観は当時の史料に一切現われないことを指摘されている。(5) 関口氏の以上の指摘の中には、後述のように従い難い見解もあるが、当時における女性に対する不浄観と蔑視思想の不在という点は、まず首肯されうるものである。ただ、関口氏の論旨の中では、寺院関係の事例がほとんど取り上げられることがなかった。例えば、律令において例外的に規定された女性として女帝と後宮女官を挙げるのみで、尼については触れるところがないのである。そこで、ここでは当時の寺院ないしは仏教をめぐる場においても、それらが存在しなかったことを、実際の史料から確認するという作業から始めたいと思う。

まず不浄観の問題であるが、高取正男氏の指摘によれば、(6) わが国における浄穢の観念は、仏教の導入によって最も

鋭く発展させられた観念であったとされる。そのことをよく示す事例として屢々引かれるのは、『万葉集』巻十六の

香塗流　塔爾莫依　川隅乃　屎鮒喫有　痛女奴

（香《こり》塗れる 塔にな寄りそ 川隈《かわくま》の 屎鮒《くそぶな》喫《は》める 痛き女奴《めやっこ》）(7)

という歌である。この歌について高取氏は、

　芳香は邪気をはらって清浄を維持し、清浄にむけてものを薫修するという信仰はインド以来のものである。……それらの香気によって清浄にしてある仏塔に、けがれた女は寄るなという意味である。……「女奴」は下婢であるからではなく、穢れているとの理由で塔に近づくのを禁じられる。

と解釈されているが、(8)注意すべき点は、ここで「女奴が穢れている」とされたのは泥で汚れた鮒を食ったからであって、(9)「女性だから穢れている」という観念は看取することができないことである。(10)

　また、平安初期〜中期頃に編纂されたといわれる『日本感霊録』(11)の中の、「不浄の身を以て元興寺の四天王の往《お》る処に入り、異相を蒙りし縁《えにし》」の説話も参考になる。これは延暦二十二年（八〇三）七月二十六日、河辺朝臣今子なる女が瘧病平癒を元興寺の四天王像に祈願しようとして境内に入り込んだところ、薬叉大王に心身を清浄にしてから祈願せよとして追い出された話であるが、ここで河辺今子が「不浄の身」と呼ばれたのは、「瘧《きゃく》（おこりやまい）」を患う身で連子の内にまで侵入したためであった。ちなみに、同じ『日本感霊録』でこれに続くのは「不浄の心を以て伽藍に入り、異相を得《と》りし縁」という話で、従五位下大戸清上なる男が元興寺所蔵の名笛を勅命と称して掠め取ろうとしたところ、護法神によって妨げられたという筋立てであるが、この男も「染心（煩悩に染ったよこしまな心）」なるがゆえに「不浄」とされている。以上に掲げたような事例から、当時の寺院が浄域として病気や邪悪心などのさまざまな「心

身不浄」に対して、これを拒否するのが建前であったことが察せられるが、単に女性だからという理由で不浄とされた例は見当らない。むしろ、『日本感霊録』所載の二つの説話からは、不浄の対象とされる点では男も女も全く差別がなかったことが知られるのである。奈良時代から平安初期にかけての時期には、女性ゆえに穢れているという、後世盛んに喧伝されるような不浄観(12)(その代表的なものは赤不浄の思想である)は寺院社会にも存在しなかったと言ってよいであろう。

次に女性蔑視思想の問題に移る。周知の通り、わが国において女性に対する蔑視思想を助長する上で、仏教思想が大きな役割を果していたことは否定できないところである。仏教の経論の中に女性を忌避すべきものとする教説がしばしば見られることは、あらためて指摘するまでもなかろう。もっとも仏教学の立場からは、仏陀《ブッダ》あるいは仏教が当初から女性を罪悪視・不浄視していたかのように考えるのは誤りで、男性と女性の性関係を危険視したに過ぎないとの意見も一部にあるようである。(13)確かに経論の中には、女性ないし女性との性関係が男性の修行の妨げになる(見方によっては、これがすでに男性優位のものの考え方なのであろうが)という点を余りに強調し過ぎたために、そうした表現をとらざるを得なかったとみられるような文言もないわけではない。(14)しかし、例えば『法華経』提婆達多品第十二の有名な、

女身垢穢、非是法器、云何能得、無上菩提(女身は垢穢《くえ》にしてこれ法器に非ず、いかんぞよく無上菩提を得ん)(15)

といった文言を見れば、もはや男性の修行主義を通り越しており、経典の中に女性蔑視の偏見があったことは疑いないのである。

問題はこのような経論の思想内容が八、九世紀の日本の社会に果して影響を及ぼしていたかどうかにある。この点で看過できないのは、前稿でも紹介した笠原一男氏の『女人往生思想の系譜』にみられる見解であろう。笠原氏の究

極の目的は、古代・中世・近世の三つの時代を通じて女性と仏教の関係が女人往生の思想という面でどのような過程をたどってきたのか、という点を解明されるところにあったようであるが、その第二章の「古代における女人往生思想」の部分では、平安期に成立した往生伝の中から女人成仏・女人往生の実態をさぐる作業の前提として、「古代仏教の諸山寺の世界では女性をどのように考え、扱っていたのであろうか」とされ、『涅槃経』『心地観経』『優塡王経』『宝積経』『阿含経』『大智度論』『唯識論』などの経論の中から女性への蔑視・罪悪視を示す文言を摘出した上で、次のように断じられたのであった。(16)

女性の成仏を嫌い、女性を男子と平等にあつかわないのは古代仏教の世界では常識ともいえる。さきに見たところの女性は男子の仏道修行において最大の障りであり、しかも女性自身に成仏の可能性なく、三世十万の諸仏から成仏・往生を見放された存在であった。このような女性が現実に古代仏教の修行者の集団である奈良仏教・平安仏教の諸山寺から疎外され、拒絶されたのは当然といえる。

しかし、ここに挙げられたような経論が奈良時代のわが国にもたらされていたとしても、経論に見える女性蔑視思想はインドの古代社会における通念が反映されたものに過ぎないのであるから、これを即わが国の、ことに奈良時代から平安初期の社会の実態とみなすことができないことは言うまでもない。(17)わが国において、経論の影響による女性蔑視思想がいつ頃から出現するかは、その時々の日本側の史料によって確認するという手順を踏むべきであるように思う。

それでは八、九世紀のわが国の実態はどうかと言えば、当時の史料からはまず、「女性が諸山寺から拒絶されていた」という事例さえ見出すことが困難である。九世紀初期に成立したといわれる『日本霊異記』の中巻第二十八話(18)は、貧しい女が大安寺に日参して釈迦仏を信心した功徳で、修多羅供や成実論宗の銭を授かって富裕になった話であるが、これは先に引いた『日本感霊録』に見える河辺今子の説話と同様、通例は女性でもごく普通に境内に立ち入って、参詣できた事実を示すものである。そして、実はこのことは

応レ許下昼日男入二尼寺一女入中僧寺上事

という弘仁九年（八一八）五月二十九日太政官符(19)（弘仁治部格）が示す如く、当時法的にも認められていたことであった。これは弘仁三年（八一二）四月十六日の勅(20)で、近頃法会の際に、男女が混雑するためにしばしば淫犯が起るという噂があるから、今後は男が尼寺に、女が僧寺に入ることは全面的に禁止するという事態になったのであるが、それでは士女が礼仏したくてもできないという訴えが出されたため、昼間だけ許可するという措置を講じたものである。次節で指摘するように、弘仁三年の勅にしても、あくまでも寺院をめぐる場において男女間の淫行がはびこることを警戒したものであって、その文言から明らかな如く、決して女性のみを拒絶しようとしたわけではない。天台宗の修行規定である最澄の『山家学生式』に「盗賊酒女等」の禁止条項があること(21)や、また貞観十年（八六八）に真紹が定めた『禅林寺式』(22)にも「専不レ許レ宿二女人一」と規定されているような例(23)は、これと同様の配慮によるのであり、いずれも僧尼令の停婦女条、不得輙入尼寺条を再確認させようとしたものにほかならないのである。笠原氏は「古代の諸山寺が女性を拒否している」例として、しばしば高野山や比叡山などを挙げられているが(24)、金剛峯寺や延暦寺が当初から尼や女人を受けつけなかったのは、これらの寺院が鎮護国家仏教の再編を担って出発した「僧寺」であった以上、極めて当然のことと言えよう。

このように八、九世紀の寺院社会においては、少なくとも経論の影響による女性蔑視の思想は全くうかがうことが

できないと言ってよいのであるが、行論の都合上、寺院をめぐる場で女性のみを排除させようとする思想が成立する時期や、経論の影響が現われてくる時期についても、以下で簡単に触れておくこととする。

まず、いわゆる女人結界とか女人禁制といった事態が、[25]高野山や比叡山を含む各地の山岳霊地に盛んに喧伝されてくるのは、十一世紀中頃以降のことのように思われる。[26]その萌芽と認めうるのは、鎮源の『大日本国法華経験記』所載の越中立山地獄に堕ちた女人の説話[27]であるが、この書は十一世紀中頃の成立とみられるものである。さらに一一〇〇年前後の成立かとされる大江匡房撰の『本朝神仙伝』になると、都藍尼なる尼が金峯山に登攀せんとしたけれども、遂に到ることができなかった理由を挙げて、

金剛蔵王守レ之、兼為二戒地一、不レ通二女人一之故也、

と述べられており、[28]女人結界思想のほぼ完成した姿をここに見ることができよう。

女性蔑視思想が明瞭にうかがわれるのも、ほぼこれと同時期のことである。十一世紀末から十二世紀前半までに成立したとされる『今昔物語集』には、そうした事例が数多く見出されるが、なかでも「紀伊国道成寺僧、写法花救蛇語」[29]の説話は注目に値する。これはのちに道成寺縁起の原型となり、それを媒介にさらに後世の芸能にも多大の影響を与えたものとして知られるが、[30]その典拠となったのは『大日本国法華経験記』に見える法華の功徳譚[31]である。双方を比較してみると、話の筋立てとしては、前者は後者のほとんど丸写しと言ってよいほどのものであるが、唯一の相異点として、前者の『今昔物語集』所載の説話の末尾には、

然レバ、女人ノ悪心ノ猛キ事、既ニ如此シ。此ニ依テ、女ニ近付ク事ヲ仏強ニ誡メ給フ。

とわざわざ書き添えられているのであり、ここに女性蔑視思想が経論の影響によって形成されたものであることと同

時に、その普及が十二世紀に至ってからであることが、如実に示されていると言えるのである。これに対して、同じく『今昔物語集』の巻第十五ノ四十九話[32]に見える、

女也ト云ヘドモ、此ク往生スル也、

といった言い回しは、明らかに『法華経』提婆達多品第十二を典拠とする女人成仏の思想的影響を受けたもので、これも八、九世紀の段階では見出すことのできなかった事例であった。[33]

このように、十二世紀前後に女性をめぐって初めて出現する思想的影響の内容に、女性蔑視と女人成仏とがふたつながら所見されることとは、当時の社会で支配的な通念となっていた男尊女卑の根拠を経論に求めようとする一方で、そうした女性たちを救おうとする手立てをも経論に求めようとした経緯のあったことを暗示するものとみてよいだろう。要するに、わが国ではあらかじめ女性蔑視思想が存在したために女性が差別されるようになったり、女人往生思想が成立したのではなく、別の理由[34]から女性の地位の低下が社会的にも、人々の意識の中でも決定的になって以後に、そのことを合理的に説明したり、あるいは救済しようとするために、経論が典拠とされるようになったと考えることができるのである。

ところで、このようにみた場合、数ある経論の中でも最も大きな影響を与えたのは、言うまでもなく『法華経』であった。十二世紀以降、文学作品等に頻繁に現われる「五障の身を受けたりといえども[35]」とか、「女人五つの障りあり[36]」といった女性蔑視文言は、『法華経』に見える「五障罪[37]」（ふつう提婆達多品に説かれる、梵天王・帝釈天・魔王・転輪聖王・仏身となり得ぬことを指す）に由来するところであったし、女性の救済を説く代表的な経典もまた、ほかならぬ『法華経』（提婆達多品で変成男子による女人成仏を説き、薬王品で女性に受持を勧める）であったこと[38]からもそのことは知られよう。そして、

後者のゆえに『法華経』はとくに女性の間でもてはやされることになるのだが、この頃になると、それが尼の性格にも影響を及ぼしていることが注目される。すなわち、角田文衛氏が指摘されたように、尼の法名は奈良時代には「善」字が多く、「妙」字は全くないのに、平安中期になると「妙」字が通例となり、後期にはそれが圧倒的に増大してくるのである。「妙」とはむろん、鳩摩羅什訳の『法華経』のフルネームである『妙法蓮華経』に因むのであるが、この事実は出家者たる尼でさえもその思想的影響を受けるようになった時期が、平安中期以降であったことを示していると言えよう。(41)

思うに、その成立自体が女性の精神的労働からの排除を意味した律令制成立時に、国家的機能を担う「官尼」として僧（男）と同等の地位を保証された尼（女）ではあったが、やはりその後の地位の変動については、一般女性の動向と不可分に論ずることはできないのである。

第二節　尼の仏教界排除の要因

前節の考察結果から明らかになったように、八、九世紀のわが国においては、女性不浄観や女性蔑視思想は一般女性の間のみならず、寺院ないしは仏教をめぐる場においても存在しなかった。それでは、尼が仏教界において次第に差別待遇を受けていく背景には、一体いかなる事情があったのであろうか。先に指摘した如く、この時期に顕在化する尼の仏教界での差別待遇には、(1)八世紀中葉を境に国家的法会から排除され、(2)九世紀初期以降には女性の出家そのものが制限される、という二つの段階が設定されるのであるが、私は各々の事象に対応する要因を大まかに、(1)'律令国家による儒教的倫理の導入強化と、(2)'それに基づくわが国固有の家族制度の変質、具体的には父系制や家父長制家族の成立、という点に求めたい。

まず、第一の尼の法会からの排除という点であるが、この場合に注意を要するのは、正史に所見のある僧尼同席の国家的法会（宮中読経）は、確かに神亀四年（七二七）を最後に姿を消すものの、これより五十年近くを経過した宝亀四年（七七三）七月二十七日の称徳女帝周忌御斎会には、尼のみが供奉している（ただし、女儒とともに）事実があり、(42)この頃でも官尼としての機能を一応果していることである。この点からすると、八世紀中頃を境に尼のみが法会に招請されなくなるように見えるのは、この段階で直ちに尼が国家的仏事から全面的に疎外されたことを示すのではなく、実は僧尼の同座・同席を禁じたための処置ではなかったろうか。つまり、「男女の別」が仏教法会の場にも及ぼされるに至ったのであり、その背景に儒教的な倫理観の影響のあったことが推察されるのである。

律令制の確立とともに、国家が儒教思想に基づく道徳・倫理の導入を意図したことはよく知られている。例えば八世紀以降、六国史の記事にしばしば見られる孝子・順孫・義夫・節婦の旌表を、律令国家がわが国に持ち込みを企図した、儒教的思想に裏づけられた家族道徳規範とみてよいことはすでに指摘されている。(43)当時の律令国家のこのような姿勢が、仏教の場にも着実に及んでいたことは、養老六年（七二二）七月十日の太政官奏(44)によっても如実にうかがうことができる。

……比来在京僧尼、不レ練二戒律一、浅識軽智巧説二罪福之因果一、門底廛頭訟誘二都裏之衆庶一、内黷二聖教一外虧二皇猷一、遂令下二人之妻子一動有二事故一、自剃二頭髪一輙離二室家一、無レ懲二綱紀一不上レ顧二親夫一、或於二路衢一負レ経捧レ鉢、或於二坊邑一害レ身焼レ指、聚宿為レ常妖訛成レ群、初似レ修レ道終為二姦乱一、永言二其弊一特須二禁制一……

この官奏の対象とされたのは、行基およびその弟子たちの宗教運動であるとするのが今日の学界の大勢であるが、とくに「行基集団」に限る必要はなく、中井真孝氏(45)や田村円澄氏(46)の指摘されるように、広く在京僧尼を指導者とする私度僧尼の集団に向けられた禁令と解釈してさしつかえないであろう。また、官奏の内容については、従来どちらかというと僧尼令との関連で、これらの集団が巷間で罪福の因果を説いたり、乞食（托鉢）行為をした点などが注目されているが、私はむしろ、傍線部分に示されたような律令国家の発言に注意したい。これによると、当時民間では僧尼を中心とする優婆塞・優婆夷の集団――これは要するに男女の集団である――が、布教のために行動をともにして「聚宿」を繰り返す光景がしばしば見られたと思われるのだが、それらの僧尼集団の活動を禁圧する論拠として、妻子を動員するために彼女らが家庭を離れて親や夫を顧みなくなるという、まさしく儒教的な家族道徳を持ち出しているのである。

上述のような儒教思想に基づく男女観は、その後も律令国家が一貫して堅持したものであり、八世紀末から九世紀初めにかけての時期になると、さらにあらゆる機会をとらえて「男女混雑」を禁ずるという、より厳しい政策となって現われる。延暦十五年（七九六）、京畿の民に北辰を祭ることを禁止したのも、

棄レ職忘レ業、相二集其場一、男女混雑、事難二潔清一……

という理由からであったが(47)、こうした動きは仏教をめぐる場においても例外ではなかった。弘仁三年（八一二）四月十六日の勅(48)には、次のように見えているのである。

勅僧尼之制、事明二令条一、男女之別、非レ無二礼法一、頃者諸寺僧尼、其数寔繁、外託二勝因一、内虧二戒律一、精進之行無レ顕、淫犯之状屢聞、僧綱顔面、不レ加二捉搦一、官司寛容、無レ心二糺正一、又法会之時、懺悔之日、男女混雑、彼

此無レ別、非礼之行、不レ可二勝論一、敗レ道傷レ俗莫レ甚二於斯一……

律令国家は、一つの寺院内で僧尼が接触することや、法会の場で僧尼や在俗の男女が結びつくことを極端に警戒していたことが、これによって知られるだろう。むろん、ここには国家の側の誣言とみられなくない文言や誇張された表現もあろうが、これが決して単なる予防策ではなく、為政者にとっては危険視せざるを得ないような男女間の行為が、当時の社会には頻繁にみられたことも事実であった。例えば、『日本霊異記』下巻第十八話(49)には宝亀二年（七七一）六月のこととして、河内国丹治比(ママ)郡の野中堂で写経中の経師が、たまたま参り集っていた女衆の一人に対して、

婬心熾発、踞二於嬢背一、挙レ裳而婚、（婬《たは》れの心熾《さかり》に発《おこ》り、嬢《をみな》の背《せなか》に踞《うずくま》りおり、裳を挙げて婚《くなか》ふ）

と見えている。これは寺院という場で、在俗の男女間の性関係が生じた例と言ってよい。

同じく『日本霊異記』の中巻第八話(50)も示唆に富んでいる。これは奈良の富（登美）尼寺の上座尼法邇の娘で、生馬山寺に住む行基大徳に毎日供持していた置染臣鯛女が、蟹の命を助けた功徳によって蛇の妻となることを免れたという有名な話であるが、単なる動物報恩譚ではなく、筋立て全体からすると、鯛女が身を守ることができたのは三帰五戒を受持していたためであることを言いたかったものらしい。しかも、彼女がいまだ「初婬犯さ不《ざ》」る身であったことが賞讃されており、この辺のところには編者景戒の女性観が反映されているとみられるのだが、この点から逆に、当時は鯛女くらいの年齢で、彼女のようにまだ一度も男との性的交渉がないような女は稀であった実態が垣間見られてくる。そもそも、上座の任にあるほどの尼に娘がいたことも不審であるが、これは法邇尼の出家以前に生れた実子の可能性もあるから、これ以上の穿鑿はしない(51)として、行基集団に随行する男女の中にはこのような娘を連れた母親がおり、そうした集団が聚宿を繰り返すうちには、男女間の性的関係が生じることも珍しくなかったであろうこと

は推測に難くないのである。[52]

また、女性の場合には自ら望まなくても、第三者の暴力的行為によって犯されることも多かったようである。関口裕子氏は八、九世紀には女性の合意を前提としない男女間の性結合はなかったと断言されているが[53]、当時と言えども、強姦が存在したことをうかがわせるような史料はある。寺院社会でもこのようなことは例外ではなかった。例えば、『日本書紀』によると舒明天皇即位時の紛争事件の一つで、境部臣摩理勢が蘇我馬子に滅ぼされた時、長男の毛津は「尼寺瓦舎」に逃げ隠れて一、二の尼を姦したとある。[54]また、延暦十八年(七九九)には、内豎の雀部広道が法華寺の尼を強姦したので、左衛士志の矢田部常陸麿を平城京に遣わして杖百の刑に処していることが知られる。[55]

以上のような例からすると、寺院や法会の場において僧尼や在俗の男女間に性的関係が生じるようなことは、わが国へ仏教が伝来して以来、実際にしばしばあったことは疑いない。当時の人々が一般に、後世からは想像もつかないような開放的で、おおらかな性観念の持ち主であった点からすれば[56]、別段不思議ではなく、むしろあり得べきことであったと思われるが[57]、国家の側からすれば、それが男女間の「性の乱れ」と映ったわけである。この場合、律令国家が僧尼や寺院を場とした男女関係にとくに目くじらを立てたのは、出家者の戒律の第一に挙げられるのが、「不淫行」であることからして当然のことであったが、その取り締まりを僧団内部の自律自治的機能に委ねるのではなく、儒教的倫理[58]によって禁圧しようとしたところに、律令国家の目指す方向が如実に示されていたと言えよう。そして、僧尼同席の宮中読経が神亀四年(七二七)を最後とするという時期的な問題を考慮すると、このような国家的法会の場にも「男女の別」が及ぼされる直接の契機となったのは、行基集団に代表される、男女を伴った民間の宗教運動の高揚(前述のように、これに対する厳しい禁令が出されたのは養老六年(七二二)である)という事態ではなかったろうか。[59]すなわち、それまで僧尼平等の建前から慣例となっていた、国家的法会における僧尼の同座・同席がこの時期に突如として消えるのは、律令国家がそのような民間仏教の動向に対処すべく、まず官僧・官尼をして「男女の別」の範を垂れようとしたことの背景ではないかと考えられるのである。

それでは次に、尼への差別待遇の第二段階である、平安初期における女性の出家制限はいかなる事情に起因するものかと言えば、これはまさにわが国固有の家族制度の変質、すなわち、究極的には家父長制家族の成立そのものの影響であったとみられる。最近関口裕子氏は、所有論を機軸にして八、九世紀のわが国には家父長制家族は存在せず、それが成立するのは貴豪族層でも十一世紀以降であり、一般庶民層の間に形成されてくるのは十二世紀であるという独自の見解を展開されている(60)。しかし、これに対しては批判も多く、例えば勝浦令子氏は、九世紀には女性が口分田の班給からもはずされていくことなどに注意されつつ、女性の家族・共同体・国家等における地位の変動は、律令制の導入にともなってすでに八世紀頃から現われていたことを指摘され、関口氏の見解に疑問を呈している(61)。私も基本的には勝浦氏のような、旧来からの通説的見解に賛同するものである。

女性蔑視思想や女性不浄観が全くうかがわれなかった『日本霊異記』の中にも、早くも家父長制家族の萌芽を思わせるような説話が登場している。とりわけ中巻第十一話(62)は、そのことによって、女性の宗教活動への参加が制限されていく様子が描かれているものとして重要であろう。

聖武天皇の御世に、紀伊の国伊刀《いと》の郡桑原の狭屋寺《さやでら》の尼等発願して、彼の寺に法事を備《まう》け、奈良の右京の薬師寺の僧題恵禅師字を依網《よさみ》の禅師と曰ふ、俗姓依網連の故に以て字とす、を請け、十一面観音の悔過を奉仕す。時に彼の里に一《ひとり》の凶《あ》しき人有り。姓は文忌寸なり。字を上田三郎と云ふ、天骨《ひととなり》邪見にして、三宝を信《う》け不《ず》。凶しき人の妻に、上毛野公大椅《かみつけののきみおほはし》が女有り。一日一夜に八斎の戒を受け、悔過に参《ま》ゐ行きて、衆中に居り。夫、外より家に帰りて見るに妻無し。家人に問ふに、答へて曰はく「悔過に参《ま》ゐ往《ゆ》きぬ」といふ。聞きて瞋怒《いか》り、即ち往きて妻を喚ぶ。導師見て義を宣べて教化す。信受《う》け不《ず》して曰はく「無用の語を為す。汝、吾が妻に婚《くなかひ》ス。頭《かしら》罰《う》ち破《わ》らる可し。斯下《いや》しき法師なり」といふ。悪口多言、具に述ぶること得不《ず》。妻を喚びて家に帰り、即ち其の妻を犯す。

すなわち、外出していた夫が家に帰ってみると、妻が寺の法会に出かけて留守だったために、怒った夫は寺に踏み込んで導師僧に罵声を浴びせたあげく、妻を家に連れもどして犯したというのである。ここには家族の所有形態や経営のあり方などを、直接に語ってくれるものは何もない。しかし、文忌寸の行動には妻は夫に従属すべきものであるとの論理、言い換えれば強大な家父長権の存在が明白に看取されるのであり、遅くとも『日本霊異記』の編纂された九世紀初期頃までには、旧来の家族形態が変質を遂げ始めていた事実を反映する事例と言ってよいのではなかろうか。

いったい奈良時代と平安時代の交わりの時期に、家族や婚姻の形態の上で大きな変化があったことは、これまでの論者によっても指摘されるところであった。つとに高群逸枝氏は、同じく婿取婚の形態をとりながらも、平安初期までは婚主が妻方の母であったのが、これ以後妻方の父にとって代わるとされている。[63] また、義江明子氏によれば、氏《うじ》は本来ある個人が父母双方のパイプを通じて複数の集団に属しうるという両属性をその特質とし、原理的には男女子双方の子孫を通じて錯綜しつつ、無限に広がりうる構造を有していたのに、奈良末から平安初期にかけて、こうした組織原理は変質を遂げ父系氏が確立するという。[64] このほか、奈良時代の末から平安時代の初期は祭祀組織の面でも大きな変化があり、出雲や筑前宗像の神主たちに政教の分離が徹底され、この励行とともに女性司祭の後退があったとされる、高取正男氏の指摘[65]などもある。

八世紀と九世紀の境目は、まさにこのような氏族・家族内での父系制の成立を背景に、家父長権が急速に伸長した時期であったことが想定されるのである。その際に特徴的なのは、先の『日本霊異記』の説話に見られた如く、これに付随して妻や女子を家に閉じ込めておこうとする、男性側の主張が出現してくることであり、女性の出家を次第に困難にさせていった要因は、恐らくこの辺のところにあったのではなかろうか。すなわち、女性は親や夫に仕えるとともに子供を生み育てるべきものであるという、律令国家の企図した儒教思想に基づく家族道徳規範が、畿内の貴豪族層を中心にようやく根付き始め、その影響が早くも九世紀初期以降の女性の出家制限となって具現されたものと考えられるのである。

　この時期以後、とくに貴族社会では、若い女性が出家したり、仏事に関わったりすることが急激に厭われるようになっていく。貞観元年（八五九）、皇太后藤原明子（清和天皇の生母）が安祥寺に年分度者三人を置いたが、それは彼女の願文(66)によれば、

　余雖レ有二丈夫之志一、未レ能レ行二婦人之身一、所レ願、毎年度二此三人一、代レ身修レ道、将レ除二三毒一、上以増二仏法之寿命一、下以遂二我懐之宿望一

という理由からであった。故文徳天皇の菩提を弔うために「大夫之志」(67)はあるのだが、「婦人之身」をいまだ全うしていないので、三人の僧を代度させることによって、自分の宿願を遂げようというのである。また、『かげろう日記』に見える藤原道綱母(68)の

　あはれ、今様は、女もず〻《数珠》ひきさげ、経ひきさげぬなし

という感慨には、十世紀末に女性の間にも、ようやく仏事が流行するようになった（これは多分に浄土教の影響によるものだ

ろう）様子がうかがえるのだが、裏を返せば、九世紀初期以降この頃まで、出家を含めた女性の仏事は極端に忌み憚かられる風潮にあったことを示すものと言えよう。『紫式部日記』に引かれる(69)

なでふ女が真字書は読む、むかしは経よむをだに人は制しき

という、さる女房の発言も、同様の事情を物語る例であるように思われる。(70)

第三節　その後の尼と尼寺の動向

仏教伝来当初から僧尼平等を建前としたわが国の仏教界ではあったが、八世紀中頃から九世紀初期にかけて、俗界では儒教的倫理が徹底されるとともに父系制や家父長制家族が成立したことによって、女性排除の影響を否応なしに受けざるを得なかった事情が前節で明らかになったわけである。それではこれ以後、尼や尼寺はどのような存在形態を余儀なくされていくことになるのであろうか。最後にこうした点にも若干言及しておくことにしたい。

前にも引いた弘仁三年（八一二）四月十六日の勅には「頃者諸寺僧尼、其数寔繁」とあって、この時点では依然、尼の数は無視し難いものであったとみられるが、僧尼が師資相承を原則とした以上、すでに出家制限を受けつつあったこの時期以降、正規の手続きを経た尼は急激に減少していったと思われる。そうなると、尼寺自体の存続も極めて困難になったことは推測に難くない。尼寺が僧寺の末寺化する動きが現われるのも、このような事態と一連のものとして把えることが可能であろう。(71)その最も顕著な例は西隆寺の場合である。西隆寺は西大寺と同様に称徳女帝の創建にかかる尼寺で、宝亀二年（七七一）には他の諸大寺とともに官印頒布に預っていることからわかるように、この時点で(72)

は明らかに官寺として遇されていた。さらに、弘仁十一年（八二〇）成立の『弘仁主税式』[73]の規定では、なお越後国に寺料一万束を有した有力寺院であったが、『日本三代実録』元慶四年五月十九日条には、

令下二西大寺一摂中領西隆尼寺上、此両寺、是高野天皇創建、以二西隆尼寺一為下西大寺僧浣二濯法衣一之処上也、

と見え、この年（八八〇）ついに西大寺の管轄下に入ったことがわかる。事実上の末寺化であり、西隆寺がかつて有した国家的機能[74]も、ほぼこの時をもって喪失したとみてよい。そして、以後は西大寺僧の法衣の洗濯場[75]にするというのであるが、このような主張がたとえ西大寺側の僧侶によって一方的になされたとしても、正史がそれを堂々と書き留めているのは、当時の尼寺の存立基盤の弱さと尼の置かれた社会的地位の低さを、ふたつながら示唆するものと言えるだろう。

　前稿で指摘したように、奈良時代に平城京内外に存在した尼寺としては、西隆寺のほか、法華寺・豊浦寺（向原寺）・坂田寺（金剛寺）・中宮寺・岡本寺（法起寺）・橘寺（菩提寺）・葛木寺などが主要なものであったが[76]、これらもほぼ同様の経過をたどった。豊浦寺については、永久五年（一一一七）七月七日官宣旨[77]に見える「豊良寺」が恐らくこの寺のことであろうと思われるが[78]、同文書によれば、遅くとも十二世紀初頭までには元興寺末寺となっていたことがわかる。坂田寺についても、多武峯（妙楽寺）が承安二年（一一七二）の藤氏長者宣をもって末寺化を認可されたことが[79]『多武峯略記』に見えている[80]。中宮寺は、『法隆寺別当次第』[81]に定真大僧都の任中（康和三年（一一〇一）〜）のこととして塔の修理、次の経尋律師の任中（天仁二年（一一〇九）〜）のこととして金堂の修理など、その堂塔修造記事がしばしば見えること、岡本寺は仁安二年（一一六七）に田券が盗奪されたことに対して法隆寺の証判を請うていること[82]、また橘寺は顕真自筆稿本『聖徳太子伝私記』[83]の裏書に、

橘寺者法隆寺根本末寺也、而鳥羽院之時、醍醐寺□□(範俊)僧正取二離当寺一畢、

などとあることから、以上の三カ寺は平安中後期には、いずれも法隆寺の摂領するところとなっていたことは疑いない。[84] また、末寺化の史料的徴証の見当らない葛木寺の如きは、平安時代中には廃亡したとされている。[85] このような中で、法華寺のみは平安期においても十五大寺の一つに位置づけられていたことが十巻本『伊呂波字類抄』[86] などから知られるので、なお国家的機能を付託された[87] 確たる地位を維持していたかにみえる。しかし、『御堂関白記』長保六年（一〇〇四）三月七日条に、

以二林懐一法華寺別当、蓮聖替任、

とあり、[88] この蓮聖・林懐がともに興福寺僧であった点[89] からすれば、やはりこの寺も平安期以降、興福寺の強い影響力のもとにあったことは否定できないであろう。

このように僧寺の末寺化するだけでなく、さらに僧寺化してしまう例も多かった。平安中期以降、弱小寺院のほとんどは中央の大寺と本末関係を結ぶに至っているから、尼寺のたどった運命を象徴的に示すのは、むしろ僧寺化という点にこそあったと言ってもよい。山城国宇治郡に所在した東安尼寺は、かつて宇治郡司が推古天皇のために建立したという寺であったが、承平元年（九三一）五月七日太政官符[90] によると、今後は尼寺の名号を除棄し、醍醐寺上座をもって「執当之司」となせとあるから、これは尼寺が末寺化と同時に、僧寺化するコースをたどった典型的な例である。『帝王編年記』[91] 永仁六年（一二九八）四月十日条には、この年関東祈禱所となった三十余カ寺が列挙されており、この中には

法花寺(ママ) 光明皇后御願 大和国添下郡　豊浦寺 同国高市郡 百済国律尼三人練行地也

の六カ寺の尼寺が含まれているが、奈良時代に成立したもので、中世においても依然尼寺として存在したことが史料上確認できるのは、ここに見える法華寺と豊浦寺のみである。(92) この時同じく関東祈禱所に認可された僧寺の中に、

道明寺河内国古市郡　光台寺山城国亀山麓
三箇院摂津国西成郡　舎那院同所
菩提寺高市郡太子勝鬘経講讃霊場也字橘寺

とあるように、橘寺は鎌倉時代には完全な僧寺となっていた。法隆寺の『金堂日記』(93)によると、承暦二年（一〇七八）に橘寺の住持僧仙命が「当寺已少二常住僧徒一」との理由で、金銅仏四十九体を「本寺」の法隆寺に移していることが見える(94)ので、その僧寺化は遅くとも十一世紀中頃以前に遡りうるだろう。一方、文永の頃（一二六四～七五）唐招提寺流律宗の信如尼によって再興されたという(95)中宮寺も、『法隆寺別当次第』(96)や『嘉元記』(97)によると、延慶二年（一三〇九）および応長元年（一三一一）に「中宮寺僧坊焼失」という記事が見えているので、寺内に法隆寺僧が居住していた可能性もあり、どこまで尼寺としての形態を保っていたのかは、やや疑わしい点もある。

右に述べてきたような中央の尼寺に対して、地方では言うまでもなく国分尼寺が奈良時代に存在した尼寺の代表格である。前稿でも若干触れたが、中央の国家的法会から尼が除外されたのちも、諸国の国分尼寺の尼たちは国分寺の僧らとともに、依然しばらくの間は国家的機能を果していた。承和六年（八三九）、国分寺の安居会で最勝王経を講説しているのに倣って、国分尼寺でも安居の時に「除災植福之大善、広被二衆庶一」がために法華経を読むことを命じているの(98)は、その一例である。それゆえ、国分尼寺自体も九、十世紀においては、伊豆(99)（承和三年（八三六）以後）・相模(100)（貞観十五年（八七三））・伯耆(101)（天暦二年（九四八））などの例から知られるように、火災や地震による倒壊後も定額寺や他の有力

寺院をもって代替させて（いわゆる転用の国分尼寺）[102]、その維持がはかられているほどである。元慶四年（八八〇）に早々と西大寺に摂領され、その洗濯場となった大和西隆寺とは極めて対照的と言うべきだろう。これは単に、家父長制家族の成立の問題も含めて、一般に女性の地位の低落が地方では中央よりも時期的に遅れるという理由のみではなく、多分に中央政府の地方対策とも無関係ではないとみられ、国分尼寺の意義や変遷については別にきめ細かく検討する必要性も感じるが、究極的にはやはり僧寺の末寺化の道をたどったという点では例外ではなかったと言ってよい。

一例を挙げれば、伊勢国分尼寺が法成寺末寺となっていた[103]ように、その多くは国分寺と同様に[104]中央の有力寺社の末寺末荘化していたことが推定されるのである。そして、さらに興味深いのは、一方で国分寺の監督下にもあったらしいことが知られる点である。京都大学所蔵の『古文書集』の中に、大治元年（一一二六）五月二日付の某国国分尼寺三綱解文[105]なる文書があるが、これを見ると本文中には「僧等」とあり、しかも三綱の署判の部分はいずれも「法師」となっているところから、国分尼寺の堂宇は健在であったとしても、その経営維持には全く僧が当たっていた[106]ことは明らかであろう。恐らく、彼らは国分寺から派遣されていた僧であったと思われる。また、鎌倉時代の例であるが、薩摩国分寺（当時は筑前安楽寺領）の年中行事の中に「尼寺薬師講」というのが見える[107]。かつて国分尼寺で行なわれていたらしい講会が、国分寺の行事の中に包摂されているのであり、この点も当時における国分寺・国分尼寺両寺の関係をうかがわせるに十分である。

飛鳥・奈良時代に成立した尼寺のその後の状況は、およそ以上の如くである。従って、平安期になって新たに尼寺が建立されることも極めて稀であった。史料上確かなものとしては、橘嘉智子（嵯峨太皇太后）が承和年中（八三四〜四八）に建てたという檀林寺[108]、元慶三年（八七九）に崩じたその娘の正子内親王（淳和太皇太后）の遺旨で、淳和太上天皇の旧居をそのまま寺とした淳和院、[109]および後冷泉天皇の皇后であった藤原歓子（小野皇太后）が出家落飾後の承保元年（一〇七四）に、愛宕郡小野郷の離宮を寺とした常寿院ぐらいなものであろう（以上、いずれも山城国）。[110]ほかに摂津神呪寺《かんのうじ》と紀伊熊野の妙心寺があるが、両寺の草創については半ば伝説的である。前者は『元亨釈書』所載の如意尼の伝説に見えるもので、[111]それによると、かつて淳和天皇の「次妃」であった如意尼が摂津国の如意輪摩尼峰に建立した道場というが、典拠が明らかではなく、系図などにも該当する人物が見当らないので、そのままでは信じ難い。[112]後者は『熊野年代記』[113]によると、大治三年（一一二八）十一月九日条に白河法皇の「女院」が熊野参詣の折に建立したとあるが、同書は編纂時期がかなり降る上に記事にも混乱があって、[114]近世熊野比丘尼の「家元」とされる妙心寺も、[115]平安期から存在したとみることは無理のようである。[116]しかし、これらも含めた以上五カ寺は、いずれも皇妃であった女性の発願によるものであるという点で共通している。このことは、平安期には尼寺の建立が極めて特殊な場合しか許されなかった事情を物語っていると言えよう。

それでは、平安期にわずかに法灯を伝えることのできた尼寺の尼たちの生活はどうであったか。それらの尼寺が荘園領主として成長することがなかったばかりか、尼が法会から排除されて禄物などが入らなくなった以上、経済的な苦渋を強いられたことは容易に推測されるところである。橘嘉智子の崩伝[117]の中で、若かりし日の彼女を見て、将来天子および皇后の母になるであろうとの予言をした法華寺の禅雲は、「苦行尼」とも呼ばれていたが、これは肉体的な修行をしていたことを意味するのではなく、宮中の奢侈生活に比べて遥かに質素な生活を余儀なくされていた、当時の尼の状況を指している言葉のように思われる。そもそも正子内親王が淳和院を尼寺とした理由も、恒貞親王の奏言によれば、

為㆘京城尼不㆑能㆓自存㆒者㆖、所㆓依止㆒也、

とあるように[118]、京内の尼で自活できない者たちを救済するためであった。

このことは一方で、出家しても尼寺に入ることのできない尼も存在したことを示唆している。僧寺の脇に小庵を構えて生活するような尼[119]が現われるのは、一つにはそのことの反映であったに違いない。『本朝世紀[120]』天慶元年[121]（九三八）八月十二日条に見える「山科の藤尾寺の南にある道場に住む尼」は、そうしたものの早い例である。それによれば、彼女は石清水八幡宮を勧請したのだが、貴賤男女が競って参詣して石清水本宮よりも繁盛したため、本宮の僧侶によって破却されるに至ったという。また、大江親通が保延六年（一一四〇）南都を巡礼した折の記録である『七大寺巡礼私記[122]』の薬師寺の項には「或人巡礼記云」として、

薬師寺東門辺有㆓比丘尼㆒、従㆓長元年中㆒（一〇二八〜三七）以来、以㆓小角豆一合㆒為㆓数鎖㆒（鎖カ）、称㆓念弥陀宝号㆒之間、其小角豆数粒忽変㆓成仏舎利㆒云々、

という記事が引かれている。「藤尾の尼」の活動に巫女的な要素がうかがわれるの[123]に対して、こちらは一種の大道芸まがいの行為と言ってよいが、いずれも参詣者を当て込んで生活の糧としていた、寺辺に住む当時の尼たちの暮らし振りを髣髴とさせるものがある。正統的な顕密仏教界から排除された、かつての官尼たちの零落した姿がまさしくここにあったと言えよう。

むすび

本稿では前稿の課題を受けて、僧尼令の規定などに明記されるように当初は僧と対等の地位にあった尼が、何故に八世紀中頃を境に国家的法会から除外され、ついで九世紀初期には出家制限まで受けるに至ったのか、この二点についてその要因や背景をさぐることに主眼を置いてきた。その結果、八、九世紀のわが国には女性不浄観や女性蔑視思想は寺院社会においても存在せず、尼が正統的な仏教界から排除されていくのは、むしろ律令国家による儒教的倫理の導入強化や父系制・家父長制家族の成立といった点に求められるのであり、尼についてもその凋落の原因は、一般社会の動向と不可分ではないことがほぼ明らかになったのである。

なお、初期仏教受容が女性によって担われた理由の一つは、そのシャーマン的能力が期待されたことにあったが、この事実とその後の教団・教義中心の仏教界から尼が姿を消す事実とが、一見尼は教学レベルで脱落したかの如き印象を与え、これを女性の知的能力の問題に帰する向きもあるかもしれない。しかし、そのような見方もまた正しくないことは、女性の才能が王朝文学の面で見事に開花している点を見れば明白であり、やはりこの段階における仏教界での女性排除は、出家への機会均等が失われたことに最大の原因があるとみるべきであろう。

最後の節では極めて大まかではあるが、その後の尼や尼寺の置かれた状況にも言及しておいた。ところで、平安中期以降になると、本稿で論じてきたような律令制的な官尼の変質という視点では把えられないような形態の尼も、史料上多く所見されるようになる。このような例は早くも『日本文徳天皇実録』に三例を見出しうる。嘉祥三年（八五〇)、承和の変に連座した橘逸勢が伊豆配流の途次に死去した時、父の屍を守るために出家した娘の妙冲[124]、仁寿元年(八五一)、仁明天皇の崩後に先帝を哀慕する余り出家して尼になった女御藤原貞子[125]、同年、久しく熱病を患ったあげく、医療の施しようがないことを知って尼になったという嵯峨天皇皇女の繁子内親王[126]がそれである。前述した小野皇太后や如意尼も実はこれらと同類と言ってよいが、同じく「尼」の字を用いても、その出家目的からして、もはや官尼のそれではない。この例を含めて、これ以後中世に至るまでに出現するさまざまな尼の存在形態やその性格については、鎌倉時代に再び増加する尼寺の歴史的意義などとともに、いずれ稿を改めて論ずるつもりである。

注

(1)『民衆史研究』二三(一九八二年)、補訂の上、本書第一章として収めた。

(2) 前稿では、八世紀中頃までに尼が国家的仏事から排除されたことを、やや強調し過ぎたきらいがあるが、実際には、まず僧尼の同座・同席が禁じられ、その後次第に尼のみが疎外されていく、という段階を経ていたとみる方が正しいと思われる。そこで、本稿ではこの点について、その背景とともに詳しく論じることとした。

(3) 女性史総合研究会編『日本女性史研究文献目録』(一九八三年)。

(4) 鎌田久子「巫女——女性の財産——」(『日本民俗研究大系』第二巻「信仰伝承」所収、一九八二年)、高木豊「中世の妻女と後家と後家尼」(『月刊百科』二四〇、一九八二年)、大隅和雄「女性と仏教——高僧とその母——」(『史論』三六、一九八三年)、同「仏教と女性——『元亨釈書』の尼女伝について——」(『歴史評論』三九五、一九八三年)、笠原一男編著『女人往生』(一九八三年)、萩原龍夫『巫女と仏教史——熊野比丘尼の使命と展開——』(一九八三年)、上井久義「女性司祭の伝統」(『日本民俗文化大系4　神と仏——民俗宗教の諸相——』所収、一九八三年)、梶山雄一「仏教の女性観」(『空の思想——仏教における言葉と沈黙——』所収、一九八三年)、高木豊「日蓮と女性檀越」(宮崎英修先生古稀記念論文集刊行会編『日蓮教団の諸問題』所収、一九八三年)、宮田登『女の霊力と家の神』所収、一九八三年)、勝浦令子「古代における母性と仏教」（『季刊日本思想史』二二、一九八四年）、西口順子「山・里・女人――結界と里坊――」（『月刊百科』二六一、一九八四年）、時枝務「中世東国における血盆経信仰の様相」（『信濃』三六ノ八、一九八四年）など。

(5)「古代における女性差別」（『歴史公論』九七、一九八三年）。

(6) 同氏著『神道の成立』（一九七九年）二四九頁。

(7) 日本古典文学大系『万葉集』四―一四三頁の書き下し文による。

(8) 高取氏前掲書二五二頁。ただし、高取氏は先の解釈に続いて、「死とか産、血といった人間の生命現象に直結する忌みごとは、死穢、産穢、血穢の三不浄とされ、忌避の理由づけとなる」と述べられており、これは女性の不浄（月経・出産等のケガレ）に結びつけて理解されているとも読みとれる。

(9) 関口明「古代の清掃と徒刑」（『日本歴史』四一二、一九八二年）では、この歌を引いて「仏教の穢れ観は、女奴が小鮒を食べて殺生禁断の戒を破ったために生起したものと推察できる」とされている。

(10)『日本霊異記』中巻第二十九話に、行基が飛鳥の元興寺村で法会を設けた際、聴衆の中に髪に猪の油を塗っていたために退場させられた一人の女が見えているが、これも同様のことを示すものである。

(11)『日本感霊録』第三縁。書き下し文は辻英子『日本感霊録の研究』（一九八一年）によった。

(12) わが国における女性不浄観について、関口氏前掲論文では、延長五年（九二七）成立の『延喜式』巻三、神祇三に所見される「凡宮女懐姙者、散斎日之前退出、有月事者、祭日之前、退下宿廬……」という規定が史料上の初例とされている。管見ではほかに、『日本紀略』延喜十五年（九一五）四月十九日条の「賀茂祭、斎院不供奉、依月事也」といった記事を挙げることができるが、いずれにしても月経中の女性を神事から忌避しようとする動きが文献上に現われるのは、十世紀初め頃とみてよいように思われる。なお、瀬川清子『女の民俗誌　そのけがれと神秘』（一九八〇年）や牧田茂『神と女の民俗学』（一九八一年）は、このような女性のケガレの問題を民俗の中に精力的に追求されたものであるが、両氏ともそうした習俗は漠然とかなり古い時代からあったものと考えられているようである。

(13) さしあたり、『世界の宗教と経典・総解説』（一九八〇年）一〇五～六頁の「仏陀の社会観・男女観について」の項（金岡秀友・田村晃祐・菅沼晃氏の執筆)、および梶山雄一「仏教の女性観」(前掲)などを参照。とくに後者では、インドにおける根本仏教の時代、すなわちブッダとその直弟子たちの時代には、仏教内では男と女の間に何の差別も存在しなかったことを強調された上で、女性が成仏できないという五障説は、仏教教団が多くの部派に分裂したのち、紀元前一世紀頃に出現した歴史的産物であることを指摘されている。また、こうした女性の五障説の成立については、ブッダの三十二相のうち第十相の陰馬蔵相(男根が身体の内部に隠されているという特徴)に由来するものとする、横超慧日『法華思想』(一九六九年)の見解が有力のようである。

(14) 例えば、『阿含経』の「一見二於女人一永結二三途業一、何況於二一犯一、定堕二無間地獄一」とか、『宝積経』の「一見二於女人一能失二眼功徳一、縦雖レ見二大蛇一、不レ可レ見二女人一」といった文言がそれである。

(15) 坂本幸男・岩本裕訳注『法華経』(岩波文庫)㊥二二二頁による。

(16) 同書一六頁による。

(17) 笠原氏のこのような見方は、いわゆる鎌倉新仏教の祖師たちの著述に負うところが多いと察せられる。確かに笠原氏も引用されるように、源空(法然)の『無量寿経釈』(日本思想大系10『法然 一遍』などに所収)や日蓮の『女人成仏鈔』(『昭和定本日蓮聖人遺文』第一巻所収)などでは、前掲のような経典等に基づきつつ、一様に女人の十種悪業や五障・三従といった罪障を強調している。しかし、これは彼らが当時の教学仏教が女性を排除していたという事実を、経論の女性蔑視文言と短絡的に結びつけて、日本では古代から寺院が女性を拒否してきたかのように考えていたことを示すものに過ぎない。なお、笠原氏と同様の見解は、納富常天「南都仏教における女人往生思想」(『印度学仏教学研究』二五ノ二、一九七七年)などにおいてもうかがわれるところである。

(18) 極窮女於二尺迦丈六仏一願二福分一示二奇表一以現得二大福一縁　第二十八。

(19) 『類聚三代格』巻三、僧尼禁忌事所収。

(20) 『日本後紀』弘仁三年四月癸卯条。なお、ここでは勅となっているが、前掲の弘仁九年五月二十九日太政官符では「弘仁三年符」として引用されている。

(21) 三式からなる『山家学生式』（日本思想大系4『最澄』などに所収）のうち、弘仁九年八月二十七日付の「勧奨天台宗年分度学生式（八条式）」第八条。
(22) 図書寮所蔵文書（『平安遺文』一五六号）。
(23) このほか、空海の『御遺告』（『弘法大師全集』第一編、第五遺訓部所収）の縁起第十八にも「不レ可レ入二東寺僧房女人一」と見えているが、これは従来から指摘されているように（例えば辻善之助『日本仏教史』上世篇二九九頁、一九四四年）、空海の時代よりもかなり下った時期のものとみられる。
(24) 例えば、前掲書一七～八頁。
(25) 関口裕子氏（前掲論文）は、女人結界も仏教と結びついて現われる女人蔑視思想の一つと考えられているが、その成立に果して仏教思想の影響があったかどうかは疑問である。ちなみに、原田敏明「女人禁制」（『社会と伝承』二ノ四、一九五八年）では不浄観に、日野西真定「山岳霊場における女人禁制――特に高野山を中心にして――」（『宗教研究』五三ノ三、一九八〇年）では「戒律より日本民俗」にその根源を求められている。
(26) 『日本霊異記』の段階では、このような徴証は全くうかがえない。むしろ、上巻第三十五話には山寺で練行する尼さえ見えているほどである。
(27) 『大日本国法華経験記』（日本思想大系7『往生伝　法華験記』所収）巻下、第百二十四、越中国立山の女人。
(28) 都藍尼の伝記は、現存するものでは前田育徳会尊経閣文庫所蔵の写本のみに見える（前掲『往生伝　法華験記』所収）。
(29) 巻第十四、紀伊国道成寺僧写法花救蛇語　第三（『日本古典文学大系24『今昔物語集』三による）。
(30) 安永寿延「道成寺説話の系譜――母権制的説話の発見――」（『文学』二八ノ四、一九六〇年）。
(31) 巻下、第百二十九、紀伊国牟婁郡悪女。
(32) 巻第十五、右大弁藤原佐世妻往生語　第四十九（前掲『今昔物語集』三による）。
(33) また、嘉承二年（一一〇七）以後ほど遠からぬ頃に完成したらしい三善為康の『拾遺往生伝』（前掲『往生伝　法華験記』所収）巻中、大法師浄蔵伝には、「不浄女人、裁縫故也」という表現があり、女性不浄視もほぼ同時期に出現してきたことを知りうる。

(34) 次節で述べるように、これを儒教イデオロギーの導入強化と父系制・家父長制家族の成立であると考える。

(35) 『続本朝往生伝』(前掲『往生伝　法華験記』による)四〇、比丘尼願証。

(36) 『梁塵秘抄』(日本古典文学大系73『和漢朗詠集　梁塵秘抄』による)巻第二、法文歌二百二十首の一一六番歌など。

(37) なお、延文四年(一三五九)勅撰の『新千載和歌集』(『新編国歌大観』巻一所収)巻九、釈教歌の中に、すでに和泉式部(十〜十一世紀頃の人)の歌として「名にしおはば五つのさはりあるものをうらやましくものぼる花かな」と見えるが、和泉式部作とされる歌には後世の仮託も多いので注意が必要であろう。

(38) 『法華経』以外に変成男子(転女身)説による女人成仏を説く経典としては、横超慧日「浄土経典における女性」(『干潟博士古稀記念論集』所収、一九六四年)によれば『平等覚経』『大阿弥陀経』『大無量寿経』『転女身経』『大品経』『首楞厳三昧経』などがある。これに対して、女性は女性のままで成仏できると説くものに、『勝鬘経』『維摩経』『海龍王経』『如来蔵経』などがあることを岩本裕『仏教と女性』(一九八〇年)や梶山雄一「仏教の女性観」(前掲)が指摘している。これは空の思想(仏陀の本質は男でも女でもなく、男女の区別は化現に過ぎないものとする)や如来蔵の思想(女性は成仏の可能性を内に蔵している人間の象徴であるとする)によって、男女差別の問題を解決しようとしたものである。しかし、以上に掲げた経典はいずれも大乗仏教の主流とはなりえず、日本においても後世の女性観にさほど影響を与えるには至らなかったらしい。

(39) 女人成仏が法華経受容とともに広がっていくことは、高木豊『平安時代法華仏教史研究』(一九七三年)などで指摘されるところである。

(40) 同氏著『日本の女性名』上(一九八〇年)一三六〜七頁、二二〇〜一頁、二六七頁。

(41) ただし、平安中期以降の史料に見える「尼」の多くは、尼寺に居住するいわゆる官尼の系統を引く尼ではないことに注意すべきである。このことは、本稿の「むすび」でも触れている。

(42) 『続日本紀』宝亀四年七月庚子条。

(43) 菅原征子「節婦考」(『日本歴史』三四九、一九七七年)、武田佐知子「律令国家による儒教的家族道徳規範の導入――孝子・順孫・義夫・節婦の表旌について――」(竹内理三編『古代天皇制と社会構造』所収、一九八〇年)、笠井昌昭「『続日本紀』にあらわれた孝の宣揚について」(『文化学年報』三三、一九八四年)。

(44) 『類聚三代格』巻三、僧尼禁忌事所収。『続日本紀』養老六年七月己卯条にも見えるが、文言が若干異なる。

(45) 同氏『日本古代の仏教と民衆』(一九七三年)九一頁。

(46) 「行基についての二、三の問題」(竹内理三博士古稀記念会編『続律令国家と貴族社会』所収、一九七八年)。

(47) 『類聚国史』巻十所引『日本後紀』延暦十五年三月庚戌条逸文。

(48) 『日本後紀』弘仁三年四月癸卯条。ただし、この法令に対して「士女」が礼仏したくともできなくなるというので、弘仁九年五月二十九日太政官符(『類聚三代格』巻三、僧尼禁忌事所収)により、昼間に限って女が僧寺へ、男が尼寺へ出入りすることが許された。この事実から、当時は一方で、寺院が俗人の参詣・参籠の場になりつつあったことがうかがわれる。

(49) 奉レ写二法花経一々師為二邪婬一以現得二悪死報一縁　第十八(書き下し文は、日本古典文学大系70『日本霊異記』による。以下も同様)。

(50) 贖二蟹蝦命一放生得二現報一縁　第八。

(51) そもそも、置染臣鯛女が実在の人物であったかどうかも不詳である。『行基年譜』(『続々群書類従』第三、史伝部二所収)所引の年代記によると、富尼寺＝登美尼寺(隆福尼院)は天平三年(七三一)の建立とあり、いわゆる行基四十九院の中で最も信憑性の高い寺院の一つであるが、一方行基が生馬山寺で修行したのは、同じ『行基年譜』によると慶雲四年(七〇七)から和銅五年(七一二)までなので、この説話がどれほど史実に基づいて書かれているかどうか疑わしい。しかし、ここでは当時の仏教の場をめぐる男女関係が、ある程度うかがえればそれで十分である。

(52) 行基集団のこのような性格を考える上で、最近注目すべき見解が二つ現われた。一つは井上光貞「行基年譜、特に天平十三年記の研究」(竹内理三博士還暦記念会編『律令国家と貴族社会』所収、一九六九年)が、行基の社会事業の歴史的源流に、唐がその流行を弾圧した三階教があるとされたことである。これを受けて吉田靖雄「行基における三階教および元暁との関係の考察」（『舟ヶ崎正孝先生退官記念　畿内地域史論集』所収、一九八一年）は、三階教の教典の一部が天平年間にわが国に伝来していたという矢吹慶輝『三階教の研究』（一九二七年）や石田茂作『写経より見たる奈良朝仏教の研究』（一九三〇年）などの説を引用しつつ、さらに行基の宗教運動が三階教の教理と類似している点を指摘して井上氏に賛意を表された。そして、私が注目したいのは、なぜか吉田氏は触れられていないのだが、この三階教の信仰集団の第一に挙ぐべき特徴は、男女道俗を含む点であったことである（塚本善隆「信行の三階教団と無尽蔵について」、同「三階教資料雑記」、いずれも『塚本善隆著作集』第三巻所収、一九七五年）。もう一つは、新羅の元暁の民衆布教活動の系譜を引くものであるとされる田村円澄『古代朝鮮仏教と日本仏教』（一九八〇年）の見解である。もっとも、これについては吉田靖雄前掲論文では、両者の布教形態に類似点がないことや、元暁が捨戒破戒をしていたのに行基は持戒に厳しかったことなどを理由に、否定的である。しかし、ここで詳しく述べるスペースはないが、吉田氏の指摘は必ずしも田村氏を論破しえているとは思われない。例えば、後述するように（注(59)参照）、行基を当初から持戒僧とみることには疑問があるし、また、仮に行基集団がそうでなかったとしても、他に元暁の影響を受けた宗教運動が、当時の日本に存在した可能性は十分にあると思えるからである。そこで興味深いのは、『三国遺事』巻四、義解第五を見ると、元暁は民衆を集めて盛んに占察法会を行なっているが、占察法とは『占察経』に基づいた塔懺《とうざん》法という占いや自撲《じぼく》法という一種の滅罪法であり、男女合雑をその特徴としていた（鎌田茂雄『朝鮮仏教の寺と歴史』六七〜八頁、一九八〇年。同『中国仏教の寺と歴史』一九四〜六頁、一九八二年）ことである。この『占察経』が日本の奈良仏教にも影響を与えていたことは、石田瑞麿『日本仏教における戒律の研究』（一九六三年）三二〜七頁で指摘されている。そして、新羅において占察法が最も盛んであったのは景徳王の時代（七四二〜六四）といわれるが、この任中にあたる七五八年（景徳王十七年、天平宝字二年）に、新羅の僧三十二人と尼二人、男十九人、および女二十一人が日本に渡り、武蔵野の閑地に住んで新羅人の集落をつくっていることが知られ（『続日本紀』天平宝字二年八月癸亥条）、日本にも渡来人を中心に、占察法を行なう男女合雑の集団があったことが推測されるのである。行基集団が男女を伴うもので、ややもすれば男女の性的関係が生まれがちであった背景を、以上のような点から把え直すことも今後の検討課題であろう。

（53）「古代における女性差別」（前掲）。

(54)『日本書紀』舒明天皇即位前紀。
(55)『日本後紀』延暦十八年六月丁丑条。
(56) 家永三郎『日本文化史』（一九五九年）七〇頁などを参照。
(57) わが国仏教界に古くからみられた、いわゆる「女犯」について扱った最近の論文として、疋田精俊「仏教における破戒僧の史的考察」（『大正大学研究紀要』六一、一九七五年）がある。
(58) なお、天平宝字四年の僧尼位制創始に際しても、「僧侶」の資質を向上させるために、勧善懲悪という儒教倫理的価値基準を適用しようとしたことが、舟ヶ崎正孝「道鏡政権下の僧位について」（大阪学芸大学『歴史研究』四、一九六六年）によって指摘されている。
(59) その意味で行基四十九院の大部分、とくに尼院はすべて養老元年（七一七）の弾圧以降に建立されたものである点は注目される。このことはすでに、勝浦令子「行基の活動における民衆参加の特質――都市住民と女性の参加をめぐって――」（『史学雑誌』九一ノ三、一九八二年）や吉田一彦「行基と古代法」（『史報』五、一九八三年）などでも指摘されるが、勝浦氏はこの点に関して、「養老六年官奏以降に行基が女性参加を前提とした尼院の建立を考えるようになったことを反映している」との見解をとり、吉田氏は「四十九院活動は弾圧後の新しい宗教活動として積極的かつ広範に展開された」という指摘にとどまっている。しかし、本文で述べてきたような観点からすれば、四十九院の建立は政府の弾圧に屈することにより、それまで随行していた僧尼らを徐々に、男女別に寺に居住せしめざるをえなかったことを意味しよう。なぜ当時の国家がこのようなことをさせたかと言えば、僧尼令によるとまず、僧尼は寺以外に居住してはならず、しかも僧と尼は別々の寺に居住しなければならない規定になっていたからである。つまり、行基建立の寺院が僧寺と尼寺のセットになっているのは、律令国家の目指す「男女の別」の徹底化を受け容れた結果である可能性が強いのである。ちなみに、四十九院には国家から寺田の施入があったとみられ（『続日本紀』宝亀四年十一月辛卯条）、僧尼令の禁ずる「私道場」にはあたらないであろう。右のように考えると、二葉憲香『古代仏教思想史研究』（一九六二年）四六三頁の「僧院尼院の区別は、行基の創立当初からあったと考えられるが、このような区別があるのは戒律の立場があるからでなくてはならない」といった指摘（前掲の吉田靖雄「行基における三階教および元暁との関係の考察」でもこれを支持される）が再考を要することは明らかであり、養老元年以前の行基集団に破戒行為があったとみることも、強ち否定できないように思われる。

（60）関口氏前掲論文（注（5））、同「日本古代の家族形態と女性の地位」（『家族史研究』二、一九八〇年）、同「家父長制家族の未成立と日本古代社会の特質について」（『日本史研究』二四七、一九八三年）など。

（61）勝浦氏前掲論文（注（59）参照）。ただ、勝浦氏がこの点をもって、行基集団に多くの女性が参加した理由とされることには同意できない。この頃、つまり八世紀初期の女性の地位からして、この種の宗教運動に男女がともに加わるのは、むしろ自然であったとみるべきではなかろうか。

（62）罵レ僧与二邪婬一得二悪病一而死縁　第十一。

（63）同氏『日本婚姻史』（一九六三年）八一、一一六頁など。

（64）「古代の氏と家について」（『歴史と地理』三二二、一九八二年）、同「橘氏の成立と氏神の形成」（『日本史研究』二四八、一九八三年）。

（65）高取氏前掲書（注（6））二六六頁。

（66）『日本三代実録』貞観元年四月十八日癸卯条。

（67）「丈夫之志」とは「出家の意志」と解してよいが、この場合の出家は、のちに一般化するいわゆる「後家尼」になることであると考えられる。当時、すでに一部に在家の「後家尼」が生れつつあったが（本稿の「むすび」参照）、皇太后の地位にあるものは、それさえはばかられる状況にあったことが知られ、興味深い。

（68）『かげろう日記』中、長き精進（日本古典文学大系20『土佐日記　かげろう日記　和泉式部日記　更級日記』二一五頁による）。

（69）日本古典文学大系19『枕草子　紫式部日記』四九七頁による。

（70）以上二つの日記の記事は、すでに筑土鈴寛「宮廷と貴族の仏教生活」（『仏教考古学講座』第三巻所収、一九三六年。のち筑土鈴寛著作集第三巻『中世・宗教芸文の研究』一に再録、一九七六年）で紹介されている。高取正男氏前掲書でもこれを引用するが、筆者とは若干解釈が異なる。

(71) ちなみに、平安・鎌倉期の「末寺」というのは、近世におけるような宗派・法系を基軸とした本末関係をいうのではなく、いわば「末荘」と同義で荘園制的領知関係に基づくものである。本稿でもその意味で使っていることをおことわりしておきたい。

(72) 『続日本紀』宝亀二年八月己卯条。

(73) 『新訂増補国史大系』第二十六巻所収。

(74) それを如実に示す例としては、宝亀九年（七七八）に「皇太子寝膳乖ㇾ和」との理由で、東大・西大の両大寺に伍して誦経を命ぜられた（『続日本紀』同年三月丙寅条）ことなどを挙げうる。

(75) 古代の女性と洗濯の関わりについては、勝浦令子「古代の洗濯女たち」（『月刊百科』二二五、一九八一年）、同「『洗濯と女』ノート」（『月刊百科』二六一、一九八四年）で興味深い指摘がなされている。しかし、この洗濯という行為を、女性に固有の「呪術」とか「霊力」で説明されようとする論法には疑問があり、ましてや、これが女性の地位の高さを示す象徴のように考えるとしたら、とうてい左袒できないだろう。西隆寺の場合も、国家の要請による読経を任務とした尼が、僧の洗濯を任かされるようになったことは、尼の地位の低下を示すもの以外の何物でもないと考える。

(76) 宝亀十一年十二月十日騰勅符（『新抄格勅符第十巻抄』所収）によると、これらの尼寺のうち法華寺（五五〇戸）・豊浦寺（五〇戸）・葛木寺（五〇戸）・岡本寺（一〇〇戸）・橘寺（五〇戸）の五ヵ寺が当時、寺封を支給されていた。

(77) 保阪潤治氏所蔵文書（『平安遺文』一八七五号）。

(78) 湯之上隆「関東祈禱寺の成立と分布」（『九州史学』六四、一九七八年）。

(79) のち、興福寺の末寺になったことが『興福寺官務牒疏』（『大日本仏教全書』第一一九、寺誌叢書三所収）によって知られる。

(80) 『多武峯略記』巻下、第六末寺（東京大学史料編纂所架蔵謄写本『華頂要略』巻六十五による）。

(81) 影印本『別当記』（『鵤叢刊』第二）による。

(82) 帝国大学付属図書館所蔵文書、仁安二年五月二十三日岡本寺田券紛失状。この文書は現在所在不明であるが、その内容が『歴史地理』七ノ四（一九〇五年）の「評論　彙報」（三四五頁）に紹介されている。なお、福山敏男『奈良朝寺院の研究』（一九四八年）四三頁参照。

(83) 荻野三七彦考定『聖徳太子伝古今目録抄』による。

(84) 中宮寺と法起寺は『聖徳太子伝私記』下巻裏書の「法隆寺末寺末庄等事」のところにも見えている。橘寺は『三箇院家抄』（『史料纂集』古記録編所収）第一の諸末寺の項に所見があり、法隆寺から離れたのちは興福寺大乗院末となったらしい。

(85) 福山敏男『奈良朝寺院の研究』（前掲）七九頁。

(86) 『伊呂波字類抄』巻九、志、諸寺の項（『日本古典全集』所収の山田孝雄校合本による）。ただし、『延喜式』巻二十一、玄蕃寮安居条の十五大寺の中には、法華寺は含まれていない。

(87) 十五大寺の機能については、例えば『日本紀略』天暦三年（九四九）正月二十一日条の「修二諷誦於十五大寺一、依レ救二大臣病一也」といった記事からうかがうことができる。

(88) 大日本古記録『御堂関白記』上、七六頁。

(89) 蓮聖・林懐の略歴については、さしあたり槙野広造『長保二年（一〇〇〇）人名辞典』（一九八〇年）第四部僧侶を参照。

(90) 『醍醐雑事記』巻第十三所収（中島俊司氏校訂本による）。

(91) 『新訂増補国史大系』第十二巻所収。

(92) ちなみに、河内道明寺は天正七年（一五七九）の『河州志紀郡土師村道明尼律寺記』（『大日本仏教全書』第一一九、寺誌叢書三などに所引）によると、敏達天皇の時に土師八島が建立して以来、代々土師氏を檀越とした尼寺で、菅原道真の叔母覚寿尼も入寺したことなどを伝えている。出土する瓦の様式や四天王寺式伽藍配置をとっていたことなどから、飛鳥時代に建立された寺院であることは疑いない（石田茂作『飛鳥時代址の研究』、一九三六年）としても、覚寿尼のことや菅原道真が配流される途次立ち寄ったというような話は当時の文献に徴証がなく、また、『拾遺往生伝』（前掲）巻下13の沙門真能の伝に「久しく道明寺に住せり」とあることから、もともと尼寺であったかどうかは疑わしい。

(93)『金堂日記』(『法隆寺史料』第一冊の影印本による) 所引承暦二年十月八日法隆寺政所注文。
(94) この点に関しては、福山敏男「橘寺の創立とその伽藍配置」(同氏『日本建築史研究』所収、一九六八年) で詳しく論じられている。
(95)『招提千歳伝記』(『続々群書類従』第十一、宗教部二所収) 巻中之三、尼女篇。なお、「文永の頃」とするのは狩谷棭斎『京游筆記』所引の古記文によるが、これは福山敏男「中宮寺の伽藍配置」(前掲『日本建築史研究』所収) に引用されている。
(96) 影印本『法隆寺別当次第』(前掲)、実聴法印の項。
(97) 影印本『嘉元記』(『鵤叢刊』第三) 延慶四年二月六日条。
(98)『続日本後紀』承和六年六月丁丑条、および承和六年六月二十八日太政官符 (『類聚三代格』巻三、国分寺事所収)。
(99)『日本三代実録』元慶八年四月二十一日辛亥条。
(100) 同右、元慶五年十月三日戊寅条。
(101) 天暦二年十二月二十八日太政官符 (『続左丞抄』巻第一所収)。
(102) 転用国分寺については、吉岡康暢「承和期における転用国分寺について」(下出積与先生還暦記念会編『日本における国家と宗教』所収、一九七八年) 参照。ただし、国分尼寺の意義などについてはとくに述べられていない。
(103)『祇園社記』(『八坂神社記録』下所収) 御神領部第十三。
(104) 国分寺の末寺末荘化の過程やその意義については、いずれ別稿で論ずる予定である。
(105)『平安遺文』二〇七〇号。
(106) 鎌倉期の例であるが、駿河国国分尼寺 (「鉄舟寺所蔵駿河国国分尼寺大般若経奥書」『静岡市史古代・中世史料』所収) や、周防国法花寺 (周防国分寺文書、元弘参年八八日周防国法花寺領坪付帳) も同様であった。しかし、一方で正応五年 (一二九三) 鋳造の「相州国分尼寺槌鐘」は寄進者が女性名であるところから (坪井良平『日本古鐘銘集成』正応五年壬辰条、一九七二年)、相模の場合は、当時なお尼寺として機能していた可能性もあり、平安期以降の国分尼寺の実態については個々に検討する必要があろう。

(107)『薩藩旧記雑録』巻六所収国分寺文書、弘安七年十一月日薩摩国分寺仏神事次第（『鎌倉遺文』一五三七〇号。ただし、ここで「大隅」とするのは誤り）。

(108)この寺の創立年時は明確でないが、初見は『続日本後紀』承和三年閏五月壬午日条。『日本文徳天皇実録』嘉祥三年五月壬午条の嵯峨太皇太后崩伝に草創をめぐる記事がある。また、この寺の沿革を論じたものに西田直二郎「檀林寺遺址」（同氏『京都史蹟の研究』所収、一九三六年）がある。

(109)淳和院のいきさつについては、『日本三代実録』嘉祥三年五月壬午条の嵯峨太皇太后崩伝に記事がある。同院の沿革は西田直二郎「淳和院旧蹟」（前掲『京都史蹟の研究』所収）で詳しく論じられている。

(110)この寺のことは『門葉記』巻第百三十四、常寿院条（『大正新脩大蔵経』図像第十一巻所収）などに見えている。藤原歓子と常寿院の関係については、角田文衛「小野皇太后と常寿院」（同氏『王朝の明暗』所収、一九七七年）、同「小野皇太后」（『橿原考古学研究所論集』第七、一九八四年）に詳しい。

(111)『元亨釈書』（『新訂増補国史大系』第三十一巻所収）巻第十八、願雑十之三、尼女四。

(112)なお、『三井続灯記』巻第二の釈泉恵の伝によると、建武四年（一三三七）頃には、当寺は僧寺となっていたことがわかる。

(113)新宮本願庵主蔵本（五来重編『吉野・熊野信仰の研究』所収、一九七六年）による。

(114)例えば、妙心寺のことは天仁二年（一一〇九）七月、元永元年（一一一八）の記事にもすでに見えている。

(115)萩原龍夫『巫女と仏教史』（一九八三年）二〇〇頁。

(116)『熊野年代記』所載の妙心寺関係の記事で、信頼のおける最初のものは、ほぼ享禄四年（一五三一）条あたりからであろう。

(117)注(108)参照。

(118)『日本三代実録』元慶五年十二月十一日乙酉条。但し、この部分は現存の写本では欠文となっており、『新訂増補国史大系』本は『扶桑略記』をもって補っている。

(119)説話や往生伝に頻出する僧寺の寺辺に細々と居住する尼女については、最近大隅和雄「女性と仏教――高僧とその母――」（『史論』三六、一九八三年）や勝浦令子「古代における母性と仏教」（『季刊日本思想史』二二、一九八四年）でも注目されているが、両者とも「僧と母のきずな」を示すものという把え方をされている。

(120)『新訂増補国史大系』第九巻所収。

(121)なお、『扶桑略記』や『古事談』(『新訂増補国史大系』第十八巻所収)第五、山科藤尾寺事では、天慶二年のこととしている。

(122)藤田経世編『校刊美術史料』寺院篇上巻所収。

(123)この点は西垣晴次「民間の小祠」(『日本民俗学講座』3信仰伝承、一九七六年)でもすでに指摘されている。

(124)『日本文徳天皇実録』嘉祥三年五月壬辰条。

(125)同右、仁寿元年二月丁卯条。

(126)同右、仁寿元年十二月丙午条。

第三章　諸寺別当制の展開と解由制度

はじめに

近年、交替式の基本問題を論じつつ、関係史料を網羅的に収載した大著をまとめられたのは福井俊彦氏であるが、[1]それと相前後する頃から解由制度や監察制度、あるいは交替公文等に関する研究が盛んとなり、新しい成果が次々と公表されるに至っている。[2]しかし、解由制度が官物・公文を預り、かつ遷替を義務づけられたほとんどの内外官に適用されたものでありながら、[3]従来の研究では、その実態の究明が国司のみに限られていたと言っても過言ではない。[4]本稿は、こうした国司に関する成果を援用しつつ、これまで等閑視されていた諸寺別当・三綱をめぐる解由制度、とりわけ史料に比較的恵まれている別当のそれについて、基礎的な整理を試みようとしたものである。もともと、私自身のめざしている寺院制度史研究の一環をなすものに過ぎないが、交替公文等に関しては、解由制度全般の解明に資する知見も若干提示できるはずである。

第一節　解由制度適用の前提

諸寺の別当・三綱に解由制度が適用されたのは、他の内外官に比べて遅く貞観十二年（八七〇）のことであったが[5]、この法令は翌十三年（八七一）に編纂が完了し、同年施行された『貞観式』に早くも盛り込まれたことが確実である[6]。その全文の引用と検討は次節に譲ることとして、ここで注目しておきたいのは、そのうちの、

諸大寺并有封寺別当三綱、以二四年一為二秩限一、遷代（ママ）之日、即責二解由一……又諸寺以二別当一為二長官一、以二三綱一為二任用一……

と見える文言、つまり別当を「長官」、三綱を「任用」とせよとあって[7]、寺院機構を四等官制に準じた上で解由制度が適用されている点である。三綱制が中国に淵源を有し[8]、日本へは朝鮮を経て[9]かなり早い時期に輸入されていた制度[10]であったのに対して、別当は日本寺院特有の僧職（寺官）であると言ってさしつかえない。本節では、こうした別当・三綱制の確立時期とその歴史的意義など、解由制度適用の前提となった二、三の問題に言及しておこう。

三綱の上に立つ寺院統轄者としての別当の起源が、いわゆる造寺別当にあった[11]ことは、平安期の史料にしばしば別当の設置理由として「為レ令レ荘二厳伽藍一」とある点[12]などから明らかであり、具体例としては東寺・西寺において「造寺所別当」が寺家別当に移行した事実[13]にも示されている。造寺別当の早い例として、養老七年（七二三）沙弥満誓の任命された造観世音寺別当[14]があり、宝亀六年（七七五）、かの道鏡が左遷された造下野薬師寺別当[15]などもほぼ同様のものと思われるが、奈良時代においてはこれらが恒常的に設置されていた僧官かどうかは疑問であり、のちの寺務執行者

としての別当と直ちに同一視することはできない。

周知の通り、「別当」とは本職を有しながら「別に事に当る」というのが原義であって、奈良時代にはこの意味で使用されている場合がほとんどである。例えば、『大日本古文書（編年文書）』に見える僧名に冠せられている「別当」は、残存史料の偏頗もあるとは言え、その大部分が東大寺奉写一切経所の別当と推定されるものである。(16) これは俗官も含めて通常三名であったようで、神護景雲四年（七七〇）～宝亀二年（七七一）頃には造東大寺司大判官美努連（宿禰ともある）奥麻呂と東大寺僧の修行進守大法師円智および修行進守法師奉栄がその任にあった。当時の奉写一切経所別当が東大寺少鎮実忠の統轄下にあったことからすれば、(17) その寺内における地位もおよそ察することができよう。奉写一切経所別当のほかには東大寺阿弥陀院別当、(18) 同じく倉別当、(19) 造香山薬師寺所別当(20)などのいわゆる「所」の別当とみられる例や、のちの俗別当ないし造寺司に当ると考えられる「掃守寺別当」(21)「秋篠寺別当」(22)などが所見されるが、寺務執行者としての別当と断定できる例は、『大日本古文書（編年文書）』所収の奈良時代の文書の中には見当らないように思われる。(23)

ところで、諸寺別当制は天平勝宝四年（七五二）の良弁の東大寺別当補任を以て、その濫觴とするのが従来の通説であった。(24) しかし、『大日本古文書（編年文書）』には約一五〇カ所にわたって良弁の名を検出しうるにもかかわらず、彼が別当と称している例はこれを全く見出すことができず、その根拠となっていたのは、実は『東大寺要録』(25)『東大寺別当次第』(26) あるいは『七大寺年表』(27)（真福寺本『僧綱補任』）といった後世の編纂物のみに過ぎないのである。良弁が東大寺建立に尽力し、その後も寺内にあって指導的役割を果していたことに疑いを挟む余地はないとは言え、右の事実は当時、一般に「別当」が寺院統轄者の呼称として定着していなかったことを示唆するものではあるまいか。

以上の検討からすると、いずれにしても奈良時代においては、三綱の上に立つ寺務執行者としての「別当」はいまだ存在していなかったと推定されるのであるが、この点は奈良時代における寺院の授受した文書の差出書・宛所がいずれも「某寺三綱」とのみあって、「某寺別当三綱」という文言が延暦期を待たねば出現しない事実と軌を一にするものとみられる。(28)すなわち、後者の例は「東大寺別当三綱」宛の延暦二十三年(八〇四)六月十日僧綱牒(29)を初見とするものであり、そうした意味での別当の僧名が知られるのも、同年六月七日東大寺家地相換券文に見える「別当修哲」(30)が初例なのである。修哲は延暦二十一年(八〇二)十一月二十一日香薬出倉継文(31)では、「寺主大法師」として署名しているから、その別当就任は延暦二十一年〜二十三年(八〇四)の間に絞られ、しかも、この文書が三綱判署のみであるところから推測をたくましくすると、東大寺別当は修哲を以て初代とみることも、さほど無理とは言えないだろう。一方、修哲の別当在任は弘仁二年(八一一)まで確認されるので(32)、少なくとも八年間はその任にあったらしいが、前記『東大寺要録』の別当章に記載されるこの間の別当は、

延暦二十二年(八〇三)〜延暦二十四年(八〇五)……十二代定興
大同元年(八〇六)〜大同四年(八〇九)……………十三代海雲
弘仁元年(八一〇)〜弘仁四年(八一三)……………十四代空海

とある通りで、修哲は別当の累代に数えられていない。従来の「別当次第」の類、とくにその初めの方の部分に、全面的に依拠して別当制を論ずることは、再検討を要する時期に来ているように思われる。(33)(34)

このように、寺院における別当制が、まず東大寺において延暦年間に創設されたことはほぼ疑いなく(35)、これ以後各寺院にも順次設置されていく。(36)この過程で看過できないのは、前述の如く当初は堂舎の修造を目的としていた別当が、

寺務一般を担当し、三綱を指揮下に置くようになってくることであった。およそ寺院内の雑務は、僧尼の代表からなる三綱が役割分担するのが本来の姿であり、ここには教団内部の自治性という仏教本来の精神が、ある程度反映されていたと言ってもよい。しかるに、貞観十二年（八七〇）の解由制度適用に際して別当を長官と規定したことは、別当の寺務執行を国家が実質的に承認したことを意味し、ひいては官衙としての日本寺院特有のあり方を追認したことになるのである。

さて、解由制度が適用されたのは遷替の義務を有し、かつ官物・公文を預る内外官であることはすでに触れた。寺官の場合、その適用に際して別当・三綱の秩限が四年とされたことで前者の条件は満たされ、後者についても、中央の官寺が仏・法・僧・通にわたる莫大な資財を有していたことが、さしあたり天平十九年（七四七）の諸寺の流記資財帳から知られるし、地方の定額寺も修理料・灯分料等の施入を受け、さらには墾田所有の拠点ともなっていた事実[37]等から諒解せられるであろう。このように、諸寺も一般官庁や国衙と同様の条件を具備していたのであるが、それでは別当・三綱の解由が責められることとなった直接の要因は何か。これは結局、当時の寺院が内包していた二つの問題、つまり別当の堕落と檀越の不正という点に帰せられるようである。

第一の点は、解由制度が適用された翌年の貞観十三年（八七一）九月七日、貞観式施行に先立って出された太政官符[38]に、別当の秩限を定め、解由を取るに至った理由として、

……置二別当一者、尤是為レ令レ荘二厳伽藍一、而赴レ挙之日、巧称二清廉一、被レ補之後治迹希聞、只犯二用資財一、破二損堂塔一、伽藍為レ墟、莫レ不レ因レ斯、尋二其意況一、寔由下任秩不レ立二定限一、遷替無上レ責二解由一也……

と述べているところから明瞭にうかがうことができる。つまり、別当は伽藍を荘厳にするために設けられたのにもか

かわらず、大衆から私欲のない人物として推挙された僧侶を別当に補任してみても、任中の治績はほとんどなく、かえって資財を犯用し、堂塔を破損するような状況にあったというのである。これが誇張ではなく、別当が本来の任務に必ずしも熱心でなかったことは、すでに承和二年（八三五）に常住寺を例に、

頃年別当三綱主従混雑、各営二房舎一、無レ顧二堂塔破損一

と指弾されていることからも知られよう[39]。以上のように、別当に対する解由制度適用の最大の眼目はその任務、とくに伽藍修造の徹底化にあったことが明らかである。

第二の檀越の不正とは主に定額寺に関わるもので、寺田を勝手に処分して伽藍を荒廃させたり、王臣家と結託して僧尼をないがしろにするといったことを内容とする。右のような状況に厳処すべく、早くも霊亀二年（七一六）には禁令が出され[40]、ついで延暦・大同年間に再び同趣旨の法令が集中的に出されているのが注意を引くが[41]、その後は単行法令としては見えなくなる。このことは一見、国司の監督強化等によって、かかる事態が克服されたかのような印象を与えるが、実際には必ずしもそうであったとは思われない。というのは、如上の禁令がいずれも弘仁治部格ないしは貞観治部格として立法化されているところからすれば、こうした檀越の不正はむしろ、当時頻繁に起っていたとみなくてはならないからである。

なお、当時は諸国言上の不与解由状にも部内の定額寺の無実破損の実態が載せられていたが、天長二年（八二五）以後はさらに、その勘会に際して諸寺の申上した資財帳も利用されることになった[42]。この点から知られるように、寺院別当に解由が責められることによって、寺院の資財そのものが国司および別当の、いわば僧・俗二重のチェックを受ける存在であったことは注目に値しよう。

第二節　『延喜式』における手続と運用

本節では、諸寺別当・三綱の解由制度がどのように規定されていたかを、主として延長五年（九二七）奏進の『延喜式』の条文から検討する。まず、諸寺への適用を包括的に示すのは次の二つの条項である。

(1)　玄蕃寮式五二条[43]

凡諸大寺幷有封寺別当三綱、以二四年一為二秩限一、遷代（ママ）之日、即責二解由一、但廉節可レ称之徒、不レ論二年限一、殊録二功績一、由レ官褒賞、自余諸寺依二官符一、任二別当及尼寺鎮一並同二此例一、其未レ得二解由一輩永不二任用一、亦不レ預二公請一、

但僧綱別勅任二別当一者、不レ在二此限一、

(2)　玄蕃寮式五三条

凡諸寺以二別当一為二長官一、以二三綱一為二任用一、解由与不勘知幷覚二挙遺漏一、及依二理不一レ尽返却等之程一同二京官一、

其与不之状、令二綱所押署一、

これらの二カ条は、前章でも触れた貞観十二年（八七〇）十二月二十五日格[44]を前半と後半とに分けて、二つの条文としたものである。延喜十一年（九一一）に編纂が着手され、同二十一年（九二一）に撰進された『延喜交替式』[45]の一八一条、一八二条にも同文の条項が立てられているが、ここでは『延喜式』と排列が逆になっていることに注意したい。また、以上の二カ条が貞観十三年（八七一）八月二十五日に奏進され、同年十月二十二日に施行された『貞観式』にすでに盛り込まれていたことは、(2)が元慶六年（八八二）の権僧正遍照七条起請[46]に逸文として存在し、(1)についても貞観

十三年九月七日太政官符[47]に「秩以二四年一為レ限、任終可レ責二解由一之事已存二式文一」とあることなどから推測される。ちなみに、この貞観十三年格は諸寺別当の秩限と解由の授受の励行を促すものであったことは前節でも述べたが、それとともに、別当交替の制度化に伴って前司が離任の際に仏物を私物化するという弊害が生じたので、新司着任前に三綱・檀越が前司と相共に財物を検察すべきことを命じた内容となっている。

さて、(1)の大意は「従来定まっていなかった諸大寺並びに有封寺の別当・三綱の秩限を四年として、遷替の日に解由を責めよ。但し、廉節な人物と称《たた》えられた者[48]には年限を問わないこととし、その任中の功績[a]を記録して太政官に申告があったならば褒賞[b]せよ。そのほかの寺院でも、官符によって任命される別当[49]、および尼寺の鎮[50]の場合にも同様とせよ。解由を受け取らない僧は、今後別当・三綱に任用することや、国家的な法会等に招請することをやめよ。但し、[c]僧綱が別勅によって別当に任命された場合にはこの限りではない」というもので、いずれも諸寺特有の規定である。ここで、傍線部aの「功績」が伽藍の修造を意味することは、前節の検討から明らかである。傍線部bの「褒賞」については、具体的に何を指すのか明記されていないが、文脈からすれば、いわゆる重任・延任のことと解釈して大過ないであろう[51]。また、傍線部cの規定は『貞観式』施行後の元慶六年（八八二）の権僧正遍照起請第一条によって、一旦僧綱別当の場合にも秩限を立て、解由を責めることに改められたものであるが、『延喜式』ではこのように再び旧規に復している。この点の意義は第四節で言及したい。

(2)は別当を長官、三綱を任用とした上で解由を与えるか否かを勘知し、その際、(イ)遺漏を覚挙すること、(ロ)道理に合わない場合には返却すること、などは京官に準ぜよというのである。「遺漏の覚挙」とは欠失等の記載漏れを自訴する意である。僧綱所が諸寺の解由状・不与解由状に押署することになっているのは、これらの公文が僧綱所でとりまとめられた上で、玄蕃寮→治部省→太政官へと申上されたことを示すものであろう。(イ)(ロ)の条項については、その法源と思われる規定が『延喜交替式』にあるので次に示しておく。

(イ)　延喜交替式五四条

凡覚挙遺漏程限、京官三十日、外国六十日、前後人共署、限内言上、

(ロ)　延喜交替式四四条

凡京官不与解由状、依二理不一レ尽、返却十箇月内即令二弁申一、若過二此限一者、不レ論二上下一、奪二其季禄一、

このうち、(ロ)の条項の先行単独法令は、さらに貞観九年（八六七）十一月十一日格(52)であることが知られる。

以上のように、諸寺の場合は別当・三綱の秩限を定め、四等官制に準拠させる方針を示した上で、その施行細則の多くは京官（内官）に準じたもののようであるが、『延喜式』等に見える「内外官」「在京諸司」に関する規定が、すべて寺院別当・三綱に適用されたものかどうかは速断できない。そこで、以下とりあえず諸寺にも準用すべきことが明記、ないしは註記されている条文のみをとり上げて大意を示し、必要に応じて説明を加えておくこととする。

(3)　玄蕃寮式六三条

諸寺別当・三綱の解由式を掲げた条項で、これによって解由状の様式を知ることができる。

某寺

与二前別当解由一事（三綱亦同）

位名　某寺

牒某月日因レ事解任（遷任亦同）、仍与二解由一牒送謹牒

年　月　日　　都維那位名牒

別当位名

上座位名

寺主位名

僧綱

僧正位名律師已上亦同

在京諸司や国司の様式[53]と異なる点としては、「解」が「牒」に置き替えられていること、守・介・掾・目の署判が別当・上座・寺主・都維那のそれに替っていること、僧綱の署判も有すること（これは前引の玄蕃寮式五三条の「令二綱所押署一」という規定に基づく）、および国司の解由の事書が「某国司解二申与前司解由一事」とあるのに対し、別当・三綱の場合にはこのように「某寺　与二前司別当解由一事三綱亦同」となっていることなどを指摘できる。ことに最後の点は、前司・後司間の解由の授受というよりも、寺が与える形式となっていたことを示しており、これは別当が本来、その寺院に居住する僧侶の中から撰任されるのが原則であったこと[54]を反映していると考えられる。

(4)　太政官式[55]三一条

「内外諸司の解由はすべて二通を進上させることとする。その解由進上の程限は、官長・任用共にそれぞれ受領してから勘知せよ。解由を受け取ったら太政官は直ちに式部省と勘解由使に下せ。もし二通なかった場合には返却せよ」とあり、このあと「諸寺別当・三綱等解由准レ此」という分注が付される。二通進上のことは『延喜交替式』一一〇条にも、

凡内外官解由状、令レ進二二通一、一通下二勘解由使一、一通下二所司一（今案、三通、一通留二本司一）

と見えている。

(5) 太政官式三七条

「諸国史生已上が解任の後、解由の与不を待たずに他所へ去ったり、不与解由状に署判するのを拒否した時には公事稽留罪に科せ。その状は直ちに管轄の官庁に下して勘奏させ、申請することを許すな。もし、新司が前司の所執（新司の勘発に対する前司の陳答のこと）を載せないまま、徒らに月日を引き延して訴えられた場合は、これも公事稽留罪に科して後司の俸料を奪え」とあり、ここにも「諸司諸寺准レ此」との分注がほどこされる。

この条で問題となるのは、「俸料」が国司の場合にはほぼ公廨を指すとみてよいのに対して、別当・三綱の場合はこれが何に該当するかという点である。格式にはこのことに関して明確に規定した条項は見当らないが、例えば僧綱・諸寺別当等の従僧・沙弥・童子の人数を定めた玄蕃寮式三九条に、「並用二本寺物一供レ之」とあることなどから、寺内で配分される役料のようなものがあったことは推定できよう。

(6) 勘解由使式[56]一条

「内外諸司」の進上した不与解由状・令任用分付帳・検交替使帳などを勘解由使が勘ずる手順を記した条文である。まず、弁官に集まったこれらの公文に外題が副えられて勘解由使に下されると、その解文の紙数に応じて「本司・本国」に料紙を進上させる。分注によれば、この際、料紙百帳毎に筆四管と墨一廷を付加させているが、「但諸寺諸司不レ備二筆墨一」と注記されるから、諸寺には当初、この義務が課せられていなかった[57]ことがわかる。同時に、この点から本文中の「内外諸司」「本司」には諸寺も含まれていたことが明らかとなるのである。

さて、これら諸司・諸国から進上させた料紙は凡紙であって、これが草案および勘判に使用された。勘判とは、草案をもとに先の公文に記載された事項に従って、関係所司を召して勘申させ、主典以上、次官以下が勘《かんが》え判《さば》く手続きのことで、勘解由使の最重要任務の一つである。より具体的に言えば、無実破損の怠慢が受領にあるのか任用にあるのか、あるいは前司・後司のいずれかに補填させるか、といったことを判定するのである。ちなみに、こうした結果を凡紙に書いたものも「勘判」と呼ばれていることに注意したい(58)。

次に長官が前後司の所執を閲して勘判の得失が定められると、いよいよ熟紙（上紙）に書かれることになる。まず長官以下が共署して進上し、検校が覆勘した後、勘解由使印を捺したものが長案である。続いて奏文・内案・解文を書き、次官以下が校読してから同様に署判する。これを大臣が奏聞するのである。奏聞終了後、長案後紙（端書のことであろう）を書き、解文（奏聞の際の解文とは別のもの）を副えて太政官に進上すると、太政官では奏文に印（外官には内印、内官には外印）を踏み、官符を副えて再び勘解由使局に下す。勘解由使はこれらの奏聞・解文・官符を、諸司の場合には惣官に、諸国の場合には雑掌を召して下付し、一通りの職務を終えることになる。

まことに繁雑な手続きであるが、以上は諸国についてであって、諸司の場合には奏聞に際しての内案と解文は作成されなかった。つまり、作成順に整理すれば次のようになる。

諸国七通
　凡紙―草案・勘判
　上紙―長案・奏文・内案・解文・端書（長案後紙）
諸司五通

凡紙―草案・勘判

上紙―長案・奏文・端書（長案後紙）

この場合の「諸司」にも諸寺が含まれていることは、勘解由使式に規定された奏式（同二条）・内案式（同三条）・長案式（同四条）・長案後紙（同五条）の四つの書式のうち、奏文・長案・長案後紙に「勘㆓某寺某司某国不与解由状㆒事」とあって、諸寺にもそのまま適用されるようになっている点から明白である。

以上のように、勘解由使局の一連の手続きを検討すると、勘判の後に奏上される諸種の公文の書式は、全く内官に準じていることが判明する。従って、勘解由使式六条・七条の不与解由状・実録帳等の勘奏に関する規定は、諸寺言上の公文も対象になっていることは疑いない。ただし、これらの条文は全く勘解由使レベルの問題に属するので、ここでは深く立ち入らないでおく。勘解由使式で是非ともとり上げなくてはならないのは、むしろ次の二ヵ条である。

(7)　勘解由使式一〇条

「諸寺・諸司・諸国の遷替の人で、解由状・不与解由状の作成を待たずに勝手に帰任した場合、あるいは不与解由状において、所執が道理にはずれていたり、署名しなかったために返却した場合には、その旨を直ちに勘奏せよ」。これは、内容的には前引の太政官式三七条と関連するものである。

(8)　勘解由使式一一条

「諸国進上の検交替使帳・実録帳等に載せる国内雑物は、奏文を修する場合に欠失の類だけを書き、現在物については注さずともよい。ただし、新たに勘付した公益の色目については省略するな。在京諸司もこれに准ぜよ」。この条文にはとくに「諸寺」の注はないが、すでに指摘した通り、諸寺の奏文の扱いは全く在京諸司に准じたのであるから、この規定も諸寺を含むものであったと推定する。

第三節　残存する交替公文の分析からみた解由制度の実態

前節では『延喜式』の条文の検討を通じて、諸寺別当・三綱に対する解由の施行細則が、とくに交替公文の書式や奏進手順にも示されているように、多くは在京諸司（内官）に準ずるものであった点を明らかにした。ところで、貞観十四年（八七二）八月八日太政官符[59]に、

加以依二貞観十二年十二月二十五日格一、勘二奏諸寺不与解由状一、方今公文猥積……

とあることなどから、こうした規定は一応順調に実施されていたことが知られるが、本節では残存する交替公文を提示、分析して、さらにその実態に迫りたい。

1　仁和四年五月二十四日東寺解由状案

諸寺については、まず二通の解由状が伝存することが特筆に値する。仁和四年（八八八）五月二十四日付の前都維那伝灯満位僧神忠解由状案[60]と昌泰三年（九〇〇）三月□日付の前上座伝灯大法師位神□の解由状[61]（案）がそれで、いずれも東寺僧のものであり、かつ三綱、つまり「任用」の解由状と言ってよいものである。ただし、二通の解由状のうち、後者は本文に判読不可能な部分が多いので、ここではとりあえず前者のみを検討の対象とする。その全文は次の通りであるが、書止文言が若干異なる点を除くと、先に引用した解由式にほぼ合致する書式を有していることが確か

められよう。

東寺　　案

与㆓前都維那伝灯満位僧神忠解由㆒之事

右、依㆓元慶八年四月二十三日符㆒任㆑之、仁和四年四月十一日得替解任、仍与㆓解由㆒如㆑件、

仁和四年五月二十四日　　都維那伝灯満位僧「寿仁」

別当権大僧都法眼和尚位「真然」

伝灯大法師位「峯斅」

上座伝灯大法師位「延高」

寺主伝燈法師位「峯秀」　○「造東寺印」二十二アリ。

ところで、周知の通り、国司および京官の解由状は現在のところ一通も確認されていない。[62] また、弘仁七年（八一六）五月十五日格[63]所引の大同四年（八〇九）八月二十九日太政官符には、諸国司の「解由様」が定められ、解由を与える理由として得替解由・遷任・遭喪・卒死等の別を解由状に記載すべきことになっているが、この前都維那神忠の解由状に「得替解任、仍与解由」と見えるのは得替解由によるものであったことを示し、その規定が諸寺にも遵守されていたことがわかる。以上の諸点を考慮に入れるならば、この解由状は諸寺の場合のみではなく、解由制度一般の史料として広く利用に供せられてしかるべきであると考える。[64]

そのほかに注目すべき点を挙げると、まずこの文書には別当・三綱（つまり長官・任用）の自署があるものの、「案」と記される如く、僧綱所に進上されたものではない。このことは僧綱署判のないことからも明らかで、恐らく寺家で

控えとしておいたものであろう。前節で指摘したように解由状は二通進上され、一通は勘解由使に、一通は式部省に下されたが（のち、三通造進されて民部省にも下された）[65]、寺家に返却されることはなかったと思われる。また、「造東寺印」二十二顆を踏むが、解由式には寺印押捺の義務はとくに明記されてはいない。

なお、三綱の秩限四年が守られていること、少なくとも位署書には「長者」がまだ出現せず、別当・三綱制が機能していること、しかし、一方で早くも僧綱別当が出現していることなど、本文書には寺院制度史上からも興味深い点が多く見られるが、これらの問題については次節で若干触れることになるはずである。

2　承平元年十一月二十七日神護寺交替実録帳写

神護寺所蔵『神護寺略記』の一写本の紙背文書のうち、「神護寺実録帳事盛淳私勘出取意也」という書き出しで始まる一文[66]がこれである[67]。注記に言うように僧盛淳が原本から部分的に勘出したものであるが、奥書によれば、それは応永七年（一四〇〇）十月八日のことであった。現存するものは、それがさらに後世幾度かの転写を経て[68]今日に伝わったものである。従来、主として美術史学の方面で注目されていたに過ぎない[69]文書であるが、実はこれが解由制度、ならびに交替公文の研究を大きく前進させる一史料であると言い得る。まず、冒頭の部分を引用してみよう。

「帳始云」

勘解由使謹奏

勘二神護寺交替実録帳一事

前司別当大僧都法眼和尚位観宿延喜廿三年正月廿四日任、延長六年十二月十九日卒去、

上座伝灯法師位常然延喜廿二年六月廿日任、
寺主伝灯満位明祚延長二年八月十九日任、
都維那伝灯住位壱〔臺イ〕情延長二年八月十九日任、
新司別当宝塔院七禅師伝灯法師位仁樹「六十代酉酉天皇」延長六年十二月卅日任、
（以下略）

本文書自体が抄録であり、しかも「帳始云」、「六十代酉酉（醍醐）天皇」といった盛淳の書き入れと推定される記述もあるが、引用部分にはとくに改竄や省略はないとの前提に立って、延喜勘解由使式の書式と照合してみると、「勘解由使謹奏」で始まる公文（勘判の後、熟紙に書いて奏聞する文書）には奏文・内案・長案後紙の三種類があるから、本文書はこのいずれかということになる。ところで、冒頭部分によれば、前司別当観宿は新司別当仁樹の補任以前に卒去していたことが知られるから、これが不与解由状に基づいて作成されたものでないことは明らかである。一方、奏文・内案・長案後紙のうちで、不与解由状のほかに「検交替使幷実録帳」にも准用されたものは奏式のみであるから、まず奏文ではないかと推定されてくる。

そこで、さらに本文の末尾を見ると、

以前事条、所レ勘如レ件、謹以申聞、謹奏
承平元年十一月廿七日
「私云」
四位一人、五位二人、検校中納言三位、中納言従三位「乃至」藤原朝臣恒佐宣奉レ勅依レ奏、
「六十一代朱雀院」承平元年（ママ）廿七日

とある。ここにも「私云」「乃至」「六十一代朱雀院」といった盛淳の書き入れと思われる部分があり、また勘解由使の長官・次官や検校の姓名は大胆に省略されているが、「四位一人」が勘解由長官、「五位二人」が勘解由次官に当ると考えられるから、次に引く勘解由使式の奏式の該当部分に則った書式であることは確実である。

勘解由使謹奏

勘二某寺某司某国不与解由状一事検交替使并実録等帳准レ此注之、

前官位姓名年月日任并到来年月日解

合若干条

一某物若干

右寺司国官位姓名等年月日解寺以レ牒代レ解、偁云云、交替帳注云、検交替政使位姓名等年月日解偁云云、実録帳注云、国官位姓名年月日解偁、被二太政官(ママ)月日付偁一云云、

以前事条所レ勘如レ件、謹以申聞謹奏、

年　月　日

長官位姓名

次官位姓名

次官位姓名

検校

官位姓名

官位姓名宣奉ㇾ勅依ㇾ奏

以上の検討より、もはや本文書の原本が奏文であったと断定して差しつかえなかろう。

前節でも指摘したように、奏文は奏上が終ると太政官に回され、外印（但し、外官の場合は内印）を踏んだ上で勘解由使局に下され、ついで惣官（諸寺の場合は、治部省がこれに当ると考えられる）に下付されることになっていた。それがさらに僧綱所を通じて寺家に下され、後世まで伝来したものであろう。となると、この承平実録帳の本文中に、次のような記載のあることが注意される。

一縁起資財図券勅書宣命目録

（中略）

実録帳六巻

「五十八代光孝天皇」仁和三年帳一巻別当峯綜記前司禅念無暑（署）

「五十九代宇多院」寛平五年一巻別当禅念記

「六十代醍醐天皇」延喜四年一巻前司禅念新司修証記

同十九年一巻前司修証新司寛空記

同廿二年一巻前司寛空新書（イ司）観印白紙無前後司暑（署）者

「同天皇」延長元年一巻前司観印新司大僧都観宿記

すなわち、当時寺家に所蔵されていた、これら仁和三年（八八七）から延長元年（九二三）までの別当に関する「実録帳六巻」も、すべて下付された奏文と考えられるのである。なお、先に引用した末尾の部分に見える「承平元年（九三一）

十一月二十七日」という日付は、奏上された日を示していることになり、寺家側で作成進上した日付ではないという点にも注意すべきである。

次に、本文書は「検交替使幷実録帳」のうちの、どちらに基づいた奏文であったかという点が問題となる。「実録帳」という用語は、この例のように勘解由使式では明らかに「令任用分付実録帳」を意味しているが、「検交替使実録帳」の略称としても用いられることがあるので、[70]「勘神護寺交替実録帳」と記されるだけでは、これが検交替使帳なのか令任用分付帳なのかは判別することができない。しかるに、前に引用した冒頭部分には、卒去した前司別当の僧位・僧名に続いて、上座・寺主・都維那および新司別当の僧位・僧名が列記されており、このように任用（三綱）と長官（新司別当）とが対置されている点は、[71]これが令任用分付帳に当るものではないかという推定を可能にさせるのである。もし然りとすれば、奏文とは言え、国司等に関しては全く不明であった[72]令任用分付帳がここに確認されたことになる。

また、右の検討結果からすると、前司卒去後に検交替使が派遣された場合にも、任用に分付させた場合にも、その際に作成された公文は「交替実録帳」が正式名称であって、[73]「検交替使実録帳」とか「令任用分付実録帳」というのは、単に手続上の呼称に過ぎないと考えてよいのではあるまいか。[74]なお、『北山抄』によれば、[75]「実録帳」は有実・無実双方ともに勘発することになっているが、本文書は盛淳が資財を中心に抄出したものであるから、勘発文言が全く見られないのも、敢えて不審とするにはあたらないであろう。

3　（年月日欠）広隆寺交替実録帳

広隆寺文書所収。[76] 末尾を欠失していて勘録年代が不明である。『平安遺文』では便宜的に、仁和三年（八八七）のところに掲げているのもそのためであろう。しかし一方で、すでに早く黒川春村[77]、中上川彦一郎[78]両氏は、本文書の成立時期を寛平二年（八九〇）と推定された。その根拠は、雑公文条を見ると、当寺では公文が原則として一年一巻の割で成巻されていたことが知られ、かつ、そこには寛平元年度までの巻が掲出されているからである。私も基本的には、寛平二年を遠く隔たらない時期のものであるとしてよいと思う。

ところで、周知の通り、同寺には貞観十五年（八七三）作成と推定される有名な資財帳が伝存するために、この文書も従来は資財帳と同様のものとして扱われることがほとんどであった。[79] あるいは資財帳の陰に隠れて、正当に評価されなかったと言ってよいかもしれない。しかし、私は以下の理由で、本文書を別当（長官）の交替に関する公文であると推定する。第一に、冒頭に「資財挍（ママ）替実録帳」と明確に記されていること。第二に、本文中に、「今校」「無実」といった、資財帳には通例見えない勘発文言が頻出すること。第三に、『広隆寺別当補任次第』[80]に、

第十一大別当良照僧都 于レ時当少別当阿闍梨 元興寺三論東寺入寺

　宇多院御宇寛平二年庚戌十月八日依二玄虚譲一補レ之、寺務廿年

とあるように、寛平二年（八九〇）に別当[81]（大別当）が玄虚から良照に交替していることなどである。

それでは、この公文の性格は如何。右の『広隆寺別当補任次第』の記事に前司別当玄虚の「譲」とある点を重視すると、これはふつう生前における別当職の譲渡を意味する語であるから、本文書は検交替使帳や令任用分付帳ではなく、前後司の間で作成された不与解由状と一応は考えざるを得ない。ところが、本文中の資財物の部分には「故大別当玄虚大法師」の奉納・施入によるとの注記がしばしば見られ、本文書の成立時には、実は長官の大別当玄虚はすで

に卒去していたことが知られる。つまり、やはり前司卒去の際に作成された検交替使帳、もしくは令任用分付帳である可能性が高いのである。『広隆寺別当補任次第』は内容からみて、代々書き継いだものとは考えにくく、恐らく後世の編纂時に、不用意に玄虚から良照へ譲補されたと記してしまったものであろう。もっとも、玄虚が大別当の当時、良照は少別当の任にあったというから、玄虚の後継者たる地位は、その生存中から定まっていたとみることはできる。

しかし、これで問題がすべて解決したわけではない。交替公文には資財帳と異なり、縁起を記載することは義務付けられていないのに、それが冒頭にあるのはなぜか、という疑問がまずある。また、検交替使帳か令任用分付帳であるならば、神護寺交替実録帳のように奏文ということになるが[82]、そうなると、後世の写しでない限り外印の押捺があるはずである。それがなくて、替りに「秦公寺印」八百六十一顆を踏む点も、『延喜式』の規定だけでは説明がつかないことである。このように、本文書は多分に研究の余地を今後に残していると言わざるを得ない。ただ、冒頭の縁起に見える、

彼願文乃至財帳等、弘仁九年逢二火災一、皆悉焼亡、因レ茲更立二件帳一如レ之、

という記事に意味を持たせれば、弘仁九年（八一八）の火災で、それ以前の資財帳類をすべて失ったために[83]、寺家側で検交替使帳か令任用分付帳のいずれかの控えを利用して、後世の亀鏡となる流記の如きものに作成し直したのが本文書である、とするのも一案である。

4　諸寺の交替公文の逸文等

以上のほかに、諸寺の交替公文の逸文と推定されるものが諸書に散見される。これらについては以前に指摘したことがある(84)が、そこでは誤解もあったので、再びここで簡単にとり上げることとし、あわせてその後、新たに気づいたものも紹介しておきたい。

(イ) 神護寺

承平実録帳からの引用記事が鎌倉末期成立の『神護寺略記』(85)、弁暁自筆本を応永元年(一三九四)に盛淳が筆写した『神護寺最略記』(86)、応永九年(一四〇二)に了経が執筆した『神護寺規模殊勝之条々』(87)、および『高雄山中興記』(88)所引の『斗藪勧進記』などに所見される。前述の如く、現存の承平実録帳が抄録本であるため、これらの中には依然、逸文として通用する条がいくつかあり、前掲(89)の『建築史』誌上での「資料紹介」、および藤田経世編『校刊美術史料』所収本では、それらの逸文のほとんどが注記の形で収録されている。従って、ここでは一々列挙することは避けるが、これとは別に、『神護寺最略記』と『神護寺規模殊勝之条々』には「貞元実録帳」の逸文が合計四ヵ条引かれているので、次に掲げておこう。

①中門　貞元実録帳載レ之、(『神護寺最略記』中門条)

②貞元実録帳云、根本堂、云聖僧像一体長二尺七寸、或記云、此像大師御作云々(『神護寺規模殊勝之条々』食堂条)

③貞元実録帳云、大門鳥居各一基在レ額、件額弘法大師之筆跡也、為二貴重一以二延喜廿年一取二納宝蔵一、摸レ之懸也者云々(同右、当寺額事条)

④承平実録帳云、三間檜皮葺鐘堂一宇云々貞元実録帳同レ之、(同右、鐘楼条)

(ロ) 勧修寺

勧修寺文書所収の『勧修寺古事』(90)に承平三年（九三三）の実録帳なるものが合計三ヵ条引かれる。それらは以下の通りである。

①御塔……件塔、検二承平三年済高律師実録帳一、有レ塔無二仏幷柱絵一云々、

②鐘楼在西堂西南、檜皮葺　鐘一口長五尺、口径三尺見二承平実録帳一、

③客房事、往古以二寺中僧房一為二其処一、承平実録帳云、十間四面僧房一宇、以二南三間一為二客房一云々、

この勧修寺の「承平実録帳」は、別の個所では「承平三年五月別当済高律師実録帳」とも呼ばれ、逸文①には勘発文言も見られるので、別当（長官）の交替実録帳であることは疑いなかろう。ただ、『勧修寺古事』に引く「別当次第」によると、済高が別当に補任されたのは延喜二年（九〇二）三月十六日、官符を給わったのは同十年（九一〇）八月九日とあるから、「承平三年（九三三）五月」という日付は少なくとも着任時のものではないことになる。『勧修寺古事』は、のち東寺長者（勧修寺長吏も歴任）として仏教界で重きをなした寛信の編纂にかかり、当時、寺に伝存していた官符類を材料としたらしく、かなり信頼の置けるものとされるから、その記述を一概に否定し去るわけにもいかない。そこで、済高の別当在任期間に着目すると、「別当次第」には「在任三十三年」と記されており、足掛で数えると補任の年から三十二年目が承平三年に当るから、これは離任した際に作成された公文ではないか、ということが一応察せられるのである。しかし、次の別当については、「別当次第」は天慶七年（九四四）補任の遍覚としているから、承平三年の時点で済高が果して後司と交替したかどうかについては疑問も残り、この実録帳の性格を依然あいまいなものにしている。

㈧　東　大　寺

『東大寺要録』[91]に、「永観二年分付帳」ないしは「湛照僧都分付帳」と呼ばれる文書がしばしば引用されている。ここで「分付」とは、前司が後司に官物・資財を付《さず》ける場合に用いられる用語である。例えば『江家次第』[92]に、

以㆘前司交替時受領数与㆗分㆓付後司㆒之数㆖、定㆑之、

とあるのは、そのことをよく示している。これに対して、右の記事からも知られる通り、後司が前司から官物・資財を引き継ぐことを「受領」と称するのであるから、この二つの語は反対概念の用語であると言って差しつかえなかろう。そして、しばしば「分付受領」なる語が、長官交替の際の一切の手続きを総称して用いられることがあるから[93]、長官の交替公文を前司の側から私称したものが「分付帳」ではないか、と推定されるのである。そこで、「永観二年」という年に着目しつつ、『東大寺要録』の別当章を参看すると[94]、同年（九八四）には湛照秩満の替りに寛朝僧正が別当に補任されていることがわかり、「永観二年分付帳」が長官の寺務引継ぎに関する文書であることはもはや疑いない。しかも、「湛照僧都分付帳」とは前司の僧名を以て呼んだものに過ぎないから（この点、勧修寺の済高律師実録帳と同様である）、両者は同一の公文を指していると考えられる。長官秩満交替によるものである以上、この「分付帳」は不与解由状に当るものではないかとみられるが[95]、なお断定することは差し控えておきたい。

このほか、『東大寺要録』には「光智秩満替文」なるものが引かれ[96]、これも別当の交替に関わる公文のようであるが、その性格がいまひとつはっきりしないため、ここでは指摘するだけに留めておく。

(二) 法　隆　寺

当時食堂に安置されていた薬師三尊像の厨子の後板に、文永五年（一二六八）十二月日の日付を有する墨書銘[97]があり、そこに次のような一条が引かれている。

長徳二年交替帳云、食堂薬師三尊臂折無レ光云々

一方、『法隆寺別当次第』[98]を見ると、

長耀大徳治九年醍醐住僧、東大寺分、長徳元年乙未任之、寛弘元年甲辰客院入滅云々、寺主康仁在之時也、

とあって、長徳元年（九九五）に長耀が別当に補任されたことが知られる。従って、その着任が翌年になったものとすれば[99]、これも長官（別当）の交替公文である可能性が高いと言えよう[100]。

(ホ)　醍　醐　寺

逸文ではないが、文治二年（一一八六）上座慶延の注進した醍醐寺宝蔵文書目録(上)[101]に、

実録帳一巻十二枚　　天慶五年二月十五日

同　帳一巻十四枚　　同年十二月二十七日

（中略）

上寺実録帳一巻五枚　天慶九年五月十三日

とあり、醍醐寺でも天慶五年（九四二）に、二度にわたって実録帳が作成されたことがわかる。しかも、同九年（九四六）には、別に上醍醐寺でも作成されている事実は興味深い。これらの実録帳の性格については、逸文の存在も知られず、また関係史料もないため、現時点では全く不明とせざるを得ないが、一説に、天慶五年に座主が貞崇から壱定に交替したと伝えている点[102]は参考に値しよう。なお、醍醐寺でも寺務知行者は当初、「別当」と呼ばれていたのであるが、それが「座主」という名称に変化する過程については後述する。

表2　諸寺における交替公文の作成

	寺名	国名	作成年代
諸大寺	東寺	山城	仁和4（888）、昌泰3（900）
	東大寺	大和	永観2（984）
	法隆寺	大和	長徳2（996）
定額寺等	神護寺	山城	仁和3（887）、寛平5（893）、延喜4（904）、延喜19（919）、延喜22（922）、延喜元（923）、承平元（931）、貞元年間（976〜78）
	広隆寺	山城	寛平2（890）か
	勧修寺	山城	承平3（933）
	醍醐寺	山城	天慶5（942）
	上醍醐寺	山城	天慶9（946）

さて、これまで指摘してきた、交替公文ないしはその逸文と推定されるものが確認できる寺院を整理すると、表2の如くである[103]。これらの公文の中には、今のところ性格不明のものもあるが、諸寺にもかなりの程度に解由制度が実施されていたことだけは、この表からもうかがうことができよう。しかし、一方でそれらの作成年代についてみると、諸寺に解由制度が適用されることになった直後の仁和三年（八八七）から長徳二年（九九六）までで、九世紀末から十世紀末のほぼ一世紀間に限られていると言ってよく、これ以後の例は管見では見出し難い。十一世紀に入ると、むしろ寺院によっては交替公文が作成されなくなっていたことを示唆する史料さえある。例えば、荘園停廃に関する石清水八幡宮護国寺宛ての延久四年（一〇七二）九月五日太政官牒[104]の一節に、

……従㆓法印定情（清）之時㆒、依㆑無㆓分付帳㆒、不㆑知㆓寄人之子細㆒者……

とあるが、ここに定清とは、遅くとも長和二年（一〇一三）までには石清水八幡宮寺別当に就任し、長元元年（一〇二八）もしくは同二年頃に法印に叙せられたことが知られる人物である[105]。従って、限られた例からではあるが、交替公文の残存という視点からみた場合、諸寺に解由制度が機能していたのは、せいぜい十世紀末頃までと考えてよいように思われる。

なお、『日本紀略』治安二年（一〇二二）七月十四日条に、

今日、大㆓赦天下㆒、……未㆑得㆓解由㆒之徒、不㆑論㆓僧俗㆒、同以原免……

とあり、『本朝世紀』仁平三年（一一五三）九月二十三日条にも同様の記事が見えるなど、これ以後にも依然として、僧侶の解由が責められていたことを思わせるような史料も散見される。しかし、これは元慶四年（八八〇）十二月四日の大赦の際に出された詔書(106)に見える、

……未レ得二解由一之徒、不レ論二僧俗一、同皆放免、……

という文言がそのまま踏襲されているに過ぎず、十一世紀以降には空文に近いものになっていたとみてよいであろう。

5　長元八年十一月二日元興寺検録帳

そこで次に、十一世紀以降の解由制度がいかなる経過をたどったかを示唆する、一通の文書に言及しておきたい。それは東南院文書所収の首欠の文書(107)で、末尾に以下のような署判を有するものである。

右、依二宣旨一、検録如レ件、

長元八年十一月二日

都維那伝灯大法師位「定秀」
権寺主伝灯大法師位「寿好」
寺　主　伝灯大法師位「興慧」
上　座　伝灯大法師位「祚延」
権上座伝灯大法師位「岑脩」
別　当　伝灯大法師位「済慶歟」

右史生大秦

左少史小槻

内容は諸堂毎に損色の程度を実検したもので、逐一「無実」「大破」「損破」「雨漏」「顚倒」といった注記がせられ、また、文中三カ所には「三綱等申云、前別当智真……」という陳述も見られるなど、全体として交替公文と酷似した文書であることは直ちに気づかれる。

さて、この文書は東南院文書の中に伝来し、別当の位署書にも「済慶歟」とあるので、『大日本古文書』で「東大寺三綱堂舎損色検録帳」、『平安遺文』で「東大寺検損色帳」とされるなど、従来東大寺関係のものと考えられてきたのも故なしとしない[108]。『東大寺要録』の別当章などによれば、済慶は長元六年（一〇三三）二月二十日に別当に補任されたことが知られる人物なのである。ところが、建築史学の鈴木嘉吉氏は、塔・僧房の規模や大門・垣の配置などが東大寺のそれと合致しないことに着目され、あわせて『三会定一記』によって[109]、文中三カ所に見える「前別当律師智真」が長元二年（一〇二九）に元興寺別当に補任され、同八年（一〇三五）七月二十一日に卒去していることを確認された上で、これを元興寺に関わる文書であると指摘された[110]。まことに卓見というべきである。こうなると、「済慶歟」というのは後人の書き入れであることが推測されるのであり、過去において、すでに「別当大法師」を東大寺別当とみて、その僧名を比定する試みがなされたことを示していよう。しかし、文中に「別当未交替」という文言がある点からすれば、別当署判の部分はもともと空白であったはずである。

それでは、この文書の性格をいかに考定すべきか。末尾の署判の形式から判断して、官使と任用（三綱）との間で作成されたことは明らかである。また、前別当智真の死去後三カ月余りを経過し、いまだ別当が未交替の時期である点を重視した上で、官使の右史生大秦某と左少史小槻某を検交替使に当るものとすれば、前司卒去のために検交替使と任用との間で交替政が行なわれた際に作成されたものではないか、との想定も成り立つ。しかし、検交替使の派遣は新司が申請するのが通例であるし[111]、そもそもこの検録が「依宣旨」とあることや、その対象が堂舎のみで資財等には全く及んでいない点からすると、やはり交替公文と同一とみるわけにはいかない。そこで注目に値するのは、太田博太郎氏の指摘された[112]『左経記』長元四年（一〇三一）閏十月二十七日条[113]の、

……又被ㇾ仰云、有封諸寺并七大寺、十五《(大脱カ)》寺等、可ㇾ令ㇾ注㆓損破㆒之使、可ㇾ差㆓遣何人㆒哉、

という記事である。この年に注損破使差遣のことが議定され、それが漸く実施されたのが四年後の長元八年（一〇三五）であったとの断定は必ずしもできないが、両者が密接な関係にあることは太田氏の述べられる通りであろう。つまり当時、諸寺の損色実検が一斉に行なわれることがしばしばあり、この長元八年（一〇三五）の元興寺検録帳がそうした際に作成された公文であることは、ほぼ疑いないのである。

平安初期以来、官寺が火災や風損を被った際には、諸寺の申請に基づいて官使（主として弁官）が派遣され、検全破使帳[114]とか損色注文[115]が注進されるのが例であったことは、多くの史料からうかがわれるところである。なかでも『東大寺要録』に引く[116]『村上天皇御記』逸文は、いずれもそうした記事ばかりからなり、これらによって貞観十六年（八七四）、応和二年（九六二）の新薬師寺、康保二年（九六五）、同三年（九六六）の東大寺に関する実検使派遣から損色注進の手続き等までを詳しく知ることができる。こうした臨時の実検が、次第に国家の政策で諸寺一斉に施行されるようになっていたことが推定されるのであるが、さらに興味深いのは、先に引いた『左経記』の記事に、続いて次のように見えていることである。

又法隆寺所司等、依㆓別当仁満能治㆒、可ㇾ被㆓延任㆒之由、奉㆓挙状㆒、同以㆓此使㆒、可ㇾ令ㇾ注㆓治不㆒歟、為《(将カ)》当可ㇾ遣㆓

別使一歟、彼此被レ申云、可レ遣二官使一歟、又法隆寺事、使二此使一被二実検一穏便歟云々、

たまたまこの史料によって、法隆寺別当仁満の重任申請に対する実検使も、この時の注損使が兼任することになったことが知られるのだが、以上の事実は結局、長元八年（一〇三五）の元興寺検録帳が交替公文の様式と類似している点と共に、諸寺の解由制度が検諸寺損色制度に吸収、解消されていく一過程を示唆するものではないかと、私は考えたいのである。[117]

第四節　諸寺別当制の変質と解由制度

前節における交替公文等の分析によって、十世紀中には諸大寺・定額寺を問わず広く展開していた解由制度が、十一世紀になると急激に実施されなくなっていたことが検証されたわけである。これには種々の理由が考えられようが、国司の場合には形骸化しつつも、当時なお機能していた[118]点を勘案すると、やはり最大の要因は寺院組織、ないしは僧侶身分に本来的に内在していた特異性に求められるようである。

そもそも見過せないのは、元来仏教徒が師から弟子への師資相承を原則としていたという事実であろう。これが単に教学の面（いわゆる血脈相承）や、あるいは居住する房舎や聖教等の資財の譲与をその内容とするのみならまだしも、別当の補任も表面的には官符によりつつ、実際には諸大寺・定額寺とも師資相承の原理に沿って譲補されることが多かったのである。[119] 従って、師弟間の人間感情からすれば、前任者（師）と後任者（弟子）の間の解由状の授受が必然的に厳格さを欠いたであろうことは容易に察せられる。しかし、ここで提示したいのは、むしろ合法的な手段によって

解由制度の適用を逸れようとする動きが現れてくることで、この顕著なものとしては、以下に述べる二つの場合が考えられるように思う。

第一に、九世紀中葉以降、主として定額寺（なかでも御願寺的な性格の強い寺）において、僧綱・講読師の管領の停止を求めて認可される例が目立って増加してくることである。こうした点については、すでに西口順子氏(120)などが当該時期における天台・真言両宗を中心とする新興寺院の、自主管理運営権と関連づけて注意されている事柄であるが、史料上確認される例は表3の如くである。

表3　僧綱・講読師の管領停止を認可された寺院

年　代	寺院名	典　拠
承和7年（840）	法琳寺（山城）	続日本後紀
貞観4年（862）	園城寺（近江）	寺門伝記補録
貞観7年（865）	興隆寺（山城）	日本三代実録
貞観11年（869）	観心寺（河内）	観心寺縁起資財帳
貞観18年（876）	貞観寺（山城）	日本三代実録
元慶2年（878）	嘉祥寺（山城）	日本三代実録
元慶2年（878）	元慶寺（山城）	日本三代実録
寛平元年（889）	円成寺（山城）	類聚三代格
延喜5年（905）	勧修寺（山城）	類聚三代格
延喜13年（913）	醍醐寺（山城）	醍醐寺要書
天暦3年（949）〜同7年（953）	施無畏寺（山城）	本朝文粋

注　上記の諸例のうち、施無畏寺については前中書王（兼明親王）の奏上にその申請が見えるのみで、確証があるわけではないが、『本朝文粋』に採用されている点からみて、一応認可されたものと推定した。なお、天慶4年（941）に講読師摂領の停止を求める申請をした丹波願皇寺のように、それが却下された例もある（『類聚符宣抄』第6、天慶4年5月8日宣旨）。

僧綱の本来的任務には、中井真孝氏が的確に述べられた(121)ように、(1)僧尼名籍と寺院資財の管理を主とする国家行政の仏教関係事項の権限委託に基づく一般行政と、(2)僧尼の教導および教学振興を内容とする宗教行政とがあった。ところで、例えば醍醐寺では延喜十三年（九一三）に「不ㇾ為㆓僧綱及講読師所ㇾ擡」の特典が認められたのち(122)も、年分度者や供僧の設置等に関しては、太政官—治部省—玄蕃寮の命令系統を経て、僧綱牒によって伝達されていること(123)が知られる。従って、「不ㇾ令㆓僧綱摂領㆒」とは言っても、実は僧綱の任務のうち後者の適用を免れたのみで、一般行政に属する解由制度の対象から直ちに除外されたわけではない、と考える方が穏当であろう。実際、醍醐寺では天慶五年（九四二）に実録帳が作成されていることは、前章で指摘した。

ただ、元慶寺が僧綱不摂の寺となった時に、

勅置二元慶寺別当三綱一、其三綱者、寺家簡定、申レ官任レ之、六年為レ秩、乃責二解由一、縁寺之事、申レ官行レ之、不レ経二省寮僧綱一、

とあるのは、三綱のみが解由を責められて、別当は明らかにそれを免除されていることを示している。しかも解由のことが問題とされているのは、表3に掲げた諸寺のうちでは、これが唯一の例であるところからすれば、この場合は元慶寺三綱のみの例外規定として、とくに勅が出されたもののように思われる。このように考えれば、「僧綱摂領」の停止が一方で拡大解釈されつつあり、次第に別当・三綱の解由にまで及んだことがうかがわれ、結局、解由制度の衰退と密接に結びついていたことは否定できないであろう。(124)

この点と関わり合う興味深い事象として注目されるのは、これらの定額寺ないしは御願寺においては、基本的な寺院制度として平安初期以来定着しつつあった、別当・三綱制そのものが変質してくる例が多いことである。具体的には、別当そのものの呼称が変更されるという形態をとって立ち現われてくる。例えば、山城円成（城）寺では延喜六年（九〇六）に、最初の別当益信（当時は故人）の門徒および藤原氏宗の苗裔（檀越）を含めた者の中で、年﨟高く衆望ある者が師資相伝して、寺中雑務を領知すべきことが認められたが、それと同時に「別当以下之職、停二止申レ官随レ闕直補」することも許された。(125)右の経過には、別当の上に位置する寺院統轄者の出現が、いわゆる門跡の形成と不可分であったことも示されているが、ことに重要な点は、このことによって従来の別当は官符によらず、こうした寺院統轄者の直補となり、相対的にその地位が低下することである。

円成寺の場合、新たな寺務執行者がいかなる名称を有していたのか不明であるが、貞観寺ではそれが「座主」と呼

ばれていた。これは貞観十八年（八七六）、真雅の奏言に基づいて設置されたもので、その中に「伏望准二天台宗一、特置二座主一」[126]とあることは注目に値しよう。つまり、「座主」なる寺官は延暦寺の座主（天台座主）に準じての呼称なのである。周知の通り、天台宗の開祖最澄は僧綱所の介入を忌避し、その死後比叡山に大乗戒壇の設立が認可されてからは、天台宗学生の得度・授戒は山上で、度縁は太政官の役人が山上に赴いて交付することになっていたように、延暦寺およびその座主とは、いわば僧綱不摂領の象徴の如き存在であった。[127] 別当以外の寺官の創設が、基本的には僧綱不摂領の特典獲得を前提としていたことは、ここに明らかである。

　このほか、園城寺[128]では長吏、観心寺では座主および検校[129]なる寺官が、それぞれ別当の上に設けられたことが知られるが、醍醐寺は以上の諸寺と若干異なり、別当が「座主」と名称変更した例と言い得る。従来、醍醐寺の場合は、当初から座主制であったかのように考えられがちであるが、[130] 本来の寺務知行者がやはり「別当」と呼ばれていたことは、延喜七年（九〇七）六月二日僧正聖宝処分状[131]に、

　老僧寛蔵師不レ知二其心□（性カ）一、只依レ小為レ労、以二去年一任二於別当一、而今親見二操意一、甚以破二□性一也、因レ之、永停二止別当並御願所行事一、

とあることから疑いない。醍醐寺の長官が座主制に切り換わるのは、延喜十九年（九一九）九月十七日太政官牒[132]によって座主・三綱以下の定額僧が定められて以後のことである。[133] こうした例としては、ほかに勧修寺の場合をあげることができ、時期的にはやや下るが、やはり本来の別当が「長吏」を名乗るようになったものと考えられる。[134]

　平安中期以降、寺務執行者の名称は、別当に替って座主・長者・検校・長吏といったものが普遍化してくる。この事情については他の要因も考慮する必要があるが、[135] 定額寺・御願寺の場合の多くは、僧綱不摂の恩典を与えられたこ

表4　主として発給文書の署判から見た、初期の東寺別当

年月日	僧名	典拠	備考
弘仁十年（八一九）正月十四日　任	少僧都勤操	続遍照発揮性霊集補闕抄	造東寺所別当
天長元年（八二四）六月十六日　任	少僧都空海	東宝記第七所引太政官符	造東寺所別当、大僧都長恵替
仁和四年（八八八）五月廿四日　見	権大僧都法眼和尚位「真然」 伝灯大法師位「峯斅」	東寺文書礼	
昌泰三年（九〇〇）三月□日　見	僧正法印大和尚位「益信」 少僧都法眼和尚位「聖宝」 権律師法橋上人位「岑斅」 伝灯大法師位「命隽」	真門孝雄氏所蔵文書	
延長三年（九二五）八月九日　任	律師観宿	貞信公記抄	
天暦二年（九四八）九月廿五日　申	（律師カ）寛空	貞信公記抄	
天徳四年（九六〇）八月廿五日　見	権僧正在判（寛空） 権少僧都在判（延鑒） 大法師在判	東寺百合文書京	
安和二年（九六九）二月七日　見	僧正（寛空） 少僧都在判（救世） 律師在判（定昭） 大法師在判	東寺百合文書京	
長保二年（一〇〇〇）十一月廿六日見	（裏書） 権大僧都在判「雅慶」 権少僧都在判「済信」 阿闍梨大法師安救	東寺百合文書の	

とと軌を一にするものであったことは、如上の例からほぼ確認されたと言えよう。そして、このことは解由を責めるに際しての前提となった、「別当を長官として……」という規定を空文化するものであったし、[136]また、このような座主や検校の下に置かれた別当は官符によらない（つまり、解由が責められない）場合が多かったから、まさに解由制度の形骸化とも不可分の関係にあったことは推測に難くないのである。

ところが、東大寺・興福寺を始めとする諸大寺では後世まで別当制が維持されており、かつ秩満も比較的遵守されているから、これらの寺の別当の解由が責められなくなった理由については、別に求めなくてはならない。つまり、それが僧綱別当の増加という事態であった。[137]こうした例は枚挙にいとまがないのであるが、いま顕著な事例として東寺の場合を示そう。

表4は初期の東寺別当を、主として発給文書から検出したものである。これによれば、九世紀後半以降は通例、僧綱一～三名のほか凡僧一名を以て別当に任命されているが、僧綱の兼任する別当が存在するという点では、むしろそれが当初からの原則であったようである。この点は、別当複数制を採っている点[138]とともに、平安京における新たな国家的寺院を意図して建立されたという、東寺の特異性と無縁ではないかもしれない。確かに南都の寺院では、これよりものちも、凡僧が別当に補任されることはしばしばみられる。一例として、寛仁四年（一〇二〇）東大寺僧の伝灯大法師位朝晴は、前別当権僧正深覚辞退の替りに任ぜられんことを申請して承認されたが、[139]その解状の中で、近年凡僧の時に別当に補任された者として、寛救・光智・法縁・平崇・深覚の五人の例があったことを上げている。しかるに、光智は天徳三年（九五九）の文書等に[140]「別当権律師法橋上人位光智」と署判している如く、その任中に僧綱に列していることが知られるのである。深覚また然りであるから、ここに僧綱別当増加の一つのパターンが示されていると言っ

てよかろう(141)。

第二節で触れたように、「僧綱が別勅によって別当に任命された場合には、その解由は責めず」というのが『貞観式』の規定であった。もっとも、元慶六年（八八二）権僧正遍照七条起請により、一旦は僧綱別当にも適用されたものの、その期間はごくわずかであったらしく、『延喜式』では再び先の『貞観式』の規定に復帰している。以上の経過からすれば、僧綱別当の増加が解由制度の適用から除外される、一つの法的根拠を与えるものであったことは明らかである。

むすび

以上、四節にわたって論じてきたところを要約すると次のようになる。まず第一節では、諸寺別当制の成立時期が延暦期にあったことを指摘するとともに、諸寺に解由制度が適用されるに至った要因と、その歴史的意義とを考えた。第二節では、『延喜式』に見える諸寺への適用条項を確認。第三節で、残存する交替公文やその逸文とみられるものを提示しつつ、諸寺における実施はほぼ十世紀末頃までであった点を明らかにし、以後は検諸寺損色制度に吸収された可能性もあることを指摘した。続く第四節では、諸寺の解由制度が永続しなかった理由を、寺院社会の特異性に求めて論じてきたわけである。最後の節で、諸寺や僧侶身分に付随した一般の官司・官人と異なる面を、やや強調し過ぎたきらいはあるが、律令制下の寺院が基本的には官庁として位置づけられていたことは疑いないところであり、この点を再度ここで確認しておきたい。

全体として極めて大まかな素描に過ぎず、諸寺の解由制度についての各論は、なお今後に残された課題と言わねばならないであろう。ことに、国司の交替に際して絶えず問題となっている、「官物未納欠負」とか「補塡」といった点について、諸寺の場合はいったいどうなっていたのか。また、交替公文の作成が確認される寺院は、現時点では畿内のみであるが、地方の諸寺[142]はいかなる扱いを受けていたのか。こういった問題については、引き続き検討すべく、決意を新たにしている次第である。

注

（1）『交替式の研究』（一九七八年）。

（2）福井氏の著書刊行以後に公表された主な論文として、次のようなものがある。梅村喬「民部省勘会制の成立」（弥永貞三先生還暦記念会編『日本古代の社会と経済』上巻所収、一九七八年）、吉岡真之「延暦交替式二題」（同上書下巻所収、一九七八年）、同「不与解由状と勘解由使に関する試論」（井上光貞博士還暦記念会編『古代史論集』下巻所収、一九七八年）、前沢和之「『上野国交替実録帳』郡衙項についての覚書」（『群馬県史研究』七、一九七八年）、笠井純一「天長・承和期における地方行政監察について」（井上薫教授退官記念会編『日本古代の国家と宗教』下巻所収、一九八〇年）、林陸朗「勘解由使と不与解由状の成立」（『国学院大学大学院紀要』一三、一九八二年）、同「桓武朝前期の国司監察――勘解由使設置の前提として――」（『国学院大学紀要』二〇、一九八二年）、同「延暦交替式の実効力」（『国史学』一二〇、一九八三年）、前沢和之「『上野国交替実録帳』の性格について――定額寺資財帳と不与解由状――」（永島福太郎先生退職記念『日本歴史の構造と展開』所収、一九八三年）など。

（3）解由制度が適用された内外官については、すでに長山泰孝「勘解由使設置の意義」（同氏『律令負担体系の研究』所収、一九七六年）に一覧表が掲げられ、ついで笠井純一「天長・承和期における地方行政監察について」（前掲）でより完璧なものが作成されているので、これらを参照されたい。

（4）管見では、わずかに尾田信直「解由状の沿革」（『史学雑誌』一三ノ八、一九〇二年）が「僧侶」の項目を設けて、若干の関係史料を引用するのみである。
（5）『日本三代実録』貞観十二年十二月二十五日条
（6）この理由は次章で述べる。なお、福井氏前掲書四七九～九五頁参照。
（7）この場合の「任用」とは「任用する」というように動詞的に使用されているのではなく、長官（カミ）に対して次官（スケ）・判官（ジョウ）・主典（サカン）を包括的に指称する当時の史料用語である。このような概念は九世紀初頭、とくに国司制度において、それまでの四等官連坐制が崩れて受領（長官）に権限が集中し、次官以下が次第に国務から疎外されていく傾向を生じた時点で現われてきたものである。諸寺別当・三綱に適用された四等官制は、このように長官が次官以下の官人を下僚化するようになった、いわば変質した段階のものであることに注意すべきであろう。なお、原田重「国司連坐制の変質についての一考察」（『九州史学』一〇、一九五八年）、泉谷康夫「受領国司と任用国司」（『日本歴史』三一六、一九七四年）参照。
（8）例えば『大唐六典』巻四、祠部に「毎寺上座一人、寺主一人、都維那一人、共綱統衆事」とある。
（9）中井真孝「新羅における仏教統制機関について」（『朝鮮学報』五九、一九七一年）によると、新羅の孝文・宣武二帝の頃に、各寺に上座・寺主・維那が置かれている。
（10）『僧尼令集解』自還俗条に「古記云三綱謂寺主・上座・都維那也」と見え、大宝令の規定にあったことが知られる。
（11）この点については、すでに竹内理三「延喜式に於ける寺院」（『律令制と貴族政権』第Ⅱ部所収、一九五八年）で指摘されている。
（12）例えば貞観十三年九月七日太政官符（『類聚三代格』巻三、定額寺事所収）。
（13）第四節に掲げた表3を参照のこと。
（14）『続日本紀』養老七年二月丁酉条。なお、『万葉集』巻第三譬喩歌、三九一番も参看。
（15）『続日本紀』宝亀元年八月庚戌条、同三年四月丁巳条。

(16) 第六、十七、十八、十九巻に収める東大寺奉写一切経所関係文書に見える「別当」は、すべて奉写一切経所別当のことと考えられる。また、六82、129の貢進文に見える「別当奉栄」や二十二191の「別当尊宣」も同様と考えてよかろう。
(17) そのことは、これら奉写一切経所関係の文書のほとんどが、別当の上段に「少鎮大法師実忠」の署判を有することから明らかである。
(18) 五671（東大寺文書、神護景雲元年八月三十日阿弥陀過悔料資財帳）。
(19) 六465（正倉院文書、宝亀四年倉代西端雑物出入帳。二十一234も同文書）。
(20) 五128（正倉院文書、天平宝字六年三月一日造東大寺司告朔解）。
(21) 十337（正倉院文書、自八月日至勝宝元年八月日経師等上日帳断簡）。
(22) 二十五附録33（正倉院文書、延暦六年六月二十六日東大寺使解断簡）。
(23) ただし、性格不明のものとして六120（正倉院文書、宝亀二年二月二十三日十市布施屋守曽弥刀良解）の末尾に記される「別当大法師法正」がある。以前、東京国立博物館における特別展「正倉院宝物」（一九八一年十月三十一日～十一月二十五日）で偶然、この文書を実見する機会を得たところ、「別当」の文字はこれ以前の部分と明らかに書体・墨色が違っていることに気づいた。従って、のちに書き加えられたことも考えられないわけではないが、法正は天平勝宝四年（七五二）に「東大寺都維那」と見える（十二352）ので、あるいは修哲以前に別当に就いた可能性も全く否定することはできず、今後に検討の余地を残している。また、三328（久米田寺文書、天平勝宝元年十一月十三日久米田寺領流記坪付帳）に別当以下鎮・三綱等の署判が見えるが、これは文書自体に問題があり、当時の状況を示したものとは思われない。
(24) この代表と言えるのが、平岡定海「中世に於ける寺院社会の構造——東大寺別当職について——」（『滝川博士還暦記念論文集』(二)日本史篇所収、一九五七年）、同『東大寺の歴史』（一九六六年）などであり、岸俊男「良弁伝の一齣」（『南都仏教』四三・四四、一九八〇年）もこうした見解を引き継いでいる。
(25) 『東大寺要録』巻第二縁起章第二、および巻第五別当章第七（筒井英俊氏校訂本による）。
(26) 『東大寺別当次第』少僧都良弁（華厳宗）条（『群書類従』巻第五十六、補任部十三、および『大日本仏教全書』東大寺叢書第一所収）。

（27）『七大寺年表』天平勝宝四年壬辰条（『続群書類従』巻第七百九十二、釈家部七十七）。

（28）なお、別当制の確立以前、三綱の上に鎮なる寺官が諸寺に存在したことが注意される。これは、僧寺の場合には別当制の前提となるものではなかったが、尼寺においては解由制度の適用に際し、別当に準ずる扱いを受けた。鎮については注（50）を参照。

（29）東南院文書（『平安遺文』二四号）。

（30）東南院文書（『平安遺文』二五号）。

（31）正倉院文書（『大日本古文書（編年文書）』二十五附録3）。

（32）正倉院文書、弘仁二年九月二十五日東大寺使解（『大日本古文書（編年文書）』二十五附録85）。

（33）これまでに『東大寺別当次第』等に所載の別当に疑念を抱かれたものとして、管見の範囲では舟ヶ崎正孝「奈良時代の禅師について」（『大阪教育大学紀要』Ⅱ社会科学・生活科学二〇、一九七一年）、堀池春峰「弘法大師空海と東大寺」（『南都仏教史の研究』㊤東大寺篇所収、一九八〇年）などがあるに過ぎない。なお、佐久間竜「実忠伝考」（名古屋大学文学部国史学研究室編『名古屋大学日本史論集』上巻所収、一九七五年）でも、すでに空海などの別当就任説を排し、この時期に別当修哲を中心とする体制がとられていたことを指摘されているが、良弁については佐久間氏もこれを別当として認める立場である。

（34）天平宝字二年（七五八）に補任されたという慈訓を初代とする『興福寺別当次第』（『大日本仏教全書』興福寺叢書二等に所収）なども、同様に再検討を要することとなろう。

（35）近年、久野修義「中世寺院成立に関する一考察——九～十二世紀東大寺をめぐって——」（『史林』六一ノ四、一九七八年）は荘園支配という視角から、東大寺が別当を中核とする形で機構整備するのは、十世紀に入ってからであることを指摘されたが、制度的には別当・三綱制の発足は、上述の如く九世紀初頭としてよいかと思う。

（36）東大寺についで、川原寺（弘福寺）でも弘仁十一年（八二〇）までに別当が設置されたことが知られる（安藤文書、弘仁

十一年十月十七日川原寺牒、『平安遺文』四六号)。

(37) 阿部猛「桓武朝における地方行政の監察――いわゆる『律令再建論』にふれて――」(『古代学』一〇ノ二・三・四、一九六二年)。

(38) 注(12)参照。

(39) 承和十四年閏三月八日太政官符(『類聚三代格』巻三、定額寺事所収)。

(40) 霊亀二年五月十七日太政官謹奏(『類聚三代格』巻三、定額寺事所収)。

(41) 延暦十五年三月二十五日、延暦二十四年正月三日、大同元年八月二十二日、大同元年八月二十七日の各太政官符(いずれも『類聚三代格』巻三、定額寺事所収)。

(42) 例えば貞観十年六月二十八日太政官符(『類聚三代格』巻三、定額寺事所収)所引天長二年五月二十五日太政官符などから知られる。

(43) 『延喜式』巻二十一(『新訂増補国史大系』第二十六巻所収。『延喜式』は以下すべてこれによる)。

(44) 注(5)参照。

(45) 『新訂増補国史大系』第二十六巻所収。

(46) 『日本三代実録』元慶六年六月三日条。

(47) 『類聚三代格』巻三、定額寺事所収。

(48) 「廉節可レ称之徒」の解釈については、貞観十三年九月七日太政官符(注(12)参照)に「赴レ挙之日、巧称二清廉一被レ補之後治迹希聞」とあり、延喜玄蕃寮式五五条にも「凡諸大寺別当三綱有レ闕者、須三五師大衆簡二定能治廉節之僧一」とあることなどが参考になる。

(49) 諸寺別当・三綱、尼寺鎮を官符により補任すべきことは、延喜太政官式三八条に見える。

(50) 奈良時代に広く諸寺に存在した「鎮」なる寺官は、別当制の成立と共に次第にその存在意義を失い、ついに承和二年十一月七日太政官符(『類聚三代格』巻三、僧尼禁忌事所収)では「其数猥雑」として禁止された。しかるに、これより先、延暦十七年六月十四日太政官符（『類聚三代格』巻三、僧綱員位階幷僧位階事所収）で「僧綱幷十五大寺三綱、法華寺鎮等従僧」のことが定められているから、尼寺の場合には、早くから制度的に認められつつあったことが知られる。

(51) 天慶四年三月二十日太政官符（『政事要略』巻五十六、交替雑事十六所収）に諸寺別当・三綱の功課についての規定があり、従来の手続きを厳しくして、官使または僧綱所使が事実を覆勘せしめた上で、功績の実ある者に重任の賞を蒙むるべきこと等が定められている。

(52) 『類聚三代格』巻五、交替幷解由事所収。

(53) 『延喜式』巻第十八、式部上一六三条参照。

(54) のちになると、例えば南都寺院の場合には、興福寺・仁和寺・醍醐寺等の院家居住者が別当に補任されるのが通例となる。

(55) 『延喜式』巻十一。

(56) 『延喜式』巻四十四。

(57) 承平六年閏十一月五日宣旨（『別聚符宣抄』所収）によれば、「勘判料紙・筆・墨を副えない諸司・諸寺言上の前司解由状は返却せよ」とあるので、のちには諸寺にも課せられたことが知られる。

(58) 従って、勘解由使式一条に記載される全手続きを「勘判」と称するのではない。この点、福井俊彦氏が『勘解由使勘判抄』を長案ないしは内案を抄出したものと解釈されること（『交替式の研究』六三九頁）は、なお検討を要するように思う。

(59) 『類聚三代格』巻四、加減諸司官員幷廃置事所収。

(60) 東寺文書礼（『平安遺文』一七七号）。

(61) 真間孝雄氏所蔵文書（『平安遺文』補五号）。

(62) ちなみに、『朝野群載』巻二十六に式解由・式代解由・已分解由・会赦解由の例として引かれる文書は、いずれも解由を前司に与えたことを申上した解文に過ぎない。

(63) 『類聚三代格』巻五、交替幷解由事所収。

(64) この解由状は福井氏前掲書でも本文には引用されず、史料編に掲げられるのみである。従来、この文書に注目したのは竹島寛「寺院の師資相続と血統相続」（『史学雑誌』三七ノ一二、一九二六年）ぐらいではなかろうか。

(65)『類聚符宣抄』第八、天暦三年六月十三日太政官符。

(66)『建築史』二ノ二（一九四〇年）、『平安遺文』二三七号、および藤田経世編『校刊美術史料　寺院篇』中巻に所収。

(67)前半は『神護寺最略記』と題するもので、後半がこの『承平実録帳』に当る。前掲の『校刊美術史料』には双方ともに翻刻されている。

(68)末尾には応永七年（一四〇〇）権大僧都盛淳の「実録帳内勘文了」なる本奥書に続き、承応二年（一六五三）権律師宥清本を以て密蔵院宥純が筆写した旨の奥書を有しているが、さらに裏書巻末には翫玉院権少僧都禅盛の文政七年（一八二四）の奥書があるという。

(69)例えば福山敏男「神護寺承平実録帳と神護寺諸堂記」（『福山敏男著作集』第三巻、寺院建築の研究下所収、一九八三年）、井上一稔「盛淳勘出『神護寺承平実録帳』の性格について――神護寺薬師如来像の根本問題――」（『文化史学』三八、一九八二年）などがある。ただし、かつて福井俊彦氏も、一九六八年の日本古文書学会第一回学術大会で「神護寺実録帳について」を発表されている（要旨が『古文書研究』二、一九六九年、に掲載）が、その後論文としてはまとめられなかったようである。

(70)例えば治安二年十月二十八日解（『朝野群載』巻第二十六所収）に「伊予国交替使解申進上実録帳事、合一巻」とあるし、また、吉岡真之「検交替使帳の基礎的考察」（『書陵部紀要』二六、一九七六年）の指摘されるように、『北山抄』第十に見える「詔使実録帳」とは検交替使帳のことと考えられる。

(71)延喜勘解由使式の奏式によれば、この部分は「前官位姓名」のみを書くようになっている。

(72)かつて福井俊彦氏は、石山寺所蔵のいわゆる越中国官倉納穀交替帳（『平安遺文』二〇四号）をこれに擬定されたが（「不与解由状について」『日本歴史』一五八、一九六一年）、現在では撤回されているとの由である。

(73)国司の場合にも、延喜十三年二月二十五日太政官符（『政事要略』巻二十九所収）に「検内外官不与解由状幷交替実録帳等……」とあり、越中国官倉納穀交替帳（前掲）にも「代々交替実録帳」という表現がしばしば見える。

(74) 菊地礼子「令任用分付実録帳と交替実録帳」(『古代文化』二七ノ四、一九七五年)では、両者とも交替実録帳の別称をして不思議ではないとされながら、結論では「交替実録帳とは検交替使実録帳の略称であると考えられる」としている。

(75) 『北山抄』巻第十、実録帳事(『新訂増補故実叢書』所収)。

(76) 『平安遺文』一七五号。なお『続群書類従』釈家部や『大日本仏教全書』寺誌叢書三にも所収されるが、これらには誤植が多く、とくに後者は貞観十五年の資財帳も折衷した形で掲げており、利用に耐えない。

(77) 「太秦資財帳時代考」(『墨水遺稿硯鼠漫筆』巻之七、一九〇五年)。

(78) 「広隆寺資財帳の刊本」(『建築史』二ノ三、一九四〇年)。

(79) 前記の黒川、中上川両氏もこれを資財帳と呼んでいるし、近年では堀池春峰「東大寺要録編纂について」(『南都仏教史の研究』㊤東大寺篇所収、一九八〇年)所載の諸寺社縁起資財帳一覧表や、『国史大辞典』第二巻「縁起流記資財帳」の項(飯田瑞穂氏執筆)の一覧表などにも、神護寺交替実録帳と本文書とが掲げられている。また、『続群書類従』『大日本仏教全書』等の解題も当を得たものとは言い難い。

(80) 大谷大学図書館所蔵(大正十年二月太秦広隆寺蔵本より転写したとの奥書を有する)。

(81) 当時の広隆寺は大少別当制を採っていたが、「長官」は大別当であったとみてよい。

(82) なお、『広隆寺寺外末寺并別院記』というもの(これは清滝淑夫「広隆寺の成立に就いて」『南都仏教』一四、一九六三年、や、たなかしげしさ「10世紀の平安京内外の諸寺」『日本歴史』二六七、一九七〇年、などに紹介されているが筆者は未見。広隆寺所蔵という)に「代々実録帳……」という文言が見え、これ以後にも、いくつかの交替公文が伝存していた時期のあったことがうかがわれるが、それらは返却された奏文の可能性があろう。

(83) このことは、承和三年(八三六)十一月十五日付の『広隆寺縁起』(『朝野群載』巻第二所収。なお、『新訂増補国史大系』第二十九巻上所収本で承和五年とするのは誤植と思われる)にも記載がある。ただし、問題となっている交替実録帳によれば、その作成当時、この寺には貞観十五年(現存の資財帳)と仁和二年の二通の資財帳が存在していた。

(84) 拙稿「寺院別当交替実録帳」(『国書逸文研究』四、一九八〇年)。

(85)『大日本仏教全書』寺誌叢書三、および藤田経世編『校刊美術史料　寺院篇』中巻所収。ただし、前者には誤字が目立つ。
(86)藤田経世論『校刊美術史料　寺院篇』中巻所収。なお注(67)参照。
(87)『美術研究』四七(一九三五年。望月信成氏の史料紹介)、および藤田経世編『校刊美術史料　寺院篇』中巻所収。
(88)『大日本仏教全書』寺誌叢書三、および『改定史籍集覧』第十二冊別記類第一所収。
(89)注(66)参照。
(90)勧修寺文書二一―四(東京大学史料編纂所影写本三〇七一・六二―三五―二一)。これは『続群書類従』巻七百八十、釈家部六十五に『勧修寺旧記』として、また、『大日本仏教全書』寺誌叢書三に『勧修寺文書』として収録されるものと同一の内容である。
(91)本稿では、すべて笛井英俊氏校訂本による。
(92)『江家次第』第四、定受領功課事(『新訂増補故実叢書』所収)。
(93)例えば、元慶五年八月二十六日太政官符(『類聚三代格』巻一、神宮司神主禰宜事および巻五、定官員幷官位事所収)。
(94)ちなみに、『東大寺要録』の別当章等の記事も、この段階になると、ほぼ信用できる内容になっていると考えられる。
(95)国司の例としては、寛治七年(一〇九三)頃の正月五日付陸奥守源義綱書状(九条家本九条殿記裏文書、『平安遺文』補一七八号)に「分附帳」と見えるものが、不与解由状を意味しているようである。
(96)『東大寺要録』巻第四、諸会章第五など。
(97)高田良信編『法隆寺銘文集成』上巻所収。なお、この厨子は現在経蔵に所在し、伝観勒僧正像安置のために転用されているという。
(98)影印本『別当記』(鵤叢刊第二)による。
(99)『法隆寺別当次第』第六十七代範守法印条によると、別当の拝堂は補任後百日以内に遂げればよいことになっていた。ちなみに、国司の場合には、行程を除き百二十日以内に交替すべき規定である。
(100)法隆寺ではこのほかに、『金堂日記』(『法隆寺史料』一所収)に「交替之書」なるものが散見されるが、これは金堂司の交替引継ぎに関する文書のことと考えられる。

(101)『醍醐雑事記』巻第十四所収（中島俊司氏校訂本による）。

(102)佐和隆研『醍醐寺』（東洋文化社、一九七六年）一七三頁。ただし、三宝院蔵『醍醐寺座主次第』（東京大学史料編纂所謄写本二〇一六—四三四）によれば、壱定の座主就任は天慶七年（九四四）とある。

(103)以上のほかにも、鎌倉時代の『河内国西琳寺縁起』（惣持自筆原本が『美術研究』七九に掲載、一九三八年）には「和銅二年帳」より「長久五年帳」に至る「〇〇〇年帳」と称するものが実に二十三種、のべ六十八カ所に引用されているが、これらの中には資財帳のみではなく、交替公文も含まれている可能性があり、今後の検討が必要であろう。

(104)石清水田中家文書（『平安遺文』一〇八三号）。

(105)平林盛得・小池一行編『五十音引僧綱補任僧歴綜覧』二五三頁。

(106)『日本三代実録』元慶四年十二月七日条、および元慶四年十二月七日太政官符（『類聚三代格』巻十七、赦除事所収）。

(107)『大日本古文書』家わけ第十八、東南院文書之二—三二一号。および『平安遺文』五五一号。なお、『大日本古文書』で年号を「長久」とするのは読み違い、もしくは誤植であろう。

(108)例えば、浅香年木『日本古代手工業史の研究』（一九七一年）第三章では、この文書をもとに「東大寺修理所」のことを論じられているが、再検討を要するであろう。

(109)『三会定一記』第一、治安三年条（『大日本仏教全書』興福寺叢書第一所収）。

(110)浅野清・鈴木嘉吉「奈良時代僧房の研究」（『奈良国立文化財研究所学報』四、一九五七年）。

(111)国司の場合については、『北山抄』巻十所引の延喜三年三月二日阿波国解や天暦七年六月十三日宣旨（『西宮記』巻七、および『別聚符宣抄』所収）等に見える。

(112)『南都七大寺の歴史と年表』（一九七九年）二四頁注（14）。

(113)『補増史料大成』6、三〇七～八頁。

(114)『勧修寺古事』（前掲）に引用される天徳四年十一月検諸寺全破使兵部大丞藤原相視実録帳はその一例である。

(115) この実例として、東大寺文書に久安四年八月四日筑前国観世音寺堂舎損色注文（『平安遺文』二六四九号）が伝わるほか、『水左記』承暦四年十月二十六日条に「官使等注二進元慶寺仏像堂舎等修理幷損色等注文一通一」と見えるなど、同様の記事が当時の日記等に散見される。

(116) 『東大寺要録』巻第四諸会章第五、および巻第十諸雑事章之余（これらの逸文はいずれも『補増史料大成』1所収の『歴代宸記』に収録されている）。

(117) なお、『小右記』長元二年八月十日条（『大日本古記録』所収本による）には、美濃国分寺損色使が検交替使の例として上げられており、国司の解由の場合にも同様の傾向があったのではないかということをうかがわせる。

(118) 『権記』『小右記』『左経記』などを見ると、諸国の解由・検交替使・不与状・実録帳等に関する記事が頻出しており、少なくとも十一世紀中にはなお解由制度が、国政上重要な位置を占めていたことを知りうる。確かに検交替使の派遣は、藤原頼通の時に実を備えずとの理由で一旦停止されたことがある（『小右記』長元元年九月十九日条）が、その後復活されているし、『左経記』長元七年十月二十四日条には「上総守辰重……為レ申二交替事等一単騎上道」という興味深い記事も見える。また、『山槐記』安元元年十二月二十五日条によれば、十二世紀後半に至っても諸国から不与前司解由状が言上されているほどである。

(119) 竹島寛「寺院の師資相続と血統相続」（前掲）。

(120) 「平安時代初期寺院の考察——御願寺を中心に——」（『史窓』六、一九七〇年）。

(121) 「奈良時代の僧綱」（井上薫教授退官記念会編『日本古代の国家と宗教』上巻所収、一九八〇年）。

(122) 『醍醐寺要書』（『続群書類従』巻七百七十八、釈家部六十三）所収延喜十三年十月二十五日太政官符。

(123) 『醍醐寺要書』所収承平元年七月二十一日僧綱牒、同安和二年八月十七日僧綱牒など。

(124) 『日本三代実録』元慶二年二月七日条。

(125) 延喜六年九月十九日太政官符（『類聚三代格』巻三、定額寺事所収）。

(126) 『日本三代実録』貞観十八年八月二十九日条。

(127) ただし、延暦寺の寺院組織の中にも「別当」は絶えず存在した。すなわち、創草期の延暦寺には寺務一般をつかさどる別当（山寺惣別当）と、教学伝授の最高責任者である伝法師（伝法座主）とが併存していたことが、弘仁三年五月八日最澄遺告（『伝教大師消息』所収、『平安遺文』四三五一号）や『天台座主記』等から推定され、後者が前者を兼任する形で天台宗一門を統轄するとともに、延暦寺の寺務執行者となったのが「座主」であったと思われる。この座主制確立以後も、その下に大別当・少別当が設けられていたことが貞観八年十月十一日延暦寺政所牒案（平松文書、『平安遺文』四四九七号）等によって知られ、ついで平安後期になると、修理別当を頂点とする山上の寺院組織が出現してくる。

(128) 園城寺が当初、別当を長官としていたことは貞観八年十月十一日延暦寺政所牒案（前注(127)参照）等によって明らかであるが、長吏制が成立してからも寺院組織の中から「別当」は消滅していない。

(129) 初見は延喜十九年十一月十三日僧平晟山地施入状（東大寺図書館所蔵華厳断惑抄上裏文書、『平安遺文』四五五四号）。

(130) 今日、醍醐寺に関しては「別当次第」なるものは伝わらず、すべて「座主次第」となっている（例えば、三宝院蔵『醍醐寺座主次第』など）ことが、その点をよく示していよう。

(131) 三宝院文書（『平安遺文』四五五三号）。

(132) 『醍醐寺要書』（前掲）所収。

(133) なお、上醍醐寺や末寺では後世まで別当制が残存している。

(134) 『勧修寺古事』（前掲）所引の「別当次第」によれば、少なくとも寛信（天仁三年（一一一〇）任）の時までは別当制であったことが知られる。

(135) 例えば、金剛峯寺の場合、別当に代って検校が置かれたのは、東寺の支配下に入って長者が高野山座主を兼ねるようになったことと関係があろう。この例を含めて、別当制全体の変質過程については、拙稿「諸寺別当制をめぐる諸問題」（雄山閣出版編『古代史研究の最前線』第2巻、政治経済編(下)所収、一九八六年）で触れておいた。

(136) ちなみに、検校等の「諸寺雑職」の類の設置は、承和二年十一月七日太政官符（『類聚三代格』巻三、定額寺事所収）によって禁止されていた。

(137) 延喜玄蕃寮式五八条の規定では、僧綱がたやすく諸寺別当に補任されることはなく、やむを得ぬ場合に限って別勅で任命されることになっていたものである。

(138) 東寺ではのちに、この中から「凡僧別当」と僧綱別当である「長者」とに分離する。長者の語源は「宗長者」にあるとみられ、東寺の長官（ただし、実際の寺務執行は最上﨟の者一名＝一長者が担当）であるとともに、真言宗の統轄者を兼ねており、これは天台座主への対抗意識から成立したものと考えてよいだろう。

(139) 寛仁四年十二月三十日太政官牒（東南院文書、『平安遺文』補二六六号）。

(140) 天徳三年十二月二十六日太政官符案（東南院文書、『平安遺文』二七二号）。

(141) ちなみに、東大寺などの場合、僧綱が別当に補任されることが恒常化しても、任期四年制は原則として維持されていたのであるが、定額寺となると本文でも触れた如く、神護寺別当観宿（大僧都）が延喜二十三年（九二三）から延長六年（九二八）卒去までの六年間、勧修寺別当済高（律師）に至っては実に三十二年間というように、任限までもないがしろにされつつあったことが注意される。

(142) 地方寺院の例として、延喜五年十月一日筑前国観世音寺資財帳（東京芸術大学所蔵文書、『平安遺文』一九四号）に引く仁和二年七月二十日言上の「前司不与解由状」を、観世音寺別当の交替公文とする見解がある（竹内理三「筑前国観世音寺史」『南都仏教』二、一九五五年）が、これは筑前国司に関するものと考えた方がよいようである。また、天元五年五月十一日太政官符案（気比社古文書、『平安遺文』三二〇号）にも、気比神宮寺の修造に関して「代々交替実録帳」「前交替帳」という文言が見えるが、本文の検討からすると、やはり越前国司の公文かと思われる。

第四章　寺院在庁と国衙在庁

はじめに

いわゆる国衙在庁官人制については、戦前から近年に至るまで多くの優れた研究が積み重ねられてきており(1)、制度史的な面ではほぼ論じ尽された感もあった。ところが、最近「在庁官人」という史料用語について、「在庁」と「官人」とは本来別個の存在であったことが指摘された(2)ことにより、従来のように「在庁ノ官人」の意に解してその在地性の問題を論ずることには、若干の再検討の余地が生じたように思われる。このような状況からすると、在庁の問題はまだまだ見落されてきた面があり、今後さらに様々な角度から研究を深めていかなくてはならぬテーマであることは確かである(3)。

寺院や僧綱所における在庁もそうしたものの一つで、「在庁の成立」という視点からはこれまで全く看過されてきたと言っても過言ではなかろう。僧綱所の在庁については別稿(4)で論じることとして、本稿ではまず、寺院にも在庁が存在したことを明らかにし、併せてその機能や起源に言及しつつ、寺院における在庁の成立の意義についても論じようとするものである。

表5　在庁の存在が確認できる寺社一覧

	国名	寺社名	主要典拠
(A)	出羽	羽黒山（伊氏羽神社／寂光寺）	拾塊集、羽黒三山古実集覧記、羽州羽黒山中興覚書、出羽国風土略記、出羽国大泉荘三権現縁起、真田貞男氏所蔵文書、戸川安章氏所蔵文書
	加賀	白山寺（白山加賀馬場）	三宮古記、三宮古記考、白山宮荘厳講中記録
	美濃	長滝寺（白山美濃馬場）	長滝寺文書、荘厳講引付帳、経聞坊文書、宝幢坊文書
	越前	越知山大谷寺	越知山文書
	紀伊	熊野本宮	熊野本宮古記、熊野山御幸記、紀伊続風土記所収曲河氏蔵文書、玉置文書、磐城石川文書
	紀伊	熊野新宮	中右記、米良文書、紀伊続風土記
	紀伊	熊野那智山	米良文書、潮崎稜威主文書、紀伊続風土記所収熊野新宮蔵文書
	大和	金峯山寺	高野山文書、春日神社文書
(B)	山城	祇園感神院	社家記録
	山城	石清水八幡宮寺	宮寺并極楽寺恒例仏神事惣次第、年中用抄、榊葉集、年中讃記、放生会之式、武家御社参記、紀伊隅田家文書、善法寺旧蔵八幡古文書
(C)	大和	法隆寺	法隆寺別当次第、法隆寺別当補任寺役次第、法隆寺文書、嘉元記、法隆寺記録
	山城	広隆寺	長福寺文書、書陵部所蔵青蓮院旧蔵古文書、親元日記、大覚寺譜
	摂津	四天王寺	年中法事記
(D)	紀伊	施無畏寺	施無畏寺文書

注　熊野の在庁については、このほかに水戸彰考館本『僧綱補任』（本宮および新宮）、続群書類従本『熊野別当系図』『山城三聖寺文書』（三山のいずれかは不明）などに所見がある。

そこで念のために、最初に例えば次のような史料に注意しておきたい。

(1) 建武元年甲戌四月七日上棟有レ之、先金堂外陣勅使着座寄南東西畳二帖敷之少分也、正面ノ次ノ間ナリ、並已下在庁出仕、外陣西方衆僧着座、

(2) 役人在庁、宿坊蓮池坊、南陽坊 友久弥三郎、近藤弥太郎、末富孫三郎、

(3) 四日朔幣、国司奉幣宮師奉幣、十烈（ママ）、東舞ハ在庁役、粁田賀来庄役、（以上、傍点筆者）

(1)は建武三年（一三三四）の『丹後国分寺建武再興記録』(5)に引く金堂上棟の記事の一節、(2)は観応三年（一三五二）の『周防国仁平寺本堂供養日記』(6)、(3)は文亀元年（一五〇一）の『豊後一宮賀来社旧記』(7)にそれぞれ見えるものである。すなわち、これらはいずれも当時なお、国衙在庁らが国内の寺社修理造営、あるいは仏神事興行といった本来の国衙の任務に関与していたことを示すものであって、寺院ないし神社(8)関係の史料に見えてはいるが、もとより国衙在庁とみなすべきものである。こうした史料は枚挙にいとまがない。

それに対して、本稿で扱うところの「寺院における在庁」とは、寺院機構や僧団組織の中に固有に存在した在庁のことを意味している。これを、ここでは寺院在庁と呼んでおくことにしたいが、その存在が確認できる寺院をあらかじめ一覧表にしてみると表5の如くである。

第一節　いわゆる修験系寺院の在庁から

それでは、寺院在庁とはいかなるものであったか。先に掲げた一覧表で仮に(A)に分類しておいた諸寺から順次考察に入ろう。これらの中には、現在は全く神社となっているものが多いが、かつてはいずれも神宮寺を有するか、もし

くは僧団組織が一山を統轄するという形態をとっていた。そして、立地条件からすれば山岳系寺院であり、その宗教的側面からは一般に修験系寺院と理解されている点で共通している。

まず、羽黒山の場合であるが、近世の修験組織の中に「御師・在庁」と並び称せられる者が存在していたことが注意を引く。例えば、寛永十五年（一六三八）十月十四日付の霞免許状[9]に次のように見えるものがそれである。

霞之事
羽州最上之内
一若木　一長トロ　一長谷堂
右三ヶ所者在庁役計
同　最上之内
一門田　一村木沢
右弐ヶ所者御師在庁役共ニ
新儀ニ宛行之者也、
仍如レ件、
寛永拾五年戊寅拾月十四日法印有誉
羽黒山別当　宝善院
阿含坊江

こうした在庁については、近世すでにその語源を国衙在庁と混同したり、[10]荘官のこととする見解[11]もあったが、おそらくこれは寺院在庁の系譜を引くものであろうと私は考えている。ところで、羽黒山における修験組織としての「御師」「在庁」の存在形態に関しては、堀一郎氏[12]や戸川安章氏[13]が詳しく論じられており、これまでも比較的よく知られている例と言えるだろう。両氏の指摘をかいつまんで紹介すれば、およそ次のようになる。

近世の羽黒派修験においては、御師と在庁との山伏の組み合せによって、それぞれの地域的縄張（これを霞あるいは檀那場と言った）を管轄しており、両者はともに山上衆徒でもあって通常は院坊に居住していたが、前者が「先達職」と呼ばれ、後者が「本寺職」とも呼ばれたように、職分を異にしていた。具体的には、御師が祈禱師であり、檀廻りもするが、宿坊たる機能は持たないのに対して、在庁は檀廻りや先達することを禁ぜられ[14]、霞内に居住する道者や巫女を支配して、坊跡相続や位階の昇進などを取扱ったものとされる。しかも、両者の間にはとくに被管関係はなく、むしろ一つの霞に対する権利を分掌していたものの如くである[15]。

このように両氏の論旨に従うと、近世羽黒山の山内院坊は、御師もしくは在庁のいずれかの権限を有していたものと理解されよう。ところが、同山内ではこれとは別に、いわば称号として在庁を名乗っている用例もあり、それは今日残る記録等から知られる限りでは、真田（実田とも表記）氏のみであったように思われる。このことは近世を通じて言えることで、『羽州羽黒山中興覚書』[16]にも、

南部領従二古来一、真田在庁、依レ為二霞場一、隔年檀那廻下向ス……

などとあるが、『羽黒三山古実集覧記』[17]の奥書に見える

華蔵院

北之院

真田在庁
薬樹院
源長坊

という連署は、そのことを最もよく示す例である。

この真田氏の来歴については、承久二年（一二二〇）に後鳥羽上皇が法印尊長を羽黒山総長吏に補任したことに対抗して、鎌倉幕府が「羽黒所司代」として派遣したものとか、あるいは奥州探題（奥州総奉行の誤伝か）の設置に伴って鎌倉から下向したものといった伝承はあるが、その実像には不明な点が多く、在庁を称するようになった起源も明確に知ることはできない。ただ、『出羽国大泉庄三権現縁起』（『在庁年代記』などとも言う）の奥書には、

永正五年　羽黒山宥栄写」之
自永正七年　真田在庁記」之

とあるから、その存在はほぼ中世末期まではたどることができそうである。おそらく中世の羽黒山では、真田氏のみが在庁なる称号を代々世襲していたものが、近世初頭に霞割制度が整備されるとともに、前述のような権限を示す名辞に転用されるに至ったものではなかろうか。その本来の在庁の機能や性格については、古い史料を欠いている羽黒山の場合には知るべくもない。ところが、同じく後世には修験道場として著名になる熊野三山の在庁は、中世以前から存在したことが明らかな例で、その起源を考える上でも示唆的なものを含んでいる。

熊野三山の全体的な支配機構としては、寛治四年（一〇九〇）白河上皇の初度熊野詣に際して先達を勤めた功で、園城寺の増誉をもって補任されたことに始まる三山検校職があるが、事実上の統轄者として君臨したのは、それより早

く新宮に起り、世々血脈を伝えていた熊野別当[26]であった。このもとでの三山、すなわち本宮（現在の熊野坐神社）・新宮（現在の熊野速玉神社）・那智山（現在の熊野夫須美神社と青岸渡寺）はそれぞれ独自の山内機構を備えていたことが知られるが、そのいずれにも在庁の存在を史料的に確かめうるのは興味深いことである。まずは古文書を中心に、こうした在庁を検出してその性格を考えてみよう。

那智山におけるその初見史料は、米良文書の永仁六年（一二九八）四月二十五日権少僧都道覚紛失状[27]である。これは手継証文等の焼失に際して証判を宿老に申請したもので、文書の奥には次のように、同年五月一日付でそれを承認した旨の執行法眼覚賢以下十四名の衆僧の署判が加えられている。

永仁六年五月一日

在庁権律師道誉（花押）
在庁法眼祐承（花押）
権律師盛承（花押）
権律師良賢（花押）
権律師覚導（花押）
法眼道濟（花押）
法眼頼円（花押）
権少僧都幸増（花押）
法眼定盛（花押）
滝本執行法印幸意（花押）

執行法眼覚賢（花押）

このように、在庁を称する者が日下の二名である点は、その職掌の一つが文書発給に直接関わるものであったことを推測させる。このほか、元弘元年（一三三一）九月二十七日旦那譲状(28)や永和二年（一三七六）二月十五日熊野山衆徒等契約状写(29)にも在庁が見えるが、これらによればその後も那智山の在庁は二名を原則としていたらしい。とくに、末尾に

永和二丙辰年二月十五日
熊野那智山衆徒両在庁　隆　弘判
権律師頼算判
新宮□心（惣カ）神官御中

とある後者の文書は、那智山から新宮宛のもの（おそらく、同じものが本宮にも出されたであろう）で、当時の那智山では、三山相互間の折衝には両在庁がその任にあったらしいことを示している。

本宮については、中世後期における発給文書が管見の範囲で十通ほど伝わっており(30)、これらによって山内機構のうちに在庁を称する者がいたことが知られる。ただし、ここでは「在庁所」「権在庁」という職名で現われ、しかも原則として、惣検校・三昧別当・検校・権検校・正政所・権政所・公文所とともに連署形式で所見されるのが特徴である。一例として、応永二十四年（一四一七）七月二十三日熊野本宮衆徒下知状(31)を引用しておこう。

石見国壇那泰地次郎方与二玉置佐渡守方一相論之事
右旦那者、石見国大田北郷米原季吉当参詣之時、泰地次郎方者米原佐渡守代官忝二願文一出云々、玉置佐渡守方者

彼旦那佐渡守親父行教之支証出帯云々、旦那被ㇾ申様者、行教者佐渡守親父也登白状明鏡也、然間任二先祖之支証一於二米原一門一者玉置佐渡守方向後可ㇾ令二知行一也、仍依二衆議一下知之状如ㇾ件、

応永廿三年丁酉七月廿三日

公文所良泰（ママ）

権在庁所（ママ）（花押）

在庁所光実（花押）

権政所直信（花押）

権政所具賢（花押）

正政所高良（花押）

検校代清賢（花押）

三昧別当長清（花押）

惣検校明慶（花押）

これは石見国の檀那に対する御師職をめぐって、泰地次郎と玉置佐渡守の間に起った相論を衆議によって裁定したものである。本宮の下知状には同様の裁許状が多いが、永和四年（一三七八）八月三日付の下知状写(32)では、勧進尼阿宗の買得寄進した本宮湯峯の田畠を、曲河民部に宛行った内容となっている。いずれにしても、在庁所を含む惣検校以下の職にあった僧が、一山衆徒や管下の御師・先達職を統轄しつつ、彼らの間に起った相論に対しては裁判権をも有する存在であったことがうかがわれるのである。このような組織は師檀関係の拡大や檀那株の物権化といった、当時

の社会状況に対応して成立したものと思われるが、肝心の在庁所固有の職掌となると必らずしも明確ではない。ところが、本宮の場合には永保三年（一〇八三）九月四日熊野別当大衆等申文写[33]の署判の中に、次の如く在庁の存在を確認しうるのであり、その起源が平安期の十一世紀まで遡りうるものであったことが注目に値しよう。

永保三年九月四日　通目代法師
都維那法師
寺主法師
在庁大法師
惣目代大法師
上座大法師
検校大法師
修理別当大法師
別当大法師（長快カ）

つまり、これら二つの異なる時代の文書を対照させてみると、在庁とはもともと、別当・三綱制を中核とした寺院機構の中から派生した僧職であり、それが特定の僧侶ないしは院坊に世襲された結果、中世後期には「在庁所」というような名目のみの形で残存していたものと、一応推定されるのである。

それでは、新宮の場合はどうか。『紀伊続風土記』によると、正応年間（一二八八～九三）の文書に「石垣在庁」、明徳年間（一三九〇～九四）の文書に「石垣在庁宮主貞包」などが見えるとある。[34]今日これらの文書は散佚しているようであるが、建武二年（一三三五）十一月十九日高清・師包文書渡状写[35]に「在广大夫」なる者が見え、文明四年（一四七二）二月二十一日旦那売券[36]に「新宮石垣在广弥三郎」などとあるので、中世を通じて在庁を称する者がいたことは確実である。しかも、石垣氏が世襲していたらしいことは、羽黒山の真田在庁と非常によく似た存在形態であったことを思わせる。新宮の在所が俗名であるのは、そこが当時、神職中心に組織化されていたことと無関係ではなかろうが、前掲『紀伊続風土記』の記載によれば、中世以降の新宮では神官十二家が結番制をとって交替で勤仕していたのに対して、在庁はこれら十二番頭の外に存在したものと言われ[37]、その職掌についてはいまひとつはっきりしない。しかしながら、新宮の在庁もすでに平安期に起源が求められることは、天仁二年（一一〇九）中御門宗忠が熊野参詣した折の記録に「新宮師房鳥居在庁」とあること[38]や、源平内乱期に九条兼実が行命（新宮に居住した十九代別当行範の子で、平氏により熊野別当に補任されていた）[39]の動静を伝え聞いた中に、「志賀在庁」と見えることなど[40]から明らかである。

以上のように、主として中世の熊野三山関係の発給文書の中で、「在庁」の所見されるものを検討してみると、衆徒（もしくは神官）集団内部での職掌や機能の点では不明確な事例が少なくないものの、その成立が平安期にあったことだけは、本宮・新宮の例から疑いないところと言える。従って、中世以降の史料からうかがわれる在庁の存在形態が三山まちまちで、統一性を見出しがたいのもその点に起因していると考えられ、これまで挙げてきたような例は、本来の在庁がかなり形骸化したのちの姿に過ぎないものとみなすべきであるように思われる。逆に、成立当初の在庁は、いずれもある共通の職掌や機能を有していたことが推測されるのである。その意味で、熊野三山の在庁の初見史料である、前引の永保三年（一〇八三）の熊野本宮別当大衆等中文写に見える署判は、在庁が平安期以来、寺院機構の中心であった別当・三綱に匹敵する存在であったことを示すものとして重要であるが、『熊野別当系図』[41]によっても

図1　熊野山の別当と在庁

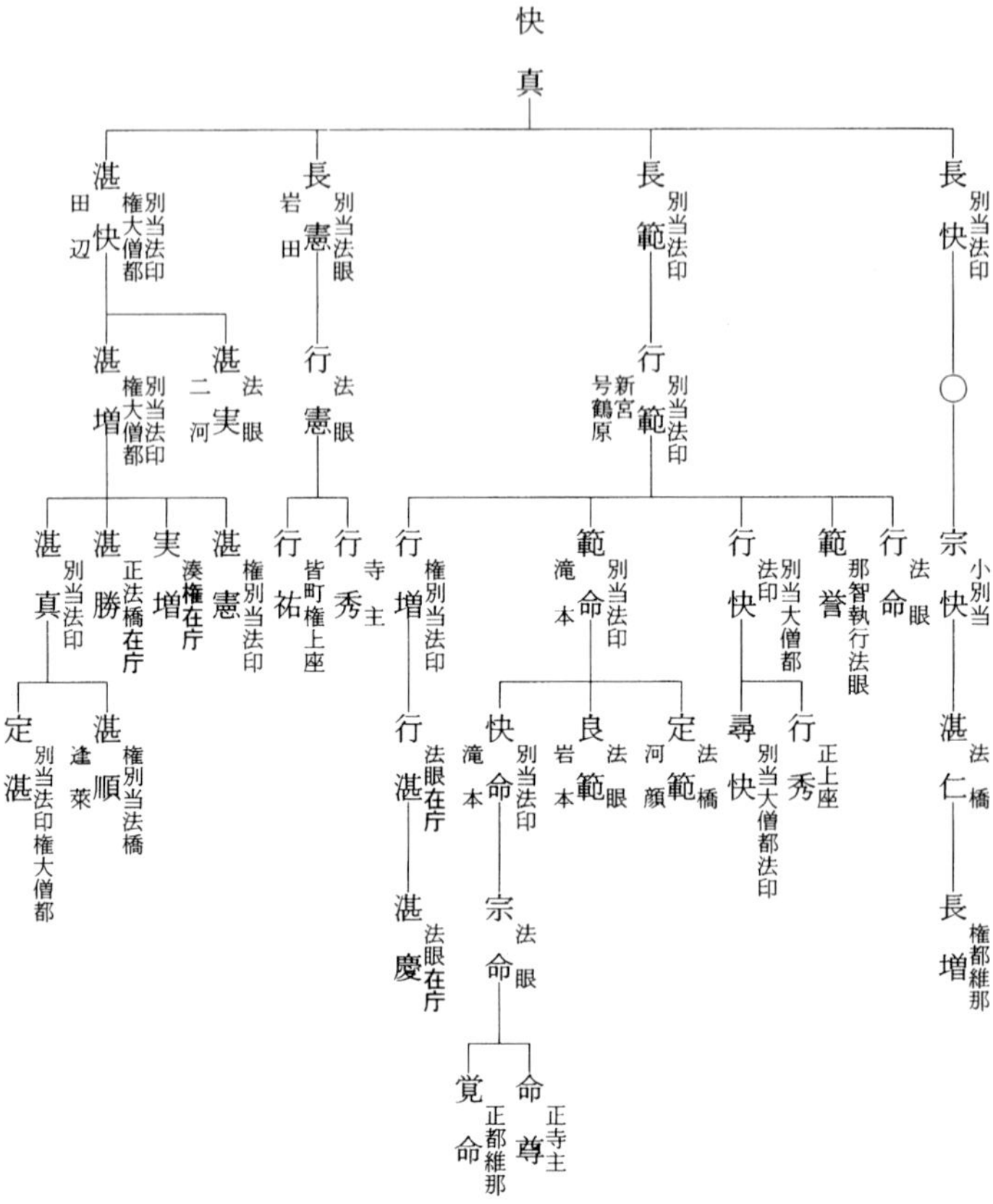

〔注〕　熊野別当の世系には諸本によってかなり異なるが、ここでは在庁の記事のある続群書類従本『熊野別当系図』によった。

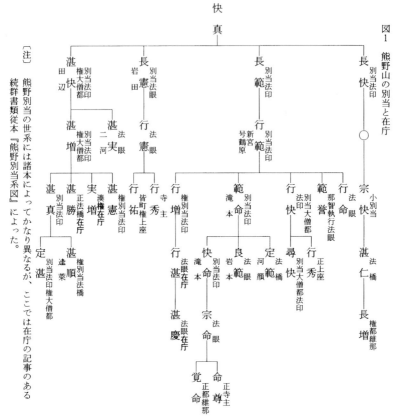

同様のことがうかがわれる。すなわち、この系図の各僧名の下に記載された割注によると、別当・権別当・小別当・三綱などに混って在庁・権在庁が見えるのであり（図1参照）、やはり在庁が別当・三綱制と密接な関わりを持ちつつ成立した僧職であったことが示唆されるのである。

このようにみてくると、最初に紹介した羽黒山の真田在庁というのも、中世後期における新宮の石垣在庁や本宮の在庁所などの存在形態と極めて類似していることから考えて、おそらくかつて出羽神社の神宮寺として重きをなしたとされる、寂光寺(42)の別当・三綱制の中から派生した僧職としての在庁が、修験組織の確立などに伴って別当・三綱制が変質・消滅したのち(43)も、遺制として羽黒山の一山組織の中に名称のみをとどめていたものと推定されよう。従ってまた、これまで主として民俗学の方面から、在庁が修験組織特有のものと考えられてきたの(44)は再検討を要するのであって、本来的には後述のように、中央の一般寺院にも広く存在した在庁と同一起源を有する、寺院機構の一つであったとみなくてはならないことになるのである。

第二節　在庁固有の機能を求めて

熊野三山の在庁の分析によって、いわゆる寺院在庁の起源が幾分かはっきりしてきたが、本節では前掲表5の(A)、つまり山岳系寺院のうちの残された加賀白山寺・美濃長滝寺・越前大谷寺・大和金峯山寺の場合についても、熊野三山や羽黒山のそれと同様に、別当・三綱制の変質過程で成立した当初の在庁が、さらに形骸化した段階のものであった点を跡付けてみたい。ついで、本来の在庁の職掌を示唆する特異な機能を、中世においても伝えていた石清水八幡宮寺の場合を取り上げて、若干の検討を加えることにする。

1　美濃長滝寺と加賀白山寺

まず、いわゆる白山の三馬場のうち、在庁の存在が知られるのは、加賀馬場の白山寺と美濃馬場の長滝寺である。この二つの寺院は、中世においては荘厳講（法華八講）を一山の中心行事としていたことで共通性を有していたが[45]、現存史料から知りうる在庁の存在形態は、全く対照的であると言ってよい。長滝寺の在庁（ここでは惣在庁と、その下に複数の在庁の存在が確認できる）は、この荘厳講の講衆の一員として月番頭役を勤めることがあったほか[46]、とくに惣在庁の場合には、衆議を寺内に伝達したり[47]、武家との渉外にもあたるなど[48]、中世・近世を通じて寺院機構の中で一定の地位を占めていたことが知られる[49]。それに対して、白山寺の場合には政所機構（厳密には、白山宮政所と白山寺家政所の二つから構成されていた）からは全く除外されていたばかりでなく、史料的に見ても極めて影の薄い存在であった。例えば、『三宮古記』[50]に「在庁畠八幡村在レ之」、『白山宮荘厳講中記録』[51]の白山本宮臨時祭次第事に「白山所司三綱渡事　三綱当宮在庁禅実房……」とあるぐらいである。このように、同じく白山衆徒の寺院でありながら、両寺の在庁の機能には類似性を見出しがたいことから、ことに加賀白山寺の在庁は中世後期以降の熊野三山のそれと同様に、変質を遂げたのちのものであるとみなしうるのである。以下では、行論の都合上、この白山寺の在庁の性格についてやや詳しく考察しておこう。

最近、旧来の民俗学的な白山信仰の研究[52]とは異なった、新しい立場からの中世加賀白山宮（寺）に関する研究成果が、浅香年木[53]・黒田俊雄[54]・竹森靖[55]等の諸氏によって相次いで公にされている。この中で、在庁の存在にまで目配りして論じられているのは黒田俊雄氏のみであるが、そこには次のような興味深い指摘がある。

寺官とみられるものには、その他に在庁・執当・通目代などがあった。安貞二年（一二二八）四月の「白山本宮臨時祭次第」には所司・三綱渡を勤仕した者として、白山宮については三綱―禅実房当宮在庁、所司―如教通目代、金剣宮について三綱―玄義房、所司―千乗通目代、岩本宮について三綱―勝寂房執当、所司―一人とあり、さらに各社それぞれに神官渡人二名の名があげられている。しかし『三宮記《ママ》』には「在庁畠八幡村在之」「執当得分」「執当善喜法橋」などという記載があるから、右の三綱・所司などはここでは祭礼の役名で、在庁・執当・通目代が日常の職名であろう。『三宮記』に承仕の免田五段の傍注に「此免田、現立用三段之内、二段者執当得分、一段者在庁□」という記載がみられるが、このような給田の流用が可能であったところからみれば、執当・在庁は承仕と似た職種であったらしい。

ここで重要なのは、白山寺の在庁が承仕と似た寺内の雑用役であったという点と、祭礼の時には三綱・所司などの役名についているという点である。後者の点について、黒田氏はその理由を述べられていないが、一般に仏神事などには古い形態が残されていることからすれば、当初の在庁が三綱制と密接な関係を有していたことが推定できるのであり、さらに憶測すれば、こうした在庁の機能がかつての三綱の職務に由来するものであった可能性が強い。ところが、白山寺には当時これとは別に、実質を伴った三綱が存在していた。つまり、中世の白山寺家政所を構成していたのは、修理別当（執当ともいう）および上座・寺主・都維那であったのである。[56]この修理別当とは、むろん白山寺の長官である白山別当（これは当時、延暦寺僧が任命されており現地にはいない）とは異なるものであるし、すでに指摘されているように、[57]修理別当と三綱からなる政所機構というのも本寺である延暦寺のそれを模倣したものに過ぎないから、白山寺では十二世紀半端に延暦寺の末寺化したのち[58]、三綱組織も新たに編成し直されたのではないかとみられる。とすれば、本来の白山寺の別当・三綱制が変質しつつあった時期に在庁が成立し、ついで政所機構の再編によって新たな三綱が設けられた結果、旧「三綱」の系譜を引く在庁の地位が急激に低下し、中世には祭礼や儀式に際してのみ、かつての姿をとどめていたのではないかと推測されるのである。こうした旧来の別当・三綱制の解体後にその地位が低落し、本来の機能を遺制として神事の中にだけ伝えているという形態は、石清水八幡宮寺の在庁を考察する際に有益な手がかりを与えるものとなろう。

2　越前越知山大谷寺

越知山文書における在庁の初見は、延慶二年（一三〇九）四月日八乙女神人補任状[59]である。

大谷寺

補任　八乙女神人事

橘氏女

右、以㆓彼人㆒所㆑補㆓神人八乙女等㆒、宜㆓承知㆒敢以勿㆓違失㆒、依㆓大衆僉議㆒、所㆓補任㆒之状如㆑件、

延慶二年四月　日　　公文在庁法師

院主伝灯大法師

このように、日下の位置に院主伝灯大法師とともに公文在庁法師と見えるのを特徴とするが、正応四年（一二九一）三月日神人補任状[60]の日下にも「公文所」とあるので、すでにこれ以前に公文所の構成員の中に在庁が成立していた可

能性がある。中世、ことに鎌倉後期以降の大谷寺の寺院機構は、院主・公文在庁のほかに執当別当・大勧進・少勧進・小白山別当・惣公文などをもって構成されており、(61)美濃長滝寺や加賀白山寺とよく似た組織を発達させていたことが知られるが、長官としての別当や三綱などの役職名は全く見出すことができない。この寺も、むろん当初は別当・三綱制が設けられていたであろうが、加賀白山寺等と同様に、鎌倉時代以降延暦寺の末寺化した(62)ことや、その一方で早い段階に修験寺院化した（大谷寺はのちに「越知山修験」の本拠とされる）ことなどが、別当・三綱を中核とする寺院機構を消滅させた一因であったかと思われる。

ただ、公文所というのは一般に別当を中心とする政所の実態がなくなったのちに、その機能を受けついだものと考えられるから、(63)在庁がそこに所属していたことはかつての別当・三綱制との関連を示唆するものであるし、発給文書の日下に署判することも、熊野那智山などの例とほぼ同一の機能とみてよく、やはり在庁の成立事情の共通性をものがたるものである。

3　大和吉野金峯山寺

この寺も、のちに真言宗系の当山派修験の本拠とされたために、ややもするとその寺史は修験道一色で語られがちであるが、次に引く永治二年（一一四二）二月十五日金峯山寺牒(64)の署判を見れば、本来の寺院機構は別当・三綱を中心としていた点で南都寺院の場合と何ら相違がなかったことが明らかであり、在庁(65)がそうした別当・三綱制の中から成立したものであることが併せて理解できよう。

永治二年二月十五日

都維那法師 浄 命
寺主大法師（花押）
上座大法師（花押）
在庁大法師（花押）
小別当大法師（花押）

しかも、興味深いのはここに別当の位署が所見されないことである。その替わりに小別当の署判があるが、小別当とは通例は別当の代官的存在であることを想起すれば、当時金峯山寺には長官たる別当僧は常住していなかったことが推測されるのであり、その意味でも在庁の性格を知る好個の史料と言うべきであろう。在庁の成立事情が、このような寺家における長官（別当）の不在化と密接な関係を有していたことは、後節で法隆寺の場合を検討する際に言及するはずである。

以上、長滝寺・白山寺・大谷寺・金峯山寺などについて考察した結果、通例修験系とか山岳系とされるような寺院に存在した在庁も、起源的にはかつての寺院別当制と深く関わっていたことがうかがわれるのであり、それらの成立をめぐる問題は、一般の寺院と同一の視点から論じなければならないことを示していると言えるだろう。そこで手初めに、本来の在庁としての地位・職掌が著しく変化しつつも、なお神事の中に当初の機能を残存させていたとみられる、石清水八幡宮寺の在庁を取り挙げてみたい。

4　石清水八幡宮寺の在庁

現存史料での初見は建久八年（一一九七）正月日石清水八幡宮寺公文所下文案[68]で、これには末尾に

建久八年正月　日

堂　達　法　師在判
権在庁法師《ママ》
権寺主法師在判
権寺主法師在判
上座法橋上人位在判

とあるように、三綱と並んで権在庁と堂達法師が署判しており、当初は在庁が公文所の構成員であったことを示している。公文所というのは、前にも触れたように政所の後身と考えられているものである。ところが、建仁三年（一二〇三）八月日公文所下文[69]（建部清重の禰寝南俣院地頭職を安堵した大隅正八幡宮宛のもの）や建保三年（一二一五）八月二十四日公文所下文[70]（本所の下知なく荘官神人らが守護人に駈具されることを禁じた紀伊隅田荘宛のもの）など、これ以後の石清水八幡宮寺公文所下文には在庁・堂達の署判が所見されなくなる。それに呼応するかのように、正応二年（一二八九）七月十五日石清水八幡宮寺達所差定案[71]によると、その構成員は次の如く、基本的には在庁・権在庁および堂達の任にあった僧侶のみによって占められるようになっていた。

正応二年七月十五日

堂　達　法　師判
――　　同

――――同
権在庁法師同
――同
――同
――同
――同
――同
在庁法師同
兼官権寺主兼少別当法眼和尚位判

「達所」は堂達所の略かと思われるが、堂達とはふつう法会などの際に唄師・散華などの下にあって、諸雑事に従事する下級の役僧のことである。この達所差定案の内容は、明年七月十五日に執行される菩薩戒会の頭人や預を、祠官のほか宮寺領の荘園住民や別宮神人に充て課したものであるところから、堂達の職務としては矛盾はない。かつて公文所に属していた在庁は、このように鎌倉後期には堂達所に配属され、堂達の上に立ちつつも、彼らとほぼ同一の職務に従事するに至っていたことを示すものと言ってよいだろう。このほか、文明三年（一四七一）十一月二十七日在庁能宗御菜田売券[72]によると、在庁能宗なる僧が紺座の執行を兼ねているところから、在地の分業流通機構にも関与していたことが知られるが、その反面、寺内では五月五日の節会に行事を担当したり[73]、武家社参に際しては境内の掃除役を申し付けられる[74]など、その職務は承仕とほとんど同様と言ってよいものであった。以上のように、石清水八幡宮寺の在庁も、かつて三綱に匹敵する地位を有していたものが、鎌倉初期を境にその地位が低下して、ついには寺内の雑事を行なう下級僧侶にまで転落していたことを、ある程度たどることができるのである。

ところが、当寺の在庁の場合、特定の儀式の際には鎌倉期においても重要な機能を有していたことが知られ、これが在庁本来の職掌、ないしはその成立事情を示唆するものとして、加賀白山寺の事例とともに注目される。それは、例えば正月三日の政始に見られる次のような役割である。(75)

次三綱所司申レ祝、次公文所目代持二吉書一、取二惣官幷祠官判行(マヽ)一、次公文所目代召二在庁一給二吉書一、令レ取二三綱幷俗別当神主等判行(マヽ)一

こうした、いわゆる吉書の儀式において、三綱・俗別当・神主等の座席を巡ってその判形を取る役が、在庁の本来の職務の一端と関連あると推定されるのは、次節で紹介する法隆寺の在庁のそれと酷似しているからにほかならない。中世の法隆寺に存在した在庁の性格を分析することにより、吉書の歴史的意義や、それと密接に関わる在庁の成立事情が次第に明らかになってくるはずである。

第三節　別当・三綱制と在庁の関係——法隆寺の例を中心として——

かくして、いよいよ法隆寺の在庁を検討する段階となった。寺院在庁については、管見の範囲で鎌倉期の法隆寺の場合が最も史料的に恵まれており、しかもこれが成立時における在庁の本来的機能を垣間見ることを可能にさせる唯一の例かと思われる。このための好個の史料は、何と言っても『法隆寺別当次第』であろう。そこにおける在庁の初

出は、貞応二年（一二二三）に補任された四十四代別当範信大僧都の項に、次のように見えるものである。

範信大僧都治四年興福寺東院　小別当　南戒壇善光房斐芸　貞応二年癸未三月四日任之、

同八日印鎰　在庁行実　公文実玄

同四月廿二日鐘木懸　延年在レ之、

同十月廿五日拝堂　依二持明院御入滅一延年無レ之、（以下略）

この記事は極めて簡略で、一見しただけでは意味が取りにくいが、他の記録と照合させてみると、興福寺東院の範信大僧都が法隆寺別当に補任されてから下向して拝堂を遂げるまでの間に、寺家僧が勤仕した行事を日付を追って記した部分であることがわかる。このように、『法隆寺別当次第』の記事を理解する上で手助けとなるのが『法隆寺別当補任寺役次第』であるが、在庁の考察に入る前に、本章で頻繁に用いるこうした記録類の解題をしておく必要があろう。

今日伝わる法隆寺別当補任に関する記録としては、(a)『法隆寺別当次第』のほか、記事を簡略にした、(b)異本『法隆寺別当次第』、および寺家僧侶の勤仕する内容を記した(c)『法隆寺別当補任寺役次第』の三本があり、これらは現在合綴されていて外題を『別当記』[76]としている。本章で典拠とするのは(a)と(c)であるが、以下では前者を『別当次第』、後者を『寺役次第』と略称することとする。『別当次第』は承和年中（八三四〜四九）に任じられたという延鳳大徳に始まり、永正十五年（一五一八）の晃円上人までの七十九代に及ぶ別当の補任と、その任中の記事からなっている。代々の別当のうち、十四代忠教大威儀師（寛和元年（九八五）任）までは、主として補任の年月日・任期・出身寺院を記すのみであり、七十代頼乗僧正（応安三年（一三七〇）任）以降再び簡略になるが、その他の部分は惣じて豊富な記事の書き込みがある。一部に錯簡がないでもないが(77)、拠るところは寺家三綱の日記が多いと推定され、平安中期から鎌倉期を通じての良好な史料と言いうるのである。一方の『寺役次第』は、新任別当の拝堂に際して寺家僧の勤仕すべき次第を諸書から摘記したもので、いわば備忘録の役割を果したものの如くである。『別当次第』を理解するには不可欠であるし、別当や寺僧の日記など今日では逸書となった記録を多く引用しているので、その点でも貴重な史料と言うべきものである。

さて、在庁の初見は上述のように貞応二年(一二二三)としたが、別当の吉書拝堂の記事は、すでに天仁二年(一一〇九)補任の三十二代経尋の条から見えている。その冒頭部分を引くと、

経尋律師 後法印大僧都 治廿一年興福寺黄薗 印鎰京白河御房持参 天仁二年己丑十一月晦夜任之 上座慶元一重公文寺主長好単衣

とあるが、この記事のみでは上座慶元が在庁と称したかどうかは明確ではない。しかし、『寺役次第』に見える

在庁上座袍裳平袈裟公文寺主袍裳平袈裟中綱二人法服白裳白五帖 一臈二臈役

といった記事(78)、あるいは『別当次第』覚遍法師(寛喜三年(一二三一)任)条に、

在庁上座実玄、公文寺主長春

とある記事などと比較してみると、寺家三綱のうち上座が在庁、寺主が公文なる役を勤めていたらしいことが知られるのである。この点をさらに詳しく検討するために、『別当次第』の経尋律師(天仁二年(一一〇九)任)から懐雅法印(文和元年(一三五二)任)までの、各別当補任の条の冒頭部分に記載される、二名の僧侶の一覧表を作成してみると表6のようになる。これによれば、慶元・長暹・覚秀の三人の上座も在庁なる役職を勤めていたことはほぼ疑いないところ

表6　法隆寺の別当・在庁・公文一覧

補任年代	別当(長官)	在庁	公文
(これ以前は印鑰授領等の記事を欠く)			
天仁2年(1109)	経尋律師	上座慶元	寺主長好
天承2年(1132)	覚誉律師	上座長暹	寺主慶世
永治元年(1141)	覚晴律師	上座長暹	寺主慶世
久安4年(1148)	信慶律師	上座長暹	寺主慶世
久寿2年(1155)	覚長法橋	大門上座覚秀	辻上座慶世
安元2年(1176)	賀宝僧都		上座厳与
治承4年(1180)	恵範法眼		上座厳与
(この間5代の別当、在庁・公文の記事を欠く)			
貞応2年(1223)	範信大僧都	行実	実玄
嘉禄3年(1227)	範円僧正		
寛喜3年(1231)	覚遍法印	上座実玄	寺主長春
建長7年(1255)	尊海法印	上座順円	寺主明算
正元元年(1259)	良盛僧正	上座順円	権寺主貞円
弘長2年(1262)	頼円法印	上座明算	寺主貞円
文永3年(1266)	玄雅法印	上座明算	上座長春
弘安6年(1283)	乗範法印		寺主良玄
弘安7年(1284)	実懐法印		
正応2年(1289)	印寛僧正		良玄
永仁3年(1295)	性誉僧正		湛実
永仁6年(1298)	公寿僧都		
嘉元2年(1304)	宗親法印	法橋良玄	覚実
(この間3代の別当、在庁・公文の記事を欠く)			
文保2年(1318)	良寛法印	法橋良玄	覚重
(この間4代の別当、在庁・公文の記事を欠く)			
建武2年(1335)	能寛僧正		寺主覚延
康永3年(1344)	良暁僧正	法橋栄諶	寺主覚延
貞和元年(1345)	範守法印	法橋慶縁	寺主覚延
貞和3年(1347)	覚懐法印	法橋慶縁	寺主覚延
文和元年(1352)	懐雅法印	法橋慶縁	寺主覚延
(以後、在庁・公文の記事なし)			

で、しかも在庁および公文に該当する僧名の記載を欠く三十一代別当定真大僧都（康和三年（一一〇一）任）以前に、その起源は遡りうるとみてよい。また、慶世などのように上座が公文を勤めた例もあるが、この場合はそもそも上座が同時に二名も存在していたことが、法隆寺としては異例のことであり[79]、原則的には在庁は上座が、公文は寺主が勤めていたと言ってよかろうと思う。つまり、在庁とは別当補任の宣下があった直後から、着任（拝堂）までの一連の儀式において、原則として寺家三綱の筆頭である上座が勤仕した役であり、このとき同時に寺主が公文を、一﨟・二﨟が中綱の役を勤仕したことがわかるのである。のちになると、在庁が別当によって補任されたことを示す史料もあ

るが、もともとは僧職名というより、このように一種の役柄を指す名辞であったと考えられる。法隆寺の場合、通常は寺内で「在庁」と名乗っている形跡がない[81]ことも、その点を示唆するものであろう。

次に、これらの在庁・公文および中綱たる名において勤仕する寺役のうち、主要なものを『寺役次第』に拠りながら、順を追って要約してみたい。

①別当宣下があると、その直後の吉日をもって新任別当のもとから前使が派遣され、法隆寺にその旨が伝えられる。寺家側ではこれを前使式と呼んで、初日は公文、二日目は在庁、三日目は残りの三綱というように、三日間にわたって酒宴を催す。[82]前使に続いて、小別当・目代・定使なども次々と補任される。

②前使下向によって別当宣下が伝えられると、在庁・公文・中綱および仕丁が印鑰箱を新任別当の院家に持参して、初任吉書が行なわれる。これが印鑰式あるいは印鑰御対面式とも呼ばれるもので、新任別当が印鑰を受領することを意味した。先に引用した『別当次第』の記事で、各別当条の冒頭部分に見える「印鑰」とか「印鑰持参」とは、この行事を指すわけである。なお、ここでは在庁が酒肴の饗応を受ける。

③続いて別当が法隆寺に下向して拝堂の儀を遂げるのであるが、これは補任後百日以内に行なわれるのが慣例であった。[83]ちなみに、小別当が設けられたのちは、その補任後三十日以内にまず小別当拝堂を済ます。拝堂の儀とは文字通り、南大門から始めて聖霊院までの諸堂を再拝して巡るものである。大別当（小別当に対して、別当をとくにこう呼ぶことがある）の拝堂に続いて別当坊で行なわれる吉書の儀をもって、新任別当着任に祭してのすべての儀式が終了する。

この間の一切の指揮をとるのが在庁と公文であるが、その職務は吉書に儀において最も顕著に示されている。その一部を『寺役次第』から引用しておこう。

小別当下《ハ》地下《ニ》向《リフ》、印鎰箱取事、先中綱《ノ》二﨟取《テ》一﨟渡《ヘ》、次公文取《テ》在庁渡《ヘ》、次小別当取《テ》大別當御前置再拝《アリ》、在庁一拝配座《シテ》著《ニス》、中綱仕丁別所《ハ》在《ニ》之、印鎰箱《ヲ》小別当開《テ》吉書取《テ》大別当奉《ニル》、侍役《ノ》也、披見之後ヤカテ取《テ》箱《ニ》納《テ》在庁渡《ニス》、次公文取《テ》箱開《ヲテ》吉書《ヲ》取出《テ》本吉書《ニシテ》書《ヲク》、若公文筆師不足《ハ》寺《ヨリ》書持《テ》書様《クニス》、次箱蓋《ノニ》猪毛《ノヲ》敷《テ》吉書ヲヒロケテ置《ク》、鏟尺《テツシャク》ヲモシ《ニ》署公文《テ》押手《ヲシテ》、如本《ヲス》、次吉書侍取《ヲテ》大別当奉《ニル》、御判《アリ》、次小別当奉《ニル》、次公文渡《ニス》、公文取箱納《テニ》、次公文符紙切《ヲル》、侍取《テ》小別（ママ）大別当之封申給《ヲテ》公文渡《ニス》、公文取箱付《テニ》、次公文在庁一﨟封《ノヲハ》寺付《ニテ》

ここに寺家側の僧侶を代表して、吉書作成の座に臨んでいる在庁の姿を見出すことができるが、その際の印鎰箱の操作などは、前述した石清水八幡宮寺の在庁の役割と、非常に似かよっていることは直ちに気づかれるところである。

それでは、当時のこうした別当拝堂の儀、とくにその中心となる印鎰授領と吉書請印はどのような歴史的意義を有するものであったろうか。その点を解明するには、古代から中世への寺院機構の変遷を跡づけることが必須の作業である。豊富な文書が残存する東大寺を例にとると、十世紀頃から別当・三綱を中核とする政所機構が整備されるが、十二世紀に入ると別当と三綱が乖離し、政所は別当個人を指すものとなり、それに伴って別当・三綱の署判を有する政所下文が消滅することが明らかにされている。(84)遺憾ながら、法隆寺の場合には政所発給文書をほとんど伝えていないのであるが、(85)その他の南都諸寺院とともに、ほぼこれと同じような経過をたどったであろうことは推測に難くない。とすれば、『別当次第』に「在庁」のことが初見され、かつ拝堂の記事が詳細に記されるようになる十二世紀初頭は、それまで寺家政所を構成していた別当と三綱の分離が明確になった時期にあたっているわけである。(86)この点からすれば、別当の拝堂とは、実は別当の「着任」が儀式化したものにほかならず、その際の印鎰授領や吉書請印の儀

は、かつての別当・三綱による政所行政の名残りと言ってもよいものであろう。そのことは、作成された吉書が「返抄」であった点にも明瞭に示されているように思われる。次に掲げる吉書[87]は康暦元年（一三七九）の日付があり、やや時代は下るとは言え、吉書の性格[88]からして、これと同じ文言が代々踏襲されていた[89]とみられるのである。

法隆寺
検納　御地子拾万斛事
右任㆓当年所当㆒所㆑納如㆑件、
康暦元年七月十三日
別当権少僧都大和尚位（花押）
小別当権律師和尚位（花押）
在庁法橋□□
公文法橋□□　（鵤寺倉印五顆アリ）

前章で熊野那智山や越知山大谷寺の在庁の機能の一つとして、文書発給に関与することがあったのではないかという点を指摘したが、これも右のような考察結果から理解できるのである。このように法隆寺の在庁は、寺院在庁一般の成立事情を推測させるだけでなく、寺院機構におけるその固有の役割についても語ってくれる好例と言ってよい。
ところで、寺院在庁が存在したのは、これまで挙げてきたように修験系寺院――これは大部分は地方寺院と言うことができる――が圧倒的に多いのだが、畿内近国のいわば南都系寺院の例としては、法隆寺以外に山城広隆寺・摂津四天王寺などがある。広隆寺については、永仁三年（一二九五）後二月日付の広隆寺田券紛失状[90]の署判に

永仁三年乙未後二月　日

　　　　　　　　惣公文勾当快俊（花神）

執行検校権律師（花押）　　都維那法師（花押）

執当検校権少僧都（花押）　寺主大法師（花押）

在庁検校権少僧都（花押）　上座大法師（花押）

とあるものや、また正和弐年（一三一三）十一月十日付の広隆寺領畠充行状[91]の署判に

正和弐年十一月十日

　　　　　　　　都維那（花押）

　　　　　　　　寺　主（花押）

　　　　　　　　上　座（花押）

在庁権律師（花押）

と見えるのがそれである。法隆寺の在庁の存在形態が、中世にはすでに、多分に儀式化してしまっている面が濃厚であったのに対し、広隆寺の場合は鎌倉期においてもまだ、別当不在の寺家政所において、寺僧の筆頭的地位に立って寺院運営にあたっていたことが知られよう。しかも、在庁という役職の僧侶が三綱とは別に存在して、三綱を指揮下に置いていたことが右の署判によってうかがわれるから、上座が「在庁」役を勤めていた法隆寺の場合とは明らかに異なっている。これは、平安期に見られた金峯山寺や熊野本宮の在庁と同様の性格を有するものと思われ、本来の在庁には厳密に言うと、以上のような二形態のあったことが畿内寺院の例でも確かめられるのである。なお、寛延三年（一七五〇）の『大覚寺譜[92]』所載の広隆寺の項を見ると、

太秦広隆寺與仁和寺両寺務

・寺務家　供僧 惣持院　同 福生院　同 真珠院

在庁 等覚院　執行 十輪院　供僧 最勝院

同 勝鬘院　在庁 自性院　供僧 密厳院

のように、等覚院と自性院に「在庁」の注記がある。これは近世初期までには、広隆寺内の特定の院坊に在庁の職務が世襲されていたことを示しており、この段階の在庁は羽黒山の「真田在庁」、熊野新宮の「石垣在庁」、熊野本宮の室町期における「在庁所」などの存在形態と、ほとんど変わるところがないと言ってさしつかえないだろう。

次に摂津四天王寺については、貞享二年（一六六五）釈寂門の編にかかる『年中法事記』[93]を見ると、年間に催される各々の法要の記事に「出仕役人」として、例えば

衆徒　三綱　在庁　堂司　堂仕　聖　楽人　沙汰人

などと記されている。近世には寺僧内の固定した身分呼称のようになっているが、これによって、かつての寺院機構における在庁の存在を想定することは十分に可能である。四天王寺には中世の文書や記録がほとんど伝えられていないのだが、一般に寺院在庁の存在が知られる例が限られているのも、一つにはこのような史料の制約によるところが大きいように思われる。祇園感神院（観慶寺。現、八坂神社）の場合も、史料的には『社家記録』正平七年（一三五二）二月二十九日条[94]に「非在庁壱岐房玄応権大別当因幡阿闍梨玄親真弟来申云……」などとあるのが、ほとんど唯一の関連史料であるが[95]、「非在庁」とある以上は、「在庁」役を勤仕した僧がいたことは疑いない。これは石清水八幡宮の場合と同様に、今日では全く神社化してはいるが、当時は神仏習合の度合が強く僧団組織の実権下にあったような「寺院」にも、在庁が成

立していたことを示す例と言える。ただ一つ性格不明なのは、建治三年（一二七七）六月十八日付の僧宗弁寄進状(96)に、

（端裏書）
「施無畏寺在庁講庁重書」

奉㆓　寄進㆒施無畏寺在庁講庁事

合四箇村者多　栖原　吉河　長山

右、件在庁講庁職、奉㆑寄㆓進施無畏寺観音㆒之処、実正也、於㆘背㆓此旨㆒輩㆖者、可㆑為㆓罪「科」過㆒者也、仍為㆓後日㆒之状如㆑件、

建治参年六月十八日　　僧宗弁（花押）

とある、紀伊施無畏寺の在庁である。文面からは「在庁」が「講庁」と対応する名辞であると思われることや、施無畏寺そのものが鎌倉期になって明恵に帰依した湯浅氏一族の創建した寺で、古代寺院の別当制とは直接の関わりが見出しえない点からして、これまで挙げてきた寺院在庁と同一視することにはやや無理があろう。

結局のところ、先に掲げた表5の中で便宜的に(A)(B)(C)(D)に分類した寺院のうち、(D)を除いた前三者に属する在庁は、「寺院在庁」として一括できる性格のものと言える。すなわち、第二節と第三節の検討を通じて、仮に修験系山岳寺院と規定しておいた寺院の組織に顕著に見られる在庁も、法隆寺や広隆寺のような南都系寺院の在庁も、起源的には同一のものであって、それは寺院の統轄者たる別当の任地での不在化と密接な関係のあったことが、ほぼ明らかになったと思われる。ところで、こうした寺院在庁の性格や成立事情については、国衙在庁の場合と極めて似かよった点のあることが、これまでの検討でも浮かび上っているが、次節で改めてその問題を考察することにより、日本の寺院に在庁が成立したことの歴史的意義を鮮明にしてみたい。

第四節　寺院在庁と国衙在庁の関係

ここで最初に取り挙げておきたいのは、寺院と国衙の双方に見られる吉書請印の儀式の関連性である。もちろん、吉書請印というのは、公家・武家あるいは寺社の別を問わず、平安期から中世を通じて正月や代替り等の政始に広く行なわれた恒例行事と言ってよいのだが、とくに前節で法隆寺を例に検討したような寺院別当の拝堂の際の吉書と、国司着任の際に国衙で行なわれたそれとは、極めて類似性を有していたことが注目されるのである。国衙におけるそうした請印の模様を詳しく知ることのできるのは、何と言っても『朝野群載』所引の国務条々四十二カ条事書(97)のうち、次のような「尋常庁事例儀式事」の一条であろう。

一、尋常庁事例儀式事

長官著座之後、庶官著訖、但出入之時、各有二例道一、鎰取御鎰置二案上一、申云、御鎰進上申寸、長官无レ答、次又鎰取申下開二鎰封一由上、其詞云、御鎰封開、長官喚二史生一、々々動座称唯、長官命云、令レ出レ印与称唯罷出、其後鎰取以二印櫃一居二印鎰盤之外一上下随レ使又有二国例一即申下開二印封一之由上、其詞云、印乃封開久長官命云、捺レ印其詞云佐世鎰取称唯、一々捺レ之、尋常之儀、大略如レ此、納レ印之時、其儀亦同、

もっとも、この時点ではまだ、実際の文書発給の手順という面も多分に残しているのであるが、承徳三年（一〇九九）に平時範が任国の因幡に下向した時の記録(98)になると、そこでは全く儀式化した「初任国務」の姿を呈している。「吉書」という名辞もすでにここには登場している。これらの記録からうかがわれる国司の着任に際して行なわれた吉書

請印が、前節で検討した別当拝堂におけるそれとほぼ同様の作法で執行されており、ことに印櫃（法隆寺では「印鑰箱」と呼ばれていた）を操作する鑰取の役割と、法隆寺の「寺院在庁」の機能が全く同一であることは看過できない。しかも、この鑰取が後述のように国衙在庁の職務の一つとみられるから、なおさらである。また、古書請印の儀が神事化したいわゆる印鑰神事が、寺院と国衙とに後世まで残存していたことについてはかつて指摘したところであるが、法隆寺で見られた別当の前使に対する三日間の饗宴というのも、国司下着の際に任国で催された「三日厨」[100]と同様ののではないかと思われる。私は、平安末期以降の寺院と国衙に儀式の上で立ち現われてくるこうした類似性は、単に一方が他方に影響を与えたといった体のものではなく、古代律令制下における寺院制度と国司制度とがほぼ同様に展開したためであり、僧伽本来のものとは思われない「在庁」なる職掌ないしは僧職が寺院機構に出現したのも、そのことに由来すると考える。つまり、「寺院在庁」も「国衙在庁」も同一の起源・語源に基づくものと推定するのであるが、以下この点をさらに検討してみよう。

日本における仏教受容の特徴としてしばしば指摘されることは、僧尼は在家の制定した国家公務員法ともいうべき僧尼令に規定された、いわば国家仏教担当の特殊な地位の官人であるという点である。このことは同時に、律令制下の寺院が国家機構の中に位置づけられたことを意味している。つまり、当時の寺院は基本的には官衙として機能していたとみることができるが、次のような点はこうした性格を如実に示すものである。

(1)　寺院には他の官衙と同様に官印が頒布されていた。[101]

(2)　寺院の発給文書は当初、官省や国衙と同様に符・牒の形式を用いていた。[102]

(3)　解由制度が寺院の別当・三綱にも適用されていた。

このうち、寺院在庁の成立を考える際に甚だ示唆的なのは、第三の点であろう。従来の国司制度の研究によると、九世紀初頭にそれまでの四等官連座制が崩れて受領国司（長官）に権力が集中し、任用国司が次第に国務から疎外されていく傾向を生じて、ここに大きな転換を迎えることが知られている(103)。この長官と任用の区別が、貞観十二年（八七〇）には諸寺にも適用される(104)のであって、この規定は『延喜式』(105)および『延喜交替式』(106)に

凡諸寺以二別当一為二長官一、以二三綱一為二任用一、解由与不勘知幷覚挙遺漏、及依レ理不レ尽返却等之程一同二京官一、其与不之状、令二綱所押署一、

として定着するのである。平安初期にことさら「任用」が「受領（長官）」と対比して用いられるようになる(107)のは、延暦期以降、国司対策の一環として国司交替の監察、つまり解由制度が強化された(108)ことと密接な関連を有するものであるが、諸寺の別当が「長官」、三綱が「任用」とされたのも全く同様の意味を持つものであったと言ってよい。

ところで、解由制度は九世紀中には他の多くの官衙にも適用されるに至っていたことが知られるが、そのうちでも国司と諸寺にとりわけ厳密に実施されていたことの徴証は、交替公文の残存状況にも示されていると言えよう。すなわち、国司の場合には不与解由状であることが明らかにされている(109)長元三年（一〇三〇）頃の上野国交替実録帳(110)、変容を遂げたのちの検交替使帳かとされる(111)仁治二年（一二四一）の筑後国交替実録帳(112)が知られるが、諸寺に関しても、延喜解由式に合致した書式を有する任用（三綱）の解由状案(113)が二通伝存するほか、寛平二年（八九〇）の作成と思われる広隆寺交替実録帳(114)と承平元年（九三一）の神護寺交替実録帳写(115)の合計四通が確認されるのである。後者の二通は不明の点もあるとは言え、ほぼ長官（別当）の交替公文と推定してよいものである。これらの交替公文の性格については別稿でも詳しく検討している(116)ので、本稿ではこれ以上言及することはしない。ただ、ここで注目しておきたいのは、例えば

前記の神護寺交替実録帳写には「前司別当大僧都観宿」の卒去によって、「新司別当宝塔院七禅師仁樹」が交替した旨が記されていることなどからうかがわれるように、「長官」「任用」だけでなく、「前司」「新司」「受領」「分付」[117]といった名辞が、諸寺においても国司の場合と全く同義で使用されていた点である。

このように、解由制度の導入によって「任用」とされた三綱のうちの上座が、前述の法隆寺の例では遅くとも十一世紀中には「在庁」と呼ばれるようになっていたらしい事実は、国司制度における史料用語として、「任用国司」に続き「国衙在庁」が現われることと軌を一にするであろうことは、もはや疑いないところである。もともと「在庁」とは「在ㇾ庁」の義であろうが、それは同時に庁座[118]にあって請印、つまり広義の文書行政のうち、とくに印の管理・操作などに携わることを意味していた。平安初期以来、そうした点は受領たる長官（国守・寺院別当）の任務に含まれていたと思われるが、長官が次第に任地に下向しなくなるのに伴い、国衙や寺院の政所（つまり留守所）では、不在がちな長官に替ってそれを執行すべき者が必要とされてきたのである。これが一般的に「在庁」の起源と考えられるのであるが、別の視点からすれば、前司と新司との間で滞りなく交替政が行なわれている時点においては「在庁」の存在意義は薄いのであって、「在庁」の成立は解由制度の弛緩とも密接に関わり合っていたことは否定できないであろう。

それでは、解由制度の衰退と一体の関係にあった、長官の任地における不在化とは具体的にはどのような事態を指すのであろうか。国司については、基本的には在京国司[120]の増加を意味することは言うまでもないが、別当の場合にはまず第一に、先にも若干触れたように十世紀頃から一般化する有力貴族出身僧の院家居住化[121]という現象がこれにあたると考えられる。このことを再び法隆寺について見よう。前掲の『別当次第』によれば、初代の延鳳から五代目の長延までは「専寺人」とあるように寺内僧から選任されたことが知られるが、延長年中（九二三～三一）に東大寺僧の観理が七代別当に任命されて以後はすべて他寺僧となる。とりわけ十一世紀中頃以降、興福寺出身僧が圧倒的多数を占めるに至るが、一口に興福寺出身と言っても、実はそれぞれ喜多院・新院・東院・理趣院といった、個々の院家に居住していたことが注記によってわかるのである。また、まれに仁和寺・醍醐寺・勧修寺などの住僧が法隆寺別当になることもあったが、仁和寺や醍醐寺はそれ自体多くの院家を有しつつ、一方では『別当次第』に「東大寺分」と記されることなどからうかがわれるように、全体として真言系東大寺別当の院家的性格を持った寺院でもあったことは注目される。別当(長官)と三綱(任用)の分離は、主として、こうした院家居住者の中から諸寺別当が補任されるようになったことに淵源があるのである。広隆寺[122]や四天王寺[123]の場合もこの例に含めてよいだろう。

ところで、南都系の中小寺院の別当に興福寺や東大寺の院家居住者が補任されるようになることは、直ちにその末寺化を意味するものではない。しかし、地方の有力寺社の中には、中央の大寺の末寺となる傾向が平安中期頃からしばしばみられた。加賀白山寺はこの例で、越前平泉寺(白山越前馬場)などとともに、十二世紀中頃には延暦寺の末寺となったことは前述した通りである。この当時の本末関係とは、いわば「末荘」と同義で荘園制的領知関係を本質とするものであり、本寺は末寺の別当補任権を掌握するか、もしくは本寺僧の中から別当を選任して末寺支配を行なうのがふつうであった。延暦寺による白山寺支配は後者のケースで、白山別当(「白山申沙汰人」などともいう)は延暦寺の中堂執行職クラスの有力僧が任命され、現地の最高統轄者であった惣長吏を介して白山寺全体の諸職の補任権や裁決権などを行使していたことが明らかにされている。[124]従って、白山別当が現地に下向することはほとんどなかったと思われ、実際拝堂の記録も皆無であるから、白山寺政所は別当・三綱をもって構成される本来の寺家政所のあり方からすれば、長官不在の留守所と化していた(実際には、現地では既述のように独自の組織も創出していたのだが)と言えよう。すなわち、別当と三綱の分離、あるいは別当が不在化する第二のタイプとして、中央の有力寺院との本末関係の形成による例を指摘することができるのである。越前越知山大谷寺や美濃長滝寺（白山美濃馬場）なども同様の例としてよいと思われるが、さらに祇園感神院も十二世紀初めまでには延暦寺の末寺となり、のちには天台座主が祇園別当を兼ねるようになっているから(125)、このタイプに属するのは必ずしも地方寺院のみではなかったことが注意される。

なお、熊野三山の場合は、地方の修験系寺院ということでは加賀白山寺などと共通性を有していたものの、長官の不在化という点では、右の事例とはやや事情を異にしていたと考えられる。所在する紀伊国は畿外とは言え、当時の宗教界では中央の権門寺社として位置づけられており、三山を統轄する別当も原則として山内に居住していたからである。もっとも、熊野別当家は平安末期頃までには田辺・岩田・新宮などに分立して、それぞれが別当館を構えたことが知られるから(126)、いずれの家から別当が出ても、三山のうち少なくとも二カ所の政所は、通常別当の不在状態が続いたとみられる。つまり、ここでは長官と任用（三綱）が分離した理由として、政所が三所に分れているという地理的条件に加えて、その三所を一人の別当が支配するという政治的条件が関わっていたことが想定されるのであり、本宮・新宮・那智山のそれぞれに在庁が成立したのも、右のような事情によるものと思われるのである。このように、熊野の場合は一応第三のタイプとすることができるが、別当館の成立が別当の寺内における特権階級化の結果に求められるとすれば、それを院家と直ちに同一視できないにしても、第一のタイプに非常に近い形態と言えるかもしれない。

以上の検討から、寺院についてはは別当が任所に下向しなくなる背景として、大まかに二つないしは三つの事情が考えられるのだが、「長官の不在化」（「政所の留守所化」）という点に絞れば、寺院と国衙とはほぼ同じようなプロセスをたどったことが確かめられるのである。しかし、当然のことながら、細かい点では両者の間にはいくつかの相違点もある。ことに法隆寺の例では、任用（三綱）のうちの上座が「在庁」と称していたが、国司の場合には任用がそのまま「在庁」と呼ばれるようになるのではない。というのは、十世紀半端頃までの国衙発給文書では「在庁」と「官人」とが明らかに区別されていて、[127]ここで言う「官人」とは、位署書に「介」「掾」「目」などとあるように任用国司を指しているとみられるのに対し、「在庁」として記されているのは惣大判官代・大判官代といった職名の者であったことが知られるからである。前掲の『朝野群載』所引の国務条々事書で、長官に対して「庶官」と呼ばれている者も、当時の史料にしばしば見える[128]「任用庁官」と同義で、おそらく任用国司のことを言ったものであろう。とすれば、前引の記事の中で、任用国司とは別に庁座で鑰取（印櫃の操作など）を勤めていたのは、惣大判官代とか大判官代などであったに違いない。つまり、国衙においては、十世紀前半に在地性を有する者の中から採用されたと思われる惣大判官代や大判官代など[129]が庁座を預かり、これがのちに「在庁」と呼ばれるようになったと推定されるのである。その当時は、任用国司はまだ帰京を原則としていた時代であった（義江彰夫氏が指摘された[130]ように、「在庁」と「官人」とが「在庁官人」として一体視されるようになるのは、官人＝任用国司が土着化する十二世紀以降であったとみられる）。こうした点からすると、法隆寺で任用が「在庁」の役を勤仕していたのは、三綱がもともと寺僧の中から選任されるのを原則としていた[131]こととと無関係ではなかろう。

さて、残された問題の一つは、熊野本宮・金峯山寺・広隆寺などの「在庁」をどう考えるかである。これらの寺院では法隆寺とは異なって、明らかに三綱とは別に「在庁」という名称の僧職が存在していたのであるが、どちらの形態が古いか新しいかということになると、「在庁」という僧職の固定化の方が後発のものと推定される。先にも触れたが、法隆寺の在庁についても、当初は上座が拝堂の時にのみ勤めていた「職掌」であったのに対して、のちには別当から補任される役職に変化する傾向が見られるからである。熊野などに早い段階で僧職名としての「在庁」が成立したのは、三山それぞれが独立性を強め、法隆寺のように別当の拝堂が補任毎に必ずしも行なわれていなかったらしい点、つまり別当と三綱の分離の度合がそれだけ著しかったという点に起因するのではなかろうか。いずれにしても、「在庁」とは以上の検討のように長官の不在化に伴って、留守所となった政所における文書行政、とりわけ印櫃の保管や庁座での印鎰の操作を担当する必要から生じたものと推察される。「在庁」の呼称が普遍化するのは十一世紀中と思われるが、その遠因が国衙・寺院双方ともに早い例では十世紀にあったとみられるのは注目すべきことであろう。そして、後世修験道の拠点とされるような山岳系寺院に、形骸化しつつも職名として長く残存していたのは、それが世襲化されたことによると思われるが、(132)この点は第一節で、近世の神社に神職として「在庁」の遺称が伝わっていた例を指摘したように、国衙の場合にも当てはまることと言えるのである。

むすび

極めて迂遠な論証方法をとったが、以上の四節を通じて古代における国司制度と寺院制度とが、ことに解由制度の適用にみられるように、広い意味での国制としてほぼ同様に展開した結果、「在庁」なる職務もしくは役職名が双方に生じたこと、さらに中世以降修験道関係の寺院に多く見られたような「在庁」も、それに起源を有するものであった点などを明らかにしてきた。これをもって、本稿の目的としたところは大方遂げ得たつもりであるが、仮説に仮説を重ねた結果、多くの課題を残してしまったことも否定できない。

第一に、国衙・寺院とも「在庁」の成立が解由制度の衰退と関わりのあったことを強調しすぎたきらいがあるが、前引の『延喜式』の条文に言う解由を責めることになった「諸寺」の中に、熊野三山や白山寺などが含まれていたかどうかは確証があるわけではないのである。むしろ、前章で指摘したように交替公文という点に関しては、今のところ地方寺院で作成された徴証を見出すことはできず、この点は今後さらに検討が必要だろう。しかし、本稿ではあくまでも、国司制度と寺院制度の共通性を示す一例として取り挙げたのであり、「解由制度が適用されたために在庁が成立した」ということを論証しようとしたわけではないことを、ここで明確にしておきたい。

第二に、私は中央・地方の別を問わず、少なくとも官寺の扱いを受けた寺院には等しく「在庁」が成立したと推定しているのであるが、管見の範囲で確認しうるのは、表4に掲げた例のみである。もともと「在庁」というのは、法隆寺の例でわかるように職名ではなかったから、史料に残りにくかったことは確かであろう。しかし、東大寺の例であるが、仁治二年（一二四一）別当に補任された定親法印（新熊野房）の初任吉書[133]および拝堂[134]を遂げた時の記録を見ると、そこにおける東大寺三綱等の役割は法隆寺のそれとほぼ同様であるのに、「在庁」なる呼称は全く所見されない。「在庁」が成立する事情については、なお個別の検討が必要であることを物語っている。ただ、本稿では「在庁」のみに限定して考察してきたのだが、筑前大宰府天満宮安楽寺[135]や豊前宇佐弥勒寺[136]などのように「寺家留守所」が成立していた寺院や、さらに讃岐善通寺[137]や大和多武峯妙楽寺[138]のように別当の「目代」が派遣されているような例も多く、これらを含めて考えれば、やはり全体として寺院と国衙の構造上の類似性だけは否定することはできないと思われるのである。

注

（1）竹内理三「武士発生史上に於ける在庁と留守所の研究」（『史学雑誌』四八ノ六、一九三七年。のち「在庁官人の武士化」と改題して同氏編『日本封建制成立の研究』および同氏著『律令制と貴族政権　第Ⅱ部』に再録）、吉村茂樹『国司制度崩壊に関する研究』（一九五七年）第三編第四章、高田実「中世初期の国衙機構と郡司層」（東京教育大学文学部『史学研究』六六、一九六八年）、米田雄介「在庁官人制の成立」（『日本史研究』一一八、一九七一年）、森田悌「古代地方行政機構についての一考察」（『歴史学研究』四〇一号、一九七三年）など。
（2）義江彰夫「荘園公領制の形成と在庁官人体制」（同氏著『鎌倉幕府地頭職成立史の研究』第三章、一九七八年）。
（3）その意味で、中原俊章「在庁官人制の成立と展開――国衙を通じた中世的身分の成立と関連して――」（永島福太郎先生退官記念『日本歴史の構造と展開』所収、一九八三年）は、身分制と関連させた新しい研究ということができよう。
（4）「僧綱制の変質と惣在庁・公文制の成立」（『史学雑誌』九一ノ一、一九八二年）。本書第五章として収録。
（5）『宮津府志』（『丹後郷土史料集』第二）、『丹後与佐海図誌』（『丹後史料叢書』第三）などに所引。
（6）山口県文書館所蔵興隆寺文書（東京大学史料編纂所架蔵影写本三〇七一・七七―二四）。
（7）柞原八幡宮文書（『大分県史料』9大分諸家文書、および『日本祭礼行事集成』第二巻所収）。
（8）神社の在庁について付言しておくと、陸奥塩竈神社には後世、神官の中に「在庁人（在庁方）」と称する者がいた。これは豊田武「古代・中世の塩竈神社」（豊田武著作集第五巻『宗教制度史』所収、一九八二年）でも指摘されるように、国衙在庁が神職化した例と言えよう。同様に、相模六所神社（『新編相模風土記稿』巻之四〇、村里部、淘綾郡巻之二）や伊豆三島神社（『静岡県史料』第一輯所収旧伊豆在庁文書）に役職として存在した「在庁」なども、国衙在庁の系譜を引くものと考えられる。
（9）戸川安章氏所蔵文書（同氏著『羽黒山秘話』一七一頁所引、一九七五年）。
（10）進藤重記編『出羽風土略記』巻之四、荒井太四郎編『出羽国風土記』巻二。以上刊本による。
（11）『拾塊集』上巻（戸川安章編『出羽三山と東北修験の研究』史料編、一九七五年。および『神道大系』神社編三十二、出羽三山に所収）。

（12）「霞・檀那場の組織と山伏御師の檀廻」（『我が国民間信仰史の研究　㈡宗教史編』第四編、一九五三年）。

（13）「羽黒山の霞場と檀那場」（同氏著『出羽三山修験道の研究』所収、一九七三年）など。

（14）この部分の指摘は、のちに引く『羽州羽黒山中興覚書』の記事と矛盾するように思われるが、ここではそのまま引用する。

（15）なお、『山形県史』第一巻　原始・古代・中世編（一九八二年）九〇〇頁によると、荒沢寺所蔵『入峰執行輯』を典拠に、中世羽黒山に御師・在庁が四二院あったことを記している。

（16）『羽黒山叢書』第一編、および『神道大系』神社編三十二、出羽三山に所収。

（17）『日本大蔵経』宗典部、修験道疏三、『羽黒山修験道資料』（『山形県文化財調査報告集』第二〇集）、および『神道大系』神社編三十二、出羽三山に所収。

（18）このことについては『仁和寺御日次記』承久二年十二月十一日条に見えるが、尊長が羽黒山まで下向したとは思われない。

（19）戸川安章「別当天宥の生涯とその事蹟」（前掲『出羽三山修験道の研究』所収）に真田七郎左衛門家に伝わった伝承として紹介されている。なお、豊田武編『東北の歴史』上巻（一九六七年）三五八頁には、この「羽黒所司代」が真田家久であったことを記すが、その根拠は示されていない。

（20）『羽州羽黒山中興覚書』（前掲）。

（21）近年、従来の民俗学的研究から脱却して、羽黒山を中世史に位置づけようとする試みが入間田宣夫氏（「中世庄内の文化と教育」『山形県地域史研究』八、一九八三年）や伊藤清郎氏（「出羽三山信仰と羽黒山――地方寺社の性格をめぐって――」『地方史研究』一八五、一九八三年、および「中世における出羽三山信仰と羽黒山」『歴史公論』一〇一、一九八四年）などによって、ようやく着手されつつある。そこでは在庁については全く言及されていないが、伊藤氏「中世における出羽三山信仰と羽黒山」は康暦二年（一三八〇年）と応永二十五年（一四一八）の二通の清浄院文書を紹介して、これを真田左衛門尉種頼が発給した文書と推定するとともに、この人物を「本山羽黒山の御目代」であったと指摘している。

（22）『神道大系』神社編三十二、出羽三山所収。

(23)　斎藤美澄編『飽海郡誌』(一九二三年)には「在庁年代記」という名称でしばしば引用されている。
(24)　なお、宮城県栗原郡鶯沢町の白鶯山源沢寺に伝来した白鶯山文書の康暦二年(一三八〇)十一月十五日氏名未詳修験証状の裏には、羽黒山宿坊真田在庁の先祖が羽黒目代真田四郎左衛門尉である旨が記されているという。豊田武「東北中世の修験道とその史料」(『東北文化研究室紀要』四、一九六二年)参照。
(25)　熊野三山に関する代表的研究としては、小野芳彦先生遺著刊行会編『小野翁遺稿　熊野史』(一九三四年)、児玉洋一『熊野三山経済史』(一九四一年)、宮地直一『熊野三山の史的研究』(一九五六年)、および五来重編『吉野・熊野信仰の研究』(山岳宗教史研究叢書』4、一九七五年)所収の諸論考などがある。
(26)　熊野別当については前注(25)の諸論考でも比較的詳しく扱われているが、最近の研究として永島福太郎「熊野別当と同系図について」(『滝川政次郎先生米寿記念論文集　神道史論叢』所収、一九八四年)、阪本敏行「鎌倉時代前期の熊野別当家にかんする一考察——藤原頼資の熊野詣記および熊野参詣随従日記などの検討をつうじて——」(横田健一先生古稀記念会編『文化史論叢』下所収、一九八七年)などがある。しかし、在庁の意義については、以上いずれの論文においても触れられるところがない。
(27)　『史料纂集　古文書編』熊野那智大社文書第一、米良文書六号。
(28)　『史料纂集　古文書編』熊野那智大社文書第四、潮崎稜威主文書四号。
(29)　『紀伊続風土記』附録巻之十三、古文書之部第十三、牟婁郡、熊野新宮所蔵文書。および『熊野速玉大社古文書古記録』一〇三号。
(30)　『紀伊続風土記』附録巻之十四、古文書部第十四、牟婁郡の項に引く本宮社家玉置主計所蔵文書の中に八通あるが、東京大学史料編纂所架蔵影写本「玉置文書」(三〇七一・六六—六五)の中には三通があるに過ぎない(ちなみに『和歌山県史』中世史料編には未収)。ほかに磐城石川文書(豊田武「東北中世の修験道とその史料」『東北文化研究室紀要』四、一九六二年)に一通ある。
(31)　玉置文書(前掲)。

(32)『紀伊続風土記』附録巻之十四、古文書之部十四、牟婁郡、曲河村曲河氏所蔵文書。
(33)『建仁元年熊野御幸記』(『続群書類従』巻第八十七、帝王部六)および『熊野本宮古記』(『続群書類従』巻第七十六、神祇部七十六)に所引、『平安遺文』四九四九号。
(34)『紀伊続風土記』巻之八十三、牟婁郡、新宮部下。
(35)『紀伊続風土記』附録巻之十三、古文書部第十三、牟婁郡の項に引く熊野新宮所蔵文書。
(36)『史料纂集　古文書編』熊野那智大社文書第二、米良文書五四八号。
(37)注(34)に同じ。
(38)『中右記』天仁二年十月二十六日条。
(39)注(34)に同じ。
(40)『玉葉』養和元年十月十一日条。
(41)『続群書類従』巻第百六十三、系図部五十八。
(42)寂光寺については建治元年(一二七五)鋳造の梵鐘銘文に「羽黒山寂光寺」とあるのを初見とし、『羽黒山睡中問答并縁起』(『神道大系』神社編三十二、出羽三山所収)などに若干の記事があるが、その実態には不明な点が多い。
(43)従来から指摘されるように(前掲『東北の歴史』上巻三五九頁、前掲『山形県史』第一巻八九八頁、角川日本地名大辞典『山形県』四五五頁、伊藤清郎氏前掲論文など)、文明年間に武藤政氏(大泉荘地頭で、この頃は大宝寺氏と称している)が「羽黒山総別当」を兼ねて羽黒山を支配するようになったことが知られる。これは土佐林氏の掌握してきたものを奪ったといわれるが、この総別当なるものは古代の別当制がそのまま残存したものではなく、中世以降何回かの再編を受けていることが想定される。
(44)戸川安章『羽黒山伏と民間信仰』(一九五〇年)などにそのことが示唆されている。また、宮家準『山伏――その行動と思想――』(一九七三年)も同様である。
(45)加賀馬場については現在白山比咩神社に、承元三年(一二〇九)から天文十七年(一五四八年)までの白山宮荘厳講中記録と康永三年（一三四四）までの荘厳講所廻状が蔵され、美濃馬場については長滝寺に宝治二年（一二四八）から文禄四年（一五九五）までの膨大な荘厳講執事帳（引付帳）が伝えられている。前者の荘厳講を分析したものとして桜井徳太郎『講集団成立過程の研究』（一九六二年）第二章があり、後者のそれについては小林一成「白山修験道組織について――白山美濃馬場を中心として――」（『関西民俗学論集』所収、一九七四年）などに触れられている。

(46) 前注(45)の荘厳講執事帳。

(47) 『長滝寺真鏡』所収建武五年三月二十七日衆議状写（『美濃国長滝史料』および『美濃国史料郡上篇』長滝寺文書一三号）。

(48) （長享二年）十一月二十五日綱頼打渡状（『美濃国長滝史料』および『美濃国史料郡上篇』長滝寺文書四二号、『岐阜県史』史料編古代・中世一、長滝寺文書一一号）。

(49) そのことは例えば、『長滝寺真鏡』所引応長元年（一三一一）七月四日棟札写（『美濃国長滝史料』および『美濃国史料郡上篇』銘文六号）に、院主・学頭・大勧進・小勧進について惣在庁の署判が見えることなどから、うかがわれる。

(50) 『白山比咩神社叢書』第四、および『白山史料集』上巻に所収。

(51) 同上所収。

(52) それらのうち主要なものは、下出積与編『白山信仰』（民衆宗教史叢書第十八巻、一九八六年）に収録されている。

(53) 『治承・寿永の内乱論序説』（一九八一年）。とくに第一編第三章、第二編第一章、第三編第三章。

(54) 「白山信仰――中世加賀馬場の構造――」（『石川県尾口村史』第三巻通史編所収、一九八一年）。

(55) 「中世白山宮の成立と支配構造」（『北陸史学』三一、一九八二年）。

(56) 『三宮古記』所引年月日未詳白山寺家政所牒写。なお、これらはさらに惣長吏・院主・大勧進・大先達のいわゆる四貫主と、大宮司・神主とともに白山宮政所を構成していたことは、『三宮古記』所引康永三年三月日白山宮政所牒写などから知られる。延暦寺の機構を模倣する一方で、白山宮全体としてはこのような独自の機構を成立させたのは、「大先達」が含まれていることが示すように、この頃から修験者の組織化に乗り出したことが一因であろう。美濃馬場でもほぼ同様の動きがあったことが確かめられる。

(57) 竹森靖氏注(55)前掲論文など。
(58) 『白山本宮神人職次第』(前掲『白山史料集』上巻所収)上道氏成条に「久安三年(一一四七)四月二十八日白山始成二山門別院一」とある。別院と末寺とは必ずしも同義ではないが、このの ち程なく末寺化したことは疑いないだろう。
(59) 『福井県丹生郡誌』資料(一)古文書類(一九六〇年)、越知山文書七号。
(60) 同上、越知山文書五号。
(61) 例えば正和四年(一三一五)六月二十日本馬上免田売渡状(同上、越知山文書九号)。
(62) 前掲『福井県丹生郡誌』歴史、四武家政治と戦国時代(一一四頁)。
(63) 『永昌記』天永元年(一一一〇)六月十五日によると、東大寺の本来の政所(上司と下司から成る)は上司が公文所となり、下司が修理所となっていたことが知られる。また興福寺については、稲葉伸道「鎌倉期の興福寺寺院組織について——政所系列を中心に——」(『名古屋大学文学部研究論集』LXXX 一九八一年)が、公文所は広義の政所系列の諸機関の一つで、狭義の政所(別当)の下に所属していたことなどを指摘している。
(64) 高野山文書『宝簡集』四十八(『平安遺文』二四五九号)。
(65) 金峯山寺には、のちには「惣在庁」も存在したことが(文永二年)十二月十三日了円書状(大和春日神社文書、『鎌倉遺文』九四六六号)等によって知られる。惣在庁と在庁との関係を示す史料はないが、前述の美濃長滝寺の場合とほぼ同様のものであったと思われる。
(66) ただし、『左経記』長元五年(一〇三二)六月二十日条によると金峯山寺の長官の呼称は「検校」であるから、実際にはこの頃までに別当の上に検校が設置されるか、もしくは別当が検校に名称変更したことが知られる。
(67) 中世の石清水八幡宮寺については、近年伊藤清郎氏の一連の論考がある(例えば「中世前期における石清水八幡宮の権力と機構」『文化』四〇ノ一・二、一九七六年)が、在庁については全く言及されていない。
(68) 隅田家文書(『鎌倉遺文』八九六号、および『和歌山県史』中世史料一)。
(69) 禰寝文書(『鎌倉遺文』一三七六号)。

(70) 隅田家文書（『鎌倉遺文』二二七五号、『和歌山県史』中世史料一）。
(71) 『榊葉集』秋冊（『石清水八幡宮寺史料叢書』四、年中行事所収）所引。
(72) 善法寺旧蔵八幡古文書（奈良国立文化財研究所史料第七冊『唐招提寺史料』第一ノ二〇四号）。
(73) 『宮寺　五月五日神事競馬流鏑馬事』（『石清水八幡宮史料叢書』四、年中行事所収）。
(74) 『武家御社参記』（同上所収）。
(75) 『年中讃記』（同上所収）、および『宮寺幷極楽寺恒例仏神事惣次第』（同上所収、および『鎌倉遺文』六四一〇号）。
(76) 本稿ではすべて法隆寺刊行の影印本『別当記』（『鵤叢刊』第二）による。
(77) この点については高田良信『法隆寺』（一九七四年）が、付録として「改正別当次第」を掲げて指摘している。
(78) 『寺役次第』所引『仏地院時日記』。
(79) 中世には三綱と言っても、それぞれ権官が何人かいるのがふつうであるが、正員の上座は当時でも一名を原則としていた。ところで、法隆寺においてはこの所司三綱の筆頭である上座の地位をめぐって、門流派閥間の抗争がしばしば引き起こされている。当時は十一世紀以来三綱の要職を独占してきた、「康仁一流」（慶元・長暹・慶世などもこの一派の出身）がようやく凋落して、覚秀一派に取って替られようとしていた時期であった。慶世・覚秀の二人の上座（「大門」「辻」はそれぞれの居所をもって呼んだものか）が補任されていたのも、こうした事情を反映している。こうした寺内の門閥抗争については林幹弥「法隆寺顕真と調子丸・康仁」（『日本歴史』三六五、一九七八年）にも触れられている。
(80) 影印本『嘉元記』（『鵤叢刊』第三）康平三年甲申条。
(81) 『嘉元記』にも「在庁」のことはしばしば見えるが、いずれも別当の拝堂吉書に関連した記事である。
(82) このことは『寺役次第』所引『公文良玄法橋日記』に詳しい。
(83) 『嘉元記』貞和元年十一月条、および『別当次第』第六十七代範守法印条。
(84) 稲葉伸道「中世東大寺寺院構造研究序説」（『年報中世史研究』創刊号、一九七六年）、久野修義「中世寺院成立に関する一考察——九〜十二世紀東大寺をめぐって——」（『史林』六一ノ四、一九七八年）。

(85) 法隆寺の政所下文は一通も現存せず、政所発給文書としては承暦二年（一〇七八）十月八日政所注進状案（『金堂日記』所収、『平安遺文』一一五四号）と永久二年（一一一四）十二月二十五日政所充行状（吉田文書、『平安遺文』一八一五号）のわずか二通が知られるだけである。前者はその署判から、当時明らかに別当と三綱による政所構成をとっていたことをうかがわせる。それに対して、後者にも別当の署判はあるが、小別当以下所司三綱の署判とは加判の日時・場所が異なっていたことが歴然としており、以上から十一世紀末から十二世紀初頭にかけての間に、別当と三綱の分離があったことが推定されるのである。

(86) 厳密には十二世紀に別当と三綱が一気に分離するのではなく、すでに十一世紀頃から別当が院家に居住する日数の方が多くなり、その代理として派遣された小別当も次第に常時下向していることが少なくなった時点で、別当と三綱の乖離が明確になるという経過をとるものと思われる。

(87) 荻野三七彦氏旧蔵法隆寺文書（同氏著『印章』二六七頁所引）。これは同年六月十三日に補任された七十三代別当孝憲僧都の時に作成されたものであろう。

(88) 吉書については中村直勝『日本古文書学』上巻（一九七一年）二〇六、三八八頁などを参照。

(89) 例えば『大和史料』中巻、平群郡、法隆寺の項に引かれる法隆寺文書のうち、文明十六年（一四八四）十二月八日、および天文十七年（一五四八）十二月十三日付の二通の吉書返抄にも全く同じ文言が見える。

(90) 長福寺文書（『鎌倉遺文』一八七六一号）。

(91) 青蓮院旧蔵古文書（『宮内庁書陵部所蔵文書』五）。

(92) 大覚寺史資料編纂室編『大覚寺文書』上巻所収。

(93) 国立国会図書館所蔵本（わ一八八・四―二、大坂天満橋紙屋勘兵衛版）による。

(94) 八坂神社叢書第一輯『八坂神社記録』上、社家記録三。

(95) 管見ではあと一ヵ所、同書正平七年四月二十六日条に「夏衆壱岐房玄応广非在依二所労一安居退出」と見えるのみである。

(96) 施無畏寺文書（『鎌倉遺文』一二七五七号、および『和歌山県史』中世史料二）。

(97)『朝野群載』（『新訂増補国史大系』第二十九巻所収）巻第二十二、諸国雑事上。
(98)『時範記』承徳三年三月二日条（『書陵部紀要』一四所載、一九六二年）。
(99)拙稿「印鑰神事と印鑰社の成立」（『日本歴史』三六五、一九七八年）
(100)国司の三日厨についての具体的記述としては、陸奥守源義家が任国に赴任した折の模様が『奥州後三年記』（『群書類従』巻第三百六十九、合戦部一）に見えているほか、同様の饗宴が荘官下着の際にも行なわれていたことが高野山領備後国太田荘の例で知られる（高野山文書『宝簡集』八、建久元年六月日僧鑁阿置文、『鎌倉遺文』四六二号）。なお、宝月圭吾「高山寺方便智院領小木曽庄について」（高山寺典籍文書綜合調査団編『高山寺典籍文書の研究』所収、一九八〇年）、早川庄八「『供給』をタテマツリモノとよむこと」（『月刊百科』二一〇、一九八〇年）、網野善彦『日本中世の民衆像』（一九八〇年）など、近年主として社会史の立場から荘園での三日厨が注目され始めているが、寺院の三日厨についてはいまだ言及されていないようである。
(101)宝亀二年（七七一）に大安寺以下十二大寺に印が始賜されている（『続日本紀』同年八月己卯条）のをはじめ、古文書の印影によってさらに多くの寺院に頒布されていたことが知られる。
(102)この点はすでに久野修義氏が指摘されている。注(84)参照。
(103)原田重「国司連坐制の変質についての一考察」（『九州史学』一〇、一九五八年）、泉谷康夫「受領国司と任用国司」（『日本歴史』三一六、一九七四年）。
(104)『日本三代実録』貞観十二年十二月二十五日条。
(105)『延喜式』（『新訂増補国史大系』第二十六巻所収）巻二十一、玄蕃寮。
(106)『新訂増補国史大系』第二十六巻所収。
(107)原田重氏注(103)前掲論文。
(108)長山泰孝「勘解由使設置の意義」（同氏著『律令負担大系の研究』所収、一九七六年）。
(109)福井俊彦「不与解由状について」（『日本歴史』一五八、一九六一年）、同氏著『交替式の研究』（一九七八年）第四章。

(110) 九条家本延喜式裏文書（『平安遺文』四六〇九号）。

(111) 吉岡真之「検交替使帳の基礎的考察」（『書陵部紀要』二六、一九七四年）。

(112) 『宮内庁書陵部所蔵諸官符口宣古宣命諸社寺申状等古文書』第二十二巻（『鎌倉遺文』五八七六号、および『大宰府・太宰府天満宮史料』巻八所収）。

(113) 仁和四年五月二十四日前都維那伝灯満位僧神忠解由状案（東寺文書礼、『平安遺文』一七七号）、昌泰三年三月□日前上座伝灯大法師位神□解由状案（真間孝雄氏所蔵文書、『平安遺文』補五号）。

(114) 広隆寺文書（『平安遺文』一七五号）。

(115) 神護寺文書（『平安遺文』二三七号、および藤田経世編『校刊美術史料』寺院篇中巻所収）。

(116) 拙稿「寺院別当と交替解由制度」（『古文書研究』一九、一九八二年）。補訂して「諸寺別当制の展開と解由制度」と改題した上で、本書第三章に収めた。

(117) 例えば『東大寺要録』巻第四、諸院章第四にしばしば引かれる「分付帳」が、別当の交替公文であることは明らかである。同上拙稿参照。

(118) 「庁座」の語は『延喜式』等に頻出するが、『将門記』（日本思想大系8『古代政治社会思想』所収）には「不レ令二庁座一」とあって、国庁に座席を与えない、つまり国務に関与させないという意味で用いた例も見える。ちなみに、寺院の政所のことを当時「寺庁」とも称したことは、『永昌記』天永元年六月十五日条などから知られる。

(119) 国衙や寺院政所でいかに印が重視されていたかは、前掲拙稿「印鑰神事と印鑰社の成立」（注(99)）で論じたところである。

(120) 「遥任国司」と「受領国司の在京化」の相違については、泉谷康夫「平安時代における国衙機構——目代を中心として——」（『古代文化』二一―六、一九七七年）が明快に指摘されている。

(121) 院家の成立はすでに奈良時代に遡りうるが、当初の性格が変化して有力貴族出身の僧侶が住する寺院を指すようになるのは、ほぼ十世紀頃からである（杉山信三『藤原氏の氏寺とその院家』〈奈良国立文化財研究所学報第十九冊〉、一九六三年）。

(122) 『広隆寺別当補任次第』（大谷大学図書館所蔵）によると、当初三論宗系の元興寺僧が別当に補任されていたが、平安中期以降、東寺に入寺した真言宗系の僧がほぼ独占するようになっている。とりわけ仁和寺と関係の深い寛助や寛遍が歴任したことによって、のちには御室が別当を兼ねることも多くなり、やがて仁和寺の別院とされるに至った（『仁和寺史料』寺誌編一所収の『仁和寺諸院家記』諸本を参照）。この間、十二世紀中頃には、政所は別当不在の留守所となっていたことが永暦元年七月日山城国広隆寺所司申文案（東寺百合文書ゥ、『平安遺文』三一〇〇号）などから知られる。

(123) 四天王寺本『四天王寺別当次第』（『日本仏教』二二、一九六五年、に山本信吉氏が紹介）などによると、平安当初は内供奉十禅師が兼任していたが、十一世紀以降、山門と寺門の激しい競望の対象となり、中世を通じて両者の対立抗争が続けられた。これを止揚するために法親王などの皇族出身者や、叡尊・忍性といった律僧が別当に補任されることもあったが、両者の確執は終息せず、寺家では三綱の中から任命された執行が完全に実権を握っていた。執行については川岸宏教「『遠藤系図』に見える天王寺執行について」（『四天王寺国際仏教大学文学部紀要』一四、一九八二年）に詳しい。

(124) 竹森靖氏注(55)前掲論文。

(125) 久保田収『八坂神社の研究』（一九七四年）四、祇園社と本末関係。

(126) 宮地直一『熊野三山の史的研究』（前掲）第四編第一章。

(127) この根拠としては、すでに義江彰夫氏注(2)前掲論文で挙げられた大治二年八月十七日紀伊国在庁官人等解案（林峯之進氏所蔵文書）、康治二年七月十六日尾張国安食荘立券文（醍醐寺文書）、天喜三年十月九日伊賀守小野守経請文（東大寺文書）のほか、天福二年九月大隅国留守所施行状案（『調所氏家譜』所引、『鎌倉遺文』四六九一号）などを指摘することができる。

(128) 例えば永万元年（一一六五）七月日検校法印下文案（新田八幡宮文書、『平安遺文』三三六四号）。

(129) 署判における初見は、大判官代が丹波国の例として天慶五年（九四二）四月二十五日東寺伝法供家牒（東寺文書、『平安遺文』二五三号）、惣大判官代が永祚二年（九九〇）十二月九日大和国符案（彰考館本栄山寺文書、『平安遺文』三四二号）である。

(130) 義江彰夫氏注(2)前掲論文。

(131) 竹内理三「延喜式より見たる寺院の研究」（『宗教研究』一二ノ四、一九三五年。のち「延喜式に於ける寺院」と改題して

『律令制と貴族政権　第Ⅱ部』に収録)。
(132) 宮家準『山伏――その行動と思想――』(前掲) 七五〜七頁によると、熊野の場合には平安末期すでに神官はもちろん、社僧・大衆の多くも妻帯世襲していたらしい。
(133) 仁治二年正月二十日新熊野法印定親別当補任吉書日記（薬師院文書、『鎌倉遺文』五七三一号、および『南都仏教』創刊号所収)。
(134) 『東大寺続要録』(『続々群書類従』第一一、宗教部所収) 拝堂篇。
(135) 例えば永長二年六月二十八日筑前国天満宮安楽寺留守所牒（根岸文書、『平安遺文』一三七八号）など。
(136) 例えば永暦二年三月二十七日宇佐弥勒寺留守所下文（都甲文書、『平安遺文』三一四六号）など。
(137) 例えば延久四年正月二十六日讃岐善通寺所司解（東寺百合文書ま、『平安遺文』一〇七一号)。
(138) 例えば年未詳十月二日某書状草案（九条家文書、『図書寮叢刊』九条家文書六―二〇七四号）など。

第五章　僧綱制の変質と惣在庁・公文制の成立

はじめに

僧綱制をその中枢とするわが国の仏教制度に関しては、すでに多くの先学によって様々な角度から論じられてきたところである。(1) しかし、従来の研究に共通しているのは、平安中期以降、貴族階級の仏教界への進出により僧綱の員数が激増し、それとともに僧綱制は形式化・衰廃化への道をたどり、ついには寺院・僧侶は国家の統制を離れて、寺家の組織する議決機関たる衆会によって行政が執行されるようになった、という指摘にとどまっている点であった。つまり、中世の僧綱制については衰頽や形式化のみが強調されるだけであったと言っても過言ではないだろう。伊藤清郎氏による最近の一連の論考は、(2) まさにこうした現況を打破すべく、中世における僧綱の補任形式、戒牒・度縁の発給、仏事経営等の実態を究明し、鎌倉期にも国家が僧綱・綱所を通じて八宗体制の根幹を掌握しているとの結論を導き出したものである。惣じてこれまで看過されていた点に光が当てられており、就中、延暦寺の仏事にも〝綱所〟が深く関与していることを明らかにされたことなどは、多大の示唆に富むものであった。

しかし、翻ってかかる点のみを以て「僧綱制が中世にも厳然と存在し機能している」と果して断言できるのであろうか。例えば、中世史料に散見される「綱所」という名辞一つをとっても、古代の僧綱所と同義に解してよいかは甚だ疑問の存するところである。僧綱制とは律令制に密着した優れて古代的な制度であることを念頭に置く時、やはり律令制が弛緩したのちも、ひとり僧綱制のみがそのままの形で機能したとは思えない。本稿は、「僧綱・僧綱所をめぐる全体的制度」である僧綱制が、中世にはどのような機構的変質を遂げているのかを、主として僧綱発給文書の分析を通じて解明してみようとするものである。

第一節　僧綱発給文書における威儀師・従儀師連署の出現

1　僧綱発給文書の収集と分析

僧綱発給文書には、大別して二つの様式のものがあったことをまず最初に指摘しておきたい。一つは寺院・寺司宛の下達用、もしくは玄蕃寮宛の上申用の僧綱牒であり、もう一つは書出が「僧綱」とのみあるのを特徴とする、いわば交付・伝達用の個人宛文書である。第一の僧綱牒は奈良時代のものから現存しているが、それらが原則として僧綱一名の署判を有するのみであったのに対し、延暦期に入ると僧綱の任にある者の大多数の署判を必要とする形式に変化している。この事実から、桓武朝にその後の模範となる文書形態が確立したことが窺える。第二の文書様式は、延暦期に初例のある僧綱判授の位記にまず見えるもので、その後次第に国家的法会・講会に際しての僧侶の招請状（いわゆる「請定」）としても広く用いられるようになる。このタイプも当初は僧綱の大多数の署判を有しており、従って延

(3)(4)(5)(6)(7)

暦期に様式の定まった上述の二類型の文書の間には、当初から位署の点での相違はほとんど見られないと言ってよい。本稿で、二つの様式の文書を一括して僧綱発給文書として扱う所以である。

さて、延暦期以降鎌倉時代末期に至るまでの僧綱発給文書で、管見に及んだもの六十三通を、編年順に宛所・差出書・僧綱印の有無などを整理し表7として掲げた。この表からまず差出書の形式を追っていくと、決定的な変化が生じているのは十二世紀以降の文書からであることが歴然としている。それは一つには、それまでの二十名近い僧綱位署の書き列ねてある文書に替って、㊻の如く法務の単署のあるものが出現することであり、一つには㊿以降になると僧綱位署が全く見られずに下段の威儀師・従儀師各一名の連署のみに替わる点である。そして、威儀師・従儀師の二名連署形式という点にのみ着目すれば、この変化は実に㊷以降のすべての文書にわたって見られるのである。ちなみに、鎌倉期以降、牒式の文書の残存例が極めて少ないとは言え、それにも着実にこの形式が及んでいることは㊿から明らかであろう。また、これらとほぼ時を同じくして、㊹以降の文書に僧綱印の押捺が停止されるようになることも注目に値すべき事実である。

僧綱発給文書に生じた如上の変化は、いずれも十二世紀までに僧綱制、特に僧綱所の機構が大きく改編されていたことを示す徴証と言ってよいかと思う。ただ遺憾なことに㊶の文書が案文であり[8]、しかも日付以下が「嘉承二―四月廿二日従儀師」とあるだけで、他の位署は削除されていると考えられるために、威儀師・従儀師の連署形式や僧綱印の省略などはすでに十一世紀中に出現していた可能性を残しており、僧綱制の改編時期を確定することができないのである。そこで、この点については別の視点から解明の糸口を見出さねばならない。

『山城州葛野郡楓野大堰郷広隆寺来由記』[9]（以下『広隆寺来由記』と略す）には永万元年（一一六五）六月十三日、太秦広隆

寺の落慶供養の法筵が設けられた際の詳しい記録が供養願文とともに収められているが、これは久安六年（一一五〇）回禄に遭った同寺が十有余年を経てようやく再建成った時のものである。その一部を次に引用する。[10]

御供養之記

御願文作者　式部大夫永範

導師　興福寺権別当覚珍法印

咒願　東寺三長者権少僧都禎喜

唄師　法眼宗命東寺　法眼覚成東寺

散花　頭権律師定遍東寺　法橋兼賢東寺

請僧三十口内仁和寺当寺

但衲衆十二人、皆用二当寺僧一、不レ謂二有官無官一、随二所作一著座

綱所四人

惣在庁行聰　威儀師長賀

公文従儀師覚俊　従儀師長深

寺家所司同供奉

（以下略）

ここで見のがすことのできないのは、「綱所四人」と記される者のうちに「惣在庁」「公文」なる呼称を冠する僧が存在することである。そこで次に、この供養と日付が最も接近した永万元年七月二十三日僧綱牒（表7では㊻）の署判

表7　延暦期以降～鎌倉末期に至る僧綱発給文書一般

番号	日付	西暦	種別	宛所	差出書	印	典拠	『平安遺文』『鎌倉遺文』
①	延暦四年四月六日	785	牒	近江国師	大僧都(賢璟)、少僧都(行賀)、律師(玄憐、無記名一)、威儀師(明道、寿万)、従儀師(常耀)	20	来迎院文書	平四二八四
②	延暦十年十二月廿八日	791	位記	――(最澄)	大僧都(賢璟)、少僧都(行賀、玄憐)、律師(善謝、等定)	12	延暦寺文書	(平四二八七)
③	延暦十二年三月十一日	793	牒(引用)	東大新薬二寺鎮	不明(日下の〝従儀師〟以外は削除)	不明	東大寺要録	―
④	延暦廿三年六月十日	804	牒	東大寺別当三綱	律師(勝虞、恵雲、如宝)、威儀師(忠智、光厚、聞珠)、従儀師(開豊)	23	東南院文書	平　二四
⑤	承和三年五月九日	836	牒(部分引用)	東大寺別当三綱	不明	不明	高野春秋編年輯録	―
⑥	承和四年四月五日	837	牒(引用)	東大寺別当三綱	大僧都(豊安)、律師(善海、実恵)、威儀師(金雄)、従儀師(願護)	不明	東宝記、弘法大師行状要集	―
⑦	承和四年七月廿二日	837	位記	――(円珍)	大僧都(豊安)、少僧都(泰景、無記名一)、律師(慈朝、無記名二)、権律師(延祥)、威儀師(信証、金雄)	6	園城寺文書	平四四四一
⑧	承和五年正月廿六日	838	牒	造東大寺所別当知事	大僧都(無記名一)、少僧都(無記名二)、律師(慈朝、実恵、無記名一)、権律師(延祥)、威儀師(信証、寿均、無記名一)、従儀師(真勇)	9	東南院文書	平四四四二
⑨	承和十二年五月廿日	845	牒	東大寺別当三綱并造寺所	僧正(無記名一)、大僧都(明福)、少僧都(延祥、実恵)、律師(実敏、無記名三)、権律師(無記名一)、威儀師(願護、敬勝、無記名二)、従儀師(慶恩)	24	東南院文書	平四四五一
⑩	承和十三年九月廿五日	846	牒(案)	東大寺別当三綱	少僧都(延祥、実恵)、律師(実敏)、威儀師(敬勝、寿均)、従儀師(恵乾)	不明	東南院文書	平　八〇
⑪	嘉承三年正月九日	850	位記	――(霊鎮)	僧正(泰景)、大僧都(延祥)、少僧都(長訓、実敏)、律師(道雄、真紹、真済、真雅)、権律師(安戒)、威儀師(願護、敬勝)	21	園城寺文書	平四四五八

⑫	斉衡三年正月廿七日	856	牒	東大寺別当三綱幷造寺所	大僧都（実敏）、少僧都（無記名一）、律師（無記名一）、威儀師（康威、霊喜）、大従儀師（恵乾）	12	東南院文書	平四四六八
⑬	天安元年六月七日	857	牒	東大寺別当三綱幷造寺所	僧正（真済）、大僧都（無記名一）、少僧都（無記名一）、律師（無記名二）、威儀師（正俊）、従儀師（義燈）	21	東南院文書	平四四七三
⑭	天安元年八月三日	857	牒	東大寺別当三綱幷造司	僧正（真済）、大僧都（無記名一）、少僧都（無記名一）、律師（無記名二）、大威儀師（無記名二）、威儀師（善智、敬勝、無記名二）、威儀師代（霊喜）、従儀師（義燈）	18	東南院文書	平四四七四
⑮	貞観元年十一月一日	859	牒	東大寺別当三綱幷造寺所専当知事	僧正（真済）、大僧都（無記名一）、少僧都（無記名一）、律師（無記名三）、大威儀師（無記名二）、威儀師（敬勝、正俊、無記名一）、従儀師（峯澄）	17	東南院文書	平四四八三
⑯	貞観二年正月三日	860	牒	東大寺別当三綱幷造司知事	僧正（無記名一）、大僧都（無記名一）、少僧都（明詮）、律師（寿良）、大威儀師（正義）、威儀師（敬勝、無記名一）、従儀師（寵秀）	20	東南院文書	平四四八四
⑰	貞観二年正月五日	860	牒	東大寺別当三綱幷造司所	僧正（無記名一）、大僧都（無記名一）、少僧都（明詮）、律師（寿良、無記名一）、大威儀師（無記名一）、威儀師（敬勝、無記名一）、従儀師（道隆）	20	東南院文書	平四四八五
⑱	貞観二年正月七日	860	牒	東大寺別当三綱幷造司所	僧正（無記名一）、大僧都（無記名一）、少僧都（明詮）、律師（慧遠、無記名三）、大威儀師（正義）、威儀師（敬勝、無記名一）、従儀師（道隆）	24	東南院文書	平　一二九
⑲	貞観五年十月廿九日	863	牒	東大寺別当三綱幷造寺所専当知事	大僧都（無記名一）、少僧都（明詮）、律師（無記名二）、権律師（無記名一）、大威儀師（延寿）、威儀師（善智、明皎、載春、無記名一）、従儀師（峯澄）	19	東南院文書	平四四九一
⑳	貞観五年十一月一日	863	牒	東大寺別当三綱幷造寺所専当知事	大僧都（無記名一）、少僧都（無記名一）、律師（無記名二）、権律師（無記名一）大威儀師（延寿）、威儀師（善智、明皎、載春、無記名一）、従儀師（道隆）	27	東南院文書	平　一三九
㉑	貞観六年正月十三日	864	牒	東大寺別当三綱幷造寺所専当知事	大僧都（無記名一）、少僧都（無記名一）、律師（真紹、無記名一）、権律師（無記名一）、大威儀師（無記名一）、威儀師（善智、載春）、従儀師（峯澄）	30	東南院文書	平四四九三
㉒	貞観六年正月十三日	864	牒	東大寺別当三綱幷造寺所専当知事	大僧都（無記名一）、少僧都（無記名一）、律師（真紹、無記名一）、権律師（無記名一）、大威儀師（無記名一）、威儀師（善智、載春）、従儀師（峯澄）	20	東南院文書	平　一四二

㉓	貞観九年二月五日	867	牒	東大寺別当三綱并造寺所専当知事	僧正（無記名一）、大僧都（無記名一）少僧都（無記名二）、権少僧都（無記名一）、律師（光善、無記名一）、権律師（無記名一）、大威儀師（無記名二）、威儀師（円皎、明皎、無記名二）、権威儀師（無記名一）、従儀師（道叡）	21	東南院文書	平四四九八
㉔	貞観九年十二月十一日	867	牒	東大寺別当三綱并造司所	僧正（無記名一）、大僧都（無記名一）、少僧都（無記名一）、権少僧都（無記名一）、律師（光喜）、権律師（無記名三）、大威儀師（無記名一）、威儀師（円皎、善智、無記名二）、権威儀師（恵乾）、従儀師（承俊）	24	東南院文書	平四四九九
㉕	貞観十一年二月十一日	869	牒	東大寺別当三綱并造寺所	僧正（無記名一）、大僧都（無記名一）、少僧都（無記名一）、律師（最教、光喜）、権律師（春徳）、威儀師（明皎、無記名二）、権威儀師（恵乾）、従儀師（妙満）	22	東南院文書	平四五〇二
㉖	貞観十二年八月十七日	870	牒	東大寺別当三綱并造専所専当知事	僧正（無記名一）、大僧都（無記名一）、少僧都（無記名一）、律師（最教、無記名二）、権律師（興照、無記名一）、大威儀師（無記名一）、威儀師（康威、円皎、敬勝、無記名二）、従儀師（澄叡）	32	東南院文書	平四五〇四
㉗	元慶八年十一月十三日	884	牒（案）	東大興福元興新薬大安薬師招提西大秋篠法隆天王寺別当三綱	権僧正（無記名一）、少僧都（平恩）、権少僧都（無記名一）、律師（無記名二）、権律師（無記名一）、威儀師（峯高、承俊、慧龍、観海）、従儀師（玄乾）	不明	東南院文書	平四五四七
㉘	延喜八年二月廿一日	908	牒（断簡）	不明	僧正（聖宝）、大僧都（無記名一）、少僧都（無記名二）、律師（叡南、観賢、無記名一）、権律師（真覚、無記名三）、威儀師（雲秀、良祐、無記名五）、権威儀師（慶進）	不明	醍醐寺文書	—
㉙	延喜十四年正月廿一日	914	牒（案）	醍醐寺司	少僧都（無記名二）、律師（無記名三）、権律師（禅安、無記名五）、大威儀師（無記名二）、威儀師（雲秀、在判一、無記名五）、権威儀師（慶進）、従儀師（三勝）	不明	醍醐寺要書、東寺文書	—
㉚	承平元年七月廿一日	931	牒（案）	醍醐寺司	少僧都（無記名一）、律師（延喜、無記名一）、権律師（会理、無記名三）威儀師（永有、無記名四）、権威儀師（在判一）、従儀師（峰住）	不明	醍醐寺要書	—
㉛	承平四年十月廿九日	934	牒（案）	醍醐寺	大僧都（無記名一）、少僧都（無記名一）、律師（〃三人〃）、権律師（〃四人〃）、威儀師（無記名一、〃以下五人〃）、権威儀師（無記名一）、従儀師（無記名一）	不明	醍醐寺要書	—

㉜	天暦二年正月十六日	948	牒（案）	醍醐寺司	大僧都（無記名一）、少僧都（無記名一）、権少僧都（無記名一）、律師（無記名二）、権律師（無記名三）、威儀師（無記名四）、権威儀師（無記名二）、従儀師（無記名一）	不明	醍醐寺要書	—
㉝	天暦四年三月十七日	950	牒（案）	醍醐寺司	大僧都（無記名一）、少僧都（無記名二）、権少僧都（〃三人〃）、律師（無記名三）、権律師（無記名一、〃四人〃）、威儀師（〃四人〃〃以下三人〃）、権威儀師（無記名一）、従儀師（無記名一）	不明	醍醐寺要書	—
㉞	安和二年八月十七日	969	牒（案）	醍醐寺	僧正（寛空）、大僧都（無記名二）、少僧都（無記名二）、権少僧都（無記名一、〃五人〃）、律師（無記名三）、権律師（無記名一、〃五人〃）、大威儀師（在判一）、威儀師（無記名二、〃三人〃）、権威儀師（無記名二）、従儀師（在判一）	不明	醍醐寺要書、東寺文書	—
㉟	長和五年十二月廿八日	1016	牒	東大寺	大僧正（無記名一）、僧正（草名一）、権僧正（無記名一）、権大僧都（無記名二）、権少僧都（無記名四）、権律師（無記名十）、威儀師（草名一、無記名四）、従儀師（無記名一）	11	東南院文書	—
㊱	寛仁二年正月十七日	1018	牒	東大寺	大僧正（無記名一）、僧正（草名一）、権僧正（無記名一）、権大僧都・権少僧都（幷せて無記名十）、権律師（無記名五）、威儀師（草名一、無記名七）、従儀師（無記名三）	15	東南院文書	—
㊲	寛仁四年□月廿九日	1020	牒	東大寺	大僧正（草名一）、僧正（無記名一）、権僧正（深覚）、権大僧都（無記名四）、少僧都（無記名二）、律師（無記名二）、権律師（無記名七）、威儀師（頼慶、草名一、無記名二）、従儀師（無記名一）	9	東南院文書	—
㊳	治安二年十二月十九日	1022	牒	東大寺司	大僧正（草名二）、僧正（深覚）、権僧正（無記名一）、権大僧都（無記名五）、権少僧都（無記名六）、権律師（無記名九）、大威儀師（無記名一）、威儀師（清円、草名一、無記名十）、従儀師（満正）	17	東南院文書	—
㊴	治安三年五月二日	1023	牒	東大寺	大僧正（草名二）、僧正（深覚）、権僧正（無記名一）、大僧都（無記名二）、権大僧都（無記名三）、権少僧都（無記名六）、権律師（無記名八）、大威儀師（無記名一）、威儀師（清円、花押二、無記名十）、従儀師（花押一）	10数	東南院文書	—

㊵	天喜五年十二月七日	1057	牒	玄番（ママ）寮	大僧正（草名一）、僧正（無記名一）、権僧正（無記名一）、法印権大僧都（草名一）、権大僧都（無記名四）、威儀師（定助、蓮明、無記名六）、権威儀師（無記名一）	9	東南院文書	—
㊶	嘉承二—四月廿二日	1107	牒（案）	七大寺	不明（日下の〃従儀師〃以外は削除）	不明	東南院文書	—
㊷	天永二年正月廿五日	1111	牒	東大寺	大僧正（増誉）、権僧正（範俊）、僧正（無記名一）、法印権大僧都（無記名一）、権大僧都（無記名一）、威儀師（静算）、従儀師（暹真）	—	中村雅真氏所蔵文書	—
㊸	永久元年十一月廿三日	1113	請定（案）	——（行暹）	大僧正（在判一）、権僧正（在判一）、僧正（無記名一）、法印権大僧都（無記名二）、威儀師（静算）、従儀師（暹□）	不明	高山寺所蔵東寺文書	—
㊹	大治元年十二月一日	1126	請定	——（弘覚）	大僧正（行尊）、僧正（無記名一）、権僧正（勝覚）、法印権大僧都（無記名一）、権大僧都（無記名一）、威儀師（静算）、従儀師（暹真）	—	福智院家文書	—
㊺	保延元年十二月一日	1135	請定	——（覚継）	大僧正（覚猷）、僧正（無記名一）、権僧正（定海、無記名一）、法印権大僧都（無記名一）、威儀師（維厳）、従儀師（暹真）	—	福智院家文書	—
㊻	永万元年七月廿三日	1165	牒	東大寺	法務前大僧正（花押）威儀師（行惣）、従儀師（覚俊）	—	東南院文書	平三三六二
㊼	承安二年十月廿七日	1172	牒（部分引用）	不明（法隆寺）	法務権僧正（〃在判〃）威儀師（覚俊）、従儀師（実禎）	不明	聖徳太子伝私記	—
㊽	寛喜二年七月十三日	1230	牒（引用）	東大寺	法務僧正（親厳）威儀師（厳縁）、従儀師（相円）	不明	東大寺続要録	—
㊾	延応元年九月廿八日	1239	牒（引用）	東大・興福・元興・大安・薬師・西大・招提等寺	大僧正（覚教）、僧正（〃四人〃）、権僧正（〃七人〃）、法印権大僧都（聖□）、威儀師（厳縁）、従儀師（寛賢）	不明	類聚世要抄	鎌五四八〇
㊿	延応元年九月廿八日	1239	牒（引用）	東大・興福・元興・大安・薬師・西大・招提・新薬師等寺	〃同前〃威儀師（厳縁）、従儀師（寛賢）	不明	類聚世要抄	鎌五四八一
51	仁治三年四月廿三日	1242	請定	——（宗性）	威儀師（済紹）、従儀師（寛賢）	—	春華秋月抄草五裏文書	鎌六〇一六

52	寛元元年五月廿日	1243	請定	——（宗性）	威儀師（済紹）、従儀師（□□）	｜	最勝問答記裏文書	鎌六一八四
53	寛元二年九月廿六日	1244	請定	——（宗性）	威儀師（済紹）、従儀師（寛賢）	｜	内明因明雑論義抄裏文書	｜
54	寛元三年九月二日	1245	請定	——（宗性）	威儀師（済紹）、従儀師（寛賢）	｜	春華秋月抄草十五裏文書	鎌六五三四
55	寛元四年五月八日	1246	請定	——（宗性）	威儀師（済紹）、従儀師（寛賢）	｜	春華秋月抄草十五裏文書	鎌六六九四
56	建長五年五月廿一日	1253	請定（引用）	——（房円）	威儀師（済紹）、従儀師（寛賢）	不明	後常瑜伽院御室日記	｜
57	建長五年六月廿一日	1253	請定	——（宗性）	威儀師（済紹）、従儀師（寛賢）	｜	新四季講文抄十裏文書	｜
58	建長五年九月廿三日	1253	請定	——（宗性）	威儀師（済紹）、従儀師（寛賢）	｜	新四季講文抄十裏文書	｜
59	建長五年九月廿八日	1253	請定	——（宗性）	威儀師（済紹）、従儀師（寛賢）	｜	新四季講文抄十裏文書	｜
60	文永七年三月六日	1270	牒（案）	七大寺	威儀師（厳暹）、従儀師（相秀）	不明	大東家文書	鎌一〇五九六
61	文永八年十二月六日	1271	請定	——（宗性）	威儀師（厳暹）、従儀師（相秀）	｜	華厳宗技葉抄草五裏文書	｜
62	文永八年十二月十八日	1271	請定（引用）	——（伝燈大法師位某）	大僧正（道融）、僧正（無記名四）、権僧正（無記名十）、法印権大僧都（無記名二）、威儀師（厳暹）、従儀師（相秀）	不明	阿娑婆抄	｜
63	元亨元年十二月十三日	1321	請定	——（膺遍）	威儀師（維縁）、従儀師（規寛《ママ》）	｜	早稲田大学図書館所蔵文書	｜

注　『醍醐寺要書』収載の文書のうち㉛㉜㉝は本来あったはずの自署が筆写の際に省略されたと考えられる。

者と照合してみると、極めて興味深い事実が判明する。

（本文略）

永万元年七月廿二日従儀師「覚俊」

威儀師「行惣」

法務前大僧正（花押）

すなわち、この僧綱牒に連署していた威儀師行惣が、当時僧綱所で惣在庁なる地位もしくは職掌にあったことはほぼ疑いなく、同時に従儀師の一人覚俊が公文であったことも推定されるのである。(11) それでは、現存する十二世紀以降の僧綱発給文書（表7で㊷以降）に一貫して連署していた威儀師・従儀師は、すべて惣在庁・公文と呼ばれていた僧であろうか。この点については厳密に検討を加えてみる必要がある。

2　記録に見える「惣在庁」「公文」の検出

惣在庁・公文の地位にあった僧名を、十二世紀から十三世紀にかけてほぼ連続的に知り得る好個の史料に、問答記の類がある。鎮護国家・宝祚長遠の祈禱を目的とする法会・講会は、平安期以降、増々盛んに催されており、奈良時代に創始されていた南都三大会（興福寺維摩会・宮中御斎会・薬師寺最勝会）のほかに、北京天台方の三会（法勝寺大乗会・円宗寺法華会・円宗寺最勝会）や三講（宮中最勝講・仙洞最勝講・法勝寺御八講）などがその代表的なものとして知られるが、問答記とは、これらに公請として招かれて竪義・聴衆・講師・精義・問者・証義者などを勤めた僧名を、臨席した公卿の名とともに記録したものである。今日まとまって伝わる問答記としては、鎌倉時代における南都仏教の中心人物と評されている東大寺の宗性[12]の筆写にかかるもの（東大寺図書館所蔵）が知られ、これらは平岡定海氏の『東大寺宗性上人之研究並史料』に他の宗性関係史料とともに編年順に整理されており、容易に披見することができる。その中から、講会の一例として建仁元年（一二〇一）の法勝寺御八講の次第[13]を一部引用してみよう。

建仁元年法勝寺御八講

上卿大納言藤実宗　奉行右中弁長房

惣在庁威儀師俊紹　公文従儀師賢慶

証誠

興福寺別当権僧正雅縁同権別当法印信宗雖レ預二御請一辞退了、今度初度御請也

講師

権大僧都顕忠十　権少僧都信憲十二　円長八　権律師定範三　聖覚七　明禅五　大法師顕尊初参　頼恵三　重信初参　長範初参

已上三会已講

聴衆

聖詮東新　隆快山二　円経興新　信定興新　尊弁寺新　貞乗東二　光暁寺新　宣舜寺二　静金寺新　源円山新

（以下略）

このように、冒頭に講会の総括的指揮を担当する者として上卿（藤原実宗）及び奉行職事（藤原長房）とともに、衆僧を指導し威儀を整える役目の威儀師・従儀師の名が記されており、それぞれが惣在庁・公文と称しているところから、その年に惣在庁・公文の地位にあった僧名を確認する手がかりとなるのである。

宗性筆写の問答記のうち、「惣在庁威儀師」及び「公文従儀師」の記載が見られるのは『法勝寺御八講問答記』十二冊[14]のほかに、『最勝講問答記』九冊[15]、『仙洞最勝講幷番論義問答記』[16]及び『季御読経金光明会番論義問答記』[17]各一冊があるが、それによって知り得た結果を一応まとめておくと次のようになる。

まず惣在庁は、仁平三、四年（一一五三、四）が行俊、跳んで寿永二年（一一八三）→建久三年（一一九二）が経縁、建久四年（一一九三）→承元二年（一二〇八）が俊紹、承元三年（一二〇九）→建保三年（一二一五）が賢俊、建保四年（一二一六）→承久二年（一二二〇）が俊暹、承久四年（一二二二）→嘉禄三年（一二二七）が賢俊、安貞二年（一二二八）→仁治二年（一二四一）が厳縁、仁治三年（一二四二）→正元元年（一二五九）が済紹、文応元年（一二六〇）以降少なくとも文永十一年（一二七四）までは厳暹であることが確認される。

一方の公文は、仁平三、四年（一一五三、四）が兼算、跳んで寿永二年（一一八三）→建久七年（一一九六）が相慶、建久八年（一一九七）→建保三年（一二一五）が賢慶、建保四年（一二一六）→嘉禎四年（一二三八）が相円、延応元年（一二三九）→弘長二年（一二六二）が寛賢、弘長三年（一二六三）以降少なくとも文永十一年（一二七四）までが相秀ということになる。

こうして、ほぼ十二世紀半ばから十二世紀末に至るまでの惣在庁・公文の任にあった僧名を知り得るわけであるが、次にこれら問答記以外の史料も駆使して、より完璧を期しておきたい。

天永二年（一一一一）正月十八日、中御門宗忠は惣在庁静算から新任の挨拶を受けたことをその日乗に記しており[18]、同年の正月に威儀師静算が惣在庁に就任したことがまず確かめられる。一方、源師時は元永二年（一一一九）五月十八日の宮中最勝寺において、威儀師覚範が語った話を次のように書き留めている。[19]

問答了威儀師覚範起座、跪㆓長橋西辺㆒、召云、法師権大僧都従僧《音》㆓故総在庁慶俊語云、於㆓僧綱㆒者謂㆑官、法印以

下謂レ名、但山階寺別当大僧正為二法印大僧都一時呼レ官、件人為二執柄子一、異二他人一之故也云々、

ここで引き合いに出されている「故総在庁慶俊」に注目したい。威儀師慶俊については、嘉承二年（一一〇七）の本院御法事で公卿に香を配り渡している姿を見出すことができ、[20] 静算が就任する四年前まで健在であったところからすると、静算の前任惣在庁が慶俊であったことがほぼ推定されよう。ちなみに、慶俊は康和四年（一一〇二）の尊勝寺の供養でも、やはり衆僧の先頭に立って指南しているので、[21] 遅くとも同年まで惣在庁の在任期間を遡らせることが可能である。

また、『醍醐雑事記』によれば、保延七年（一一四一）院祈願の泥塔二万基造立供養に関する件で、惣在庁維厳と公文円厳が醍醐寺に僧正定海を訪ねて対面していた。[22] このうち維厳については、少なくとも大治四年[23]（一一二九）及び永治二年[24]（一一四二）にも惣在庁の在任を確かめ得る。[25] 同じく『醍醐雑事記』には、仁平三年（一一五三）五月十九日に醍醐寺の僧都元海が大僧都に転任したので、同月二十一日惣在庁行俊が、二十九日には公文兼算が表慶訪問している記事が見える。[26] これらは、いずれも先の問答記から得られた結果を補い、あるいはそれを再確認し得る一例と言えよう。

次に触れておきたいのは、『御室相承記』に伝える[27]惣在庁行惣の逸話である。

惣在庁行惣参二御所一乍レ致二奉行一不レ勤二御前一

伝語云、為レ被レ処二行惣於過怠一、令レ申二賜惣法務一御、則殊彼仁之所職、仁安三年四月六日、以二覚俊一被レ補二惣在庁一、爾以来代々御室皆令レ召二仕綱所一給、

これは仁安二年（一一六七）、覚性法親王が初めて「綱所」を賜って拝賀を行なった際に、前駆を勤めた僧侶・供奉人らの名を挙げた記事の付けたりの部分に当る。この記事には後章で検討するように、当時の「綱所」の意味を考え

る上で注目すべき内容が含まれているのであるが、ここでは、行惣が覚性の御前勤仕を懈怠したために惣在庁を解任され、替って翌三年（一一六八）威儀師覚俊が補任された[28]という事実があったことのみを指摘28しておく。つまり、このことから永万元年（一一六五）当時従儀師であった覚俊が、この時点で威儀師に昇進したことが推定されるとともに、惣在庁は威儀師より、公文は従儀師より選任されるという原則のあったことも、あらためて確認されるのである。

なお、宗性筆写の問答記で確かめられた惣在庁・公文の下限は文永十一年（一二七四）であったが、これ以降となると、例えば『嘉元四年結縁灌頂記』[29]によって同年（一三〇六）の惣在庁維縁と公文相尊の存在を知ることができる。結縁灌頂記の類は、これ以後室町時代頃にかけてのものがいくつか伝存しており[30]、その時々の惣在庁・公文の僧名を知ることが可能であるが、本稿では僧綱発給文書との関係もあって、南北朝以降の分については検討の対象から除外した。

さて、以上掲げてきた史料は、惣在庁・公文の性格や職掌を窺う上でも貴重なものばかりであるが、本章では惣在庁・公文の沿革を知ることを急務と考えて、僧名のみを検出してきたわけである。そこで、これまで確認し得た惣在庁・公文の任にあった者を、前表7の各々の年時の僧綱発給文書の署判と照合してみると、そこに連署する威儀師・従儀師の僧名とすべて一致する。従って残存する十二世紀以降の僧綱発給文書（㊷以降）に連署していた威儀師・従儀師とは実は惣在庁・公文なる地位にあった僧であることがここに明らかとなったのである。

これによって、不明であった年の惣在庁・公文を、逆に僧綱発給文書の連署から推定することも可能となる。例えば表7の㊼に掲げておいた僧綱牒とは、顕真自筆稿本の『聖徳太子伝私記（亦名古今目録抄）』[31]の裏書に、わずかに、

高蒼（ママ）院承安二年〻七廿七日十月別当権大僧都覚長僧綱牒在レ之、使威（儀脱）師行勝・従儀師林範、従儀師実禎・法務権僧正在（判）□十月廿七日威儀師覚俊

と見えるものに過ぎず、しかも原文書からの引用部分には明らかに錯簡がある。しかし、後述の如く綱所使は通例二名であるところから、もとの僧綱牒には法務権僧正・威儀師覚俊・従儀師実禎の三名の署判があったことはほぼ疑いなく、[32]承安二年（一一七二）当時の惣在庁・公文は覚俊・実禎と推定されるのである。このほか、㊷㊸㊹㊺㊻なども、問答記等の史料では空白となっていた時期の惣在庁・公文の僧名を補うものと言えよう。

それでは、惣在庁・公文制の成立はいつ頃まで遡り得るであろうか。管見の範囲で、惣在庁の初見史料は『初例抄』[33]巻下所引の『延久二年日記』である。

御論義有二七双一例

後冷泉院御時、後三条院御時被レ語、延久二年日記云、済禅惣在庁、先帝御時、春季御読経時、有二七番一、其後未レ聞、大安寺僧都説、

右の記事の意味するところは、およそ次のようであろう。後三条天皇在位中（一〇六八〜七二）の延久二年（一〇七〇）の日次によると、大安寺の僧都其の説くところとして、先帝（後冷泉天皇）の時の春季御読経の論義は七番《つがい》、つまり問答が交互に七回あったが、その後はかかる例はないと惣在庁の済禅が述べているというのである。『初例抄』の編者はこの記事を引いて、論義の七双（七番）は後冷泉天皇（一〇四五〜六七）の時が初例であるとして、「御論義七双例」という項を立てているわけである。従って、この史料から遅くとも延久二年（一〇七〇）までには、惣在庁なる僧綱所における地位が成立していたことが知られよう。ところで、これまでの考察によって、惣在庁・公文制の成立が威儀師・従儀師連署制の出現をもたらしたとみてよいから、僧綱発給文書の位署形式と照らし合せてみると、それは天喜五年（一〇五七）以降でなければならない。つまり、第一節で保留しておいた僧綱制の改編時期とは、天喜五年（一〇五七）〜

表8　惣在庁・公文の沿革（鎌倉末期まで）

惣在庁	
↑延久二年（一〇七〇）	済禅
↑康和四年（一一〇二）―嘉承二年（一一〇七）―天永元年（一一一〇）?	慶俊
天永二年（一一一一）―大治元年（一一二六）↓	静算
↑大治四年（一一二九）―康治二年（一一四三）↓	維厳
↑仁平三年（一一五三）―仁平四年（一一五四）↓	行俊
↑永万元年（一一六五）―仁安二年（一一六七）	行惣
仁安三年（一一六八）―承安二年（一一七二）↓	覚俊
↑寿永二年（一一八三）―建久三年（一一九二）	経縁
建久四年（一一九三）―承元二年（一二〇八）	俊紹
承元三年（一二〇九）―建保三年（一二一五）	賢俊
建保四年（一二一六）―承久二年（一二二〇）↓	俊暹
↑承久四年（一二二二）―嘉禄三年（一二二七）	賢俊〔再任〕
安貞二年（一二二八）―仁治二年（一二四一）	厳縁
仁治三年（一二四二）―正元元年（一二五九）	済紹
文応元年（一二六〇）―文永十一年（一二七四）↓	厳暹
↑嘉元四年（一三〇六）―元亨元年（一三二一）↓	維縁

公文	
↑永久元年（一一一三）―保延元年（一一三五）↓	暹真
↑保延七年（一一四一）―康治二年（一一四三）↓	円厳
↑仁平三年（一一五三）―仁平四年（一一五四）↓	兼算
↑長寛二年（一一六四）―仁安二年（一一六七）	厳俊
仁安三年（一一六八）?―承安二年（一一七二）↓	実禎
↑寿永二年（一一八三）―建久七年（一一九六）	相慶
建保四年（一二一六）―嘉禎四年（一二三八）	相円
延応元年（一二三九）―弘長二年（一二六二）	寛賢
弘長三年（一二六三）―文永十一年（一二七四）↓	相秀
↑嘉元四年（一三〇六）↓	相尊
↑元亨元年（一三二一）↓	規寛

延久三年（一〇七〇）の間にあったことがほぼ確実になったと言えるのである。

なお、これまでに判明した惣在庁・公文の沿革は表8に掲げた通りであるが、最後に『仁和寺侯人系図[34]』なるものに若干触れておく。当時、僧侶の妻帯世襲はことさら珍しいことではなかったとは言え、惣在庁に補任された者が、この系図に載せられている諸家のうち、特定の三家に限られていた事実（図2参照）は驚嘆に値する。本章で検出された惣在庁の僧名は、ほとんどこの系図の中に見出されるが、一方で問答記及びその他の史料に見えなかった者も二、三ある。とくに、維厳の祖父に当る恩紹が惣在庁であったと註記されるところから、この系図に信を置くとその在任期間が問題となるが、先に惣在庁の初見であることを指摘した済禅（この名は系図に見えない）よりも年代的に遡り得る人物とは思われない。表7では、この系図のみから惣在庁であったことが知られる僧名は一応除外した。なお、惣在庁を含むこうした威儀師・従儀師を輩出した家系が、「仁和寺侯人」と呼ばれるようになる理由についてはのちに触れるはずである。

図2　仁和寺侯人系図（続群書類従本より抜粋）

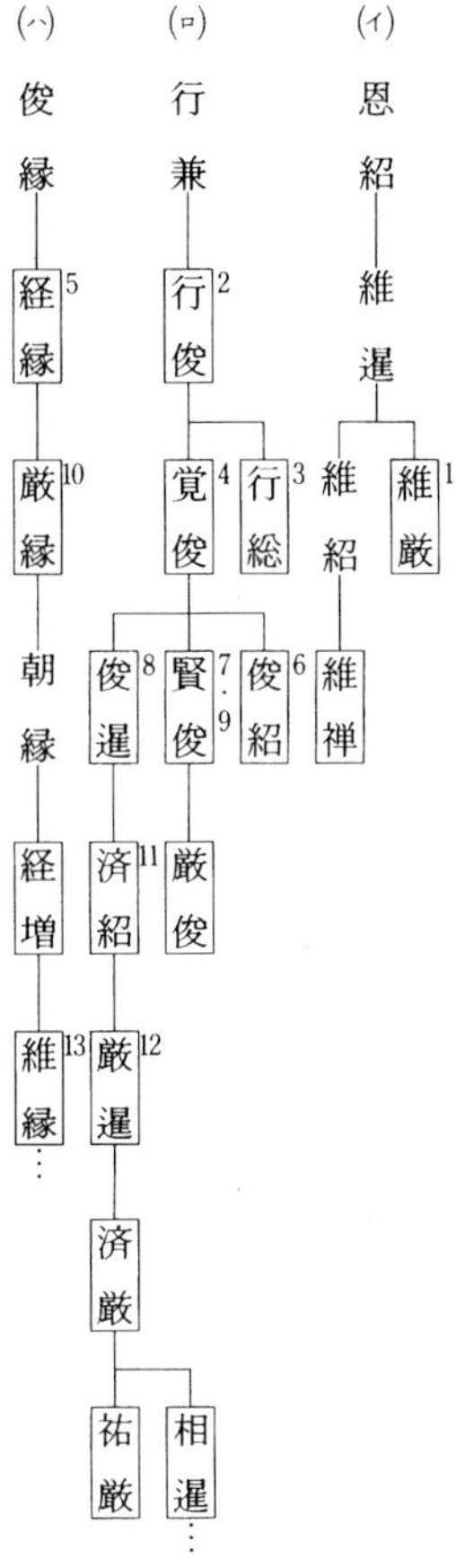

〔注〕□は系図に「惣在庁」の註記のあるもの
右肩の数字は表8によって知られる惣在庁在任の順序

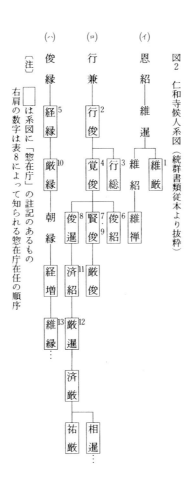

第二節　惣在庁・公文制の機能と性格

1　法務制の成立と僧綱の不在化

十一世紀後半に僧綱発給文書に生じた威儀師・従儀師の連署制が、実は僧綱所における惣在庁・公文制の成立を意味するものであったことが、前節で明らかとなった。ところで、すでに指摘しておいたように、それに引き続いて現れる差出書の変化として注目されるのは、㊻以降それまで上段に列記されていた僧綱位署が法務単署に替わる点である。惣在庁・公文制の成立事情や機能・職掌を解明するには、まずこの法務との関係を追求することが必要となろう。

法務制が制度的に確立したのは、興福寺本『僧綱補任[35]』貞観十四年壬辰条に見える「僧正真雅三月十四日為法務……大威儀師延寿〔三カ〕二月十四日為法務……」という初見記事によって、一般に貞観十四年（八七二）のことと理解されている[36]。ただ、これほどの政策変更に関する記事・法令が『日本三代実録』や『類聚三代格』等に全く所見がないのは不審で、この点なお検討の余地は残されているが、本稿ではとりあえず通説に従って進めることにしたい。この場合、真雅は空海の高弟で東寺僧、延寿は興福寺僧であるところから、顕密から各一名を以て選任されたとみられるが、のちに掲げる沿革表からも明らかな如く、このことは必ずしも原則とはなっていない[37]。むしろ、両人とも当時の僧綱所構成員であった点に着目すべきである。また、大威儀師は僧綱に準ずべき僧職であった[38]とは言え、厳密には僧綱ではないのであって、当初は必ずしも上臈の僧綱二人とは限らなかった点も注意されてよい。

表9　法務沿革表（平安末期まで）

貞観14年（872）	真雅〔真言、僧正、東寺長者〕	延寿〔法相、大威儀師〕 のち権律師
元慶3年（879）	↓入滅	↓
仁和元年（885）		↓入滅
寛平6年（894）	益信〔真言、権少僧都、東寺長者〕	聖宝〔真言、権律師〕 のち僧正、東寺長者
延喜6年（906）	↓入滅	↓
延喜9年（909）		↓入滅
延喜12年（912）	観賢〔真言、少僧都、東寺長者〕 のち権僧正	禅安〔真言、権律師〕
延喜14年（914）	↓入滅	↓入滅
延長3年（925）	増命〔寺門、園城寺長吏、天台座主〕 ↓のち僧正	延敞〔真言、権律師、東寺二長者〕 のち権少僧都、一長者
延長4年（926）	辞退	↓
延長6年（928）		↓入滅
天慶元年（938）	尊意〔山門、大僧都、天台座主〕 即辞退	仁斅〔法相、律師〕 ↓のち権大僧都
天暦3年（949）		入滅
天暦10年（956）	延昌〔山門、大僧都、天台座主〕 即辞退	寛空〔真言、少僧都、東寺一長者〕 のち僧正 ↓入滅
天禄3年（972）	良源〔山門、権少僧都、天台座主〕 のち大僧正	寛忠〔真言、権少僧都、東寺三長者〕 ↓のち二長者 入滅
貞元2年（977）	↓	定昭〔法相、少僧都、興福寺別当、東寺二長者〕 ↓のち大僧都、一長者
天元6年（983）	↓辞退	入滅
永観2年（984）	寛朝〔真言、権少僧都、東寺一長者〕 ↓のち大僧正	元杲〔真言、少僧都、東寺二長者〕 ↓のち権大僧都
永延2年（988）	辞退	入滅
永祚元年（989）	真喜〔法相、権大僧都、興福寺別当〕 ↓入滅	雅慶〔真言、権少僧都、東寺二長者〕 のち大僧正、一長者
長保2年（1000）	観修〔寺門、僧正、園城寺長吏〕 ↓のち大僧正 辞退	↓
長保3年（1001）	済信〔真言、権少僧都、東寺二長者〕 ↓のち大僧正、一長者 辞退	↓
寛弘8年（1011）	定証〔法相、大僧都、興福寺別当〕	↓入滅
寛弘9年（1012）	↓	
長和2年（1013）	↓	済信 復任
長和4年（1015）	↓入滅	↓

寛仁元年(1017)	深覚〔真言、権大僧都〕 のち大僧正、東寺一長者	↓ 辞退
治安3年(1023)	↓	院源〔山門、僧正、天台座主〕
長元元年(1028)	↓	↓ 入滅
長元4年(1031)	辞退	仁海〔真言、少僧都、東寺二長者〕 のち僧正、一長者
長元6年(1033)	深覚 ↓ 復任 入滅	↓
長久4年(1043)	明尊〔寺門、大僧正、園城寺長吏〕 のち天台座主	入滅
永承元年(1046)	↓	深観〔真言、権大僧都、東寺長者〕
永承3年(1048)	↓	↓ 入滅
永承5年(1050)	↓	
天喜3年(1055)	↓	覚源〔真言、権大僧都、東寺一長者〕 のち権僧正
康平3年(1060)	辞退	↓
治暦元年(1065)	長信〔真言、権大僧都、東寺一長者〕	入滅
延久2年(1070)	↓	頼信〔法相、法印権大僧都、興福寺別当〕
延久4年(1072)	入滅	↓
承保元年(1074)	信覚〔真言、法印大僧都〕 のち僧正、東寺一長者	入滅
承保3年(1076)	↓	覚園〔寺門、大僧正、園城寺長吏〕 のち天台座主
応徳元年(1084)	入滅	↓
応徳3年(1086)	定賢〔真言、権少僧都、東寺一長者〕 のち法印大僧都	辞退
寛治3年(1089)	↓	増誉〔寺門、法印権大僧都〕 のち大僧正、園城寺長吏、天台座主
康和2年(1100)	入滅	↓
康和3年(1101)	経範〔真言、権大僧都、東寺一長者〕	↓
長治元年(1104)	↓ 入滅	↓
長治2年(1105)	範俊〔真言、法印権大僧都、東寺一長者、 ↓ 興福寺別当〕のち権僧正 入滅	↓
天永3年(1112)	寛助〔真言、法印権大僧都、東寺一長者〕 のち大僧正	↓
永久3年(1115)	↓	辞退
永久4年(1116)	↓	覚信〔法相、大僧正、興福寺別当〕 ↓ 辞退
永久5年(1117)	↓	行尊〔寺門、権僧正、園城寺長吏〕 のち大僧正、天台座主
天治元年(1124)	辞退	↓
天治二年(1125)	勝覚〔真言、権大僧都、東寺一長者〕 ↓ のち権僧正 入滅	↓
大治4年(1129)	信澄〔真言、権大僧都、東寺一長者〕 ↓ のち僧正 辞退	辞退

長承３年(1134)	定海〔真言、法印権大僧都、東寺一長者〕 のち大僧正	増智〔寺門、権僧正〕 ↓のち僧正 辞退
長承４年(1135)		覚猷〔寺門、大僧正、園城寺長吏〕 ↓のち天台座主 辞退
保延２年(1136)		忠尋〔山門、僧正〕 ↓のち大僧正 辞退
保延３年(1137)		行玄〔山門、法印権大僧都〕 のち僧正、天台座主
久安元年(1145)	↓ 辞退	
久安２年(1146)	寛信〔真言、権大僧都、東寺一長者〕 のち法印権大僧都	
仁平３年(1153)	↓ 入滅	
久寿２年(1155)		↓ 入滅
保元元年(1156)	寛遍〔真言、権僧正、東寺一長者〕 のち大僧正	
保元３年(1158)		恵信〔法相、僧正、興福寺別当〕 ↓ 解任
永万元年(1165)	↓ 入滅	覚忠〔寺門、権僧正、任天台座主〕 のち園城寺長吏、大僧正
仁安元年(1166)	禎喜〔真言、権大僧都、東寺一長者〕 のち大僧正	↓ 辞退
仁安２年(1167)		尋範〔法相、僧正、興福寺別当〕 ↓
承安２年(1172)		辞退
承安４年(1174)		覚讃〔寺門、大僧正〕 ↓のち園城寺長吏 入滅
治承４年(1180)		房覚〔寺門、僧正、園城寺長吏〕 のち大僧正
寿永２年(1183)	↓ 入滅	↓ 入滅
寿永３年(1184)	定遍〔真言、権僧正、東寺一長者〕 のち僧正 ↓	全玄〔山門、前権僧正、天台座主〕 のち僧正 ↓

注１）東寺寺務は当初、「別当」と呼ばれていたのであるが、しばらく『東寺長者補任』（五巻本）の記載に従って、「長者」に統一する。

２）法務の補任年代及び補任時の僧綱位は諸本・各宗派によって所伝が異なるものが多い。ここでは最も妥当と思われる説を採用したが、今後更に補訂していきたい。

ところで、後世東寺関係の僧によって編纂された五巻本『東寺長者補任』[39]や『東宝記』[40]、あるいはそれらに依拠したとみられる『初例抄』[41]などでは、延寿を「権法務」としている。しかし、少なくとも十一世紀中頃までは定数の二名が共に〝法務〟と称していたことを示す確かな徴証があり[42]、かつ、興福寺や天台宗側の文献に〝権法務〟なるものが全く見えないところからすると、「正」「権」の区別は恐らく東寺長者が法務二名を独占することが多くなってから、東寺側で最初に称え出したことと考えられる[43]。表9に掲げた平安末期までの法務沿革表は、興福寺本『僧綱補任』と東大寺本『僧綱補任抄出』をもとに、五巻本『東寺長者補任』、六巻本『興福寺別当次第』[44]、『天台座主記』（続群書類従本）[45]及び『寺門高僧記』[46]等も参酌しつつ作成したものであるが、そこでは「正」「権」の区別はつけないこととした。

さて、それでは法務制の成立は、僧綱制の変質過程の上でどのような位置を占めるものであったろうか。表7と表9を利用することによって、この点をかなり闡明にすることができる。まず、一例として表7㊲の寛仁四年（一〇二〇）□月二十九日僧綱牒[47]を取り上げて検討してみよう。これには表7に示した如く、大僧正から権律師に至る都合二十三の僧綱位が列記されているものの、このうち自署を有するのは大僧正（草名）と権僧正「深覚」の二人だけである。草名体の僧名については、前年（一〇一九）の十月二十日、東寺長者済信が天台座主慶円辞退の代りに大僧正に就任していることが知られるので[48]、『大日本古文書』の編者が比定している通り済信であることは疑いない。一方、表9によれば、寛仁四年（一〇二〇）当時の法務は済信と深覚であった。以上の点から、当時僧綱牒に実際に署名していたのは、二人の法務のみではないかと推定されるのであるが、このことはさらに㊲㊳㊴㊵㊷㊹㊺の文書の自署と、各年の法務在位の僧名とを照らし合せてみることでほぼ確実となる。㉞（寛空）、㉟㊱（草名─済信としてよい）の場合に一名の自署しかないのは、たまたまその時期に法務一名が欠員だったことに呼応するものに過ぎないし、㉚（延喜、会理）などは法務が空位であったための措置と考えられるから、法務制成立以降の僧綱発給文書に署判しているのが、原則として法務の任にある者のみであったことはもはや明白である(49)。

となると、この当時の僧綱牒において、僧綱位のみの記載があって自署がない（表7ではこれを「無記名」としておいた）のはどのように解釈すべきであろうか。保安三年（一一二二）臨時度者一万人が認可されたことに応じて交付されたものの唯一の残存例である、康治二年（一一四三）四月日付の石清水八幡宮寺祠官田中慶清の度縁(50)は、この点を考えるのにまことに示唆的である。この度縁は従来、延喜度縁式(51)に合致するものと指摘されているが(52)、果して妥当な見解かどうか。そこで、まず、両者の僧綱署判の部分を比較してみよう。

〔延喜度縁式〕

僧綱

僧正位名（若無者律師以上一人署）　威儀師位名

威儀師位名

〔康治二年沙弥慶清度縁〕

僧綱

法務大僧正法印大和尚位　威儀師伝灯大法師位「維厳」

法務法印権僧正和尚（マヽ）位「行玄(53)」　従儀師伝灯法師位「円厳」

このように、『延喜式』本来の規定では僧正ないし律師以上一名の僧綱署判であったものが、康治二年の段階になると法務の署判に替っており、度縁交付のような僧綱行政のうちでも最も重要なものの一つが、法務の職掌として執行されていたことが明らかである。ちなみに、表9に示した通り、当時行玄と共に定海も法務の任にあったのであるが、ここに自署が見えないのはたまたま定海が所労勝ちであったことによると思われる。[54]しかし、それにもかかわらず、文書面では法務二名の連署形式が守られており、法務制の内実は二名による共同責任体制であったことがあらためて知られよう。また、下段の位置も威儀師二名から威儀師、従儀師各一名に替っており、維厳・円厳は当時の惣在庁・公文と推定されるから、[55]実は、「惣在庁・公文制」がすでにここにも反映されているのである。[56]かかる度縁の考察結果と、先の僧綱発給文書の分析結果とを併せて検討してみるならば、当時僧綱所において綱務を掌握していたのが法務であったことは疑いなく、以上の点は同時に、法務以外の一般僧綱が僧綱所に参集していなかった事実を示すものと考えられる。

ところで、表7によれば、差出書における無記名という現象はすでに⑫以降から増加し始めていた。本来僧綱所は僧綱の「常住」が義務づけられており、[57]平安期初頭においても仏教行政遂行に際しては、僧綱の任にある者の大多数が参集していたことが、前述の如く延暦期の僧綱発給文書の署判から確かなのであるから、そうした原則が九世紀中葉を境に急激に崩れつつあったわけである。そうした原因の一つには、平安遷都以後薬師寺から西寺へ僧綱所が移され、[58]南都諸寺との間に地理的乖離が生じた点も挙げられようが、最大の要因は何と言っても、この頃から顕然としてくる寺院・僧侶の貴族化・世俗化、[59]およびそれに伴う僧綱位の名目化にあったことは疑いあるまい。[60]貞観十四年（八七二）における法務制の成立は、解由制度の強化という当時の国家の政策とも密接な関係を有していたと思われるが、[61]その背景には仏教界が以上のような状況にあったことを理解する必要がある。これらの点を勘案すると、僧綱の中から二名を選任し、いわば僧綱所の長官として新たに法務なる職名を与えたのは、一般官司に準じて、仏教行政の担当者の責任を明確化させると共に、その機構的再編を図るためであったと評価することができよう。このように、本来仏教行政に関しては僧綱員の大多数が審議に加わるのを建前としていたものが、法務にその権限が委ねられる体制に転換したことにより、一般の僧綱は原則として綱務から解き放たれることになったと理解されるのである。

2　威儀師・従儀師の在庁化

かくして、九世紀には早くも僧綱制の弛緩に対応を迫られ、僧綱所は新たに設置された法務（定員二名）と従前からの威儀師・従儀師とを構成員として再出発することとなった。しかし、それでは法務制に移行したのち、法務自らが僧綱所に常勤しているような状況が続いたかと言えば、それは否であろう。表9から明らかなように、この後程なく法務は、僧正・僧都といった高位にある者のみが選任されるようになり、勢い東寺長者・興福寺別当・園城寺長吏・天台座主などの任にある者が交互に兼任する（法務を経てこれらの職に任命される場合もある）体制が定着するからである。これらは、当時すでに貴種出身者によって占められていたから、通例は院家に居住していたとみられ、従って法務は度縁や位記の交付、公請の請定、そのほか僧綱牒発給といった仏教行政の必要時に際してのみ、平時起居している院家から僧綱所に参向するのが一般的形態になっていたことは推測に難くない。(62)すなわち、かかる状況のもとでは、通常威儀師・従儀師が僧綱所の留守を預る存在となっていたことは疑う余地があるまい。前章で引用した『広隆寺来由記』所引の永万元年（一一六五）再建落慶供養の記事で、〃綱所〃として臨席していたのが惣在庁威儀師行惣・威儀師長賀・公文従儀師覚俊・従儀師長深の四名だけであったことは、こうした事情を如実に示すものと言えよう。

ここまで述べてくると、もはや惣在庁の成立事情は明らかであろう。つまり、長官たる法務の不在化によって僧綱所が留守所となったために、そこにとどまって事務を扱っていた威儀師・従儀師が「在庁」と呼ばれるようになり、十一世紀後半にそれら在庁威儀師の中から、上﨟もしくは有力者を以て任じられた僧綱所の指揮官が「惣在庁」ではなかったか、ということである。(63) 早くも長徳元年（九九五）十月五日河内読師賢信家地売券(64)には、買人として、「在庁威儀師慶芸大法師」なる者が登場しているし、「在庁従儀師」の例も顕真自筆稿本『聖徳太子伝私記（亦名古今目録抄）』に、康平二年（一〇五九）の法隆寺綱封蔵移納に際して派遣された綱所使の一人として見えている。また、在庁と惣在庁の関係については、仁和寺所蔵『後常瑜伽院御室日記』(66) 永享四年（一四三二）七月二十二日条に引く、前惣在庁隆紹を還補した時の次のような任符に示されている。

在庁威儀師隆紹

被₂二品親王御俤₁件人、宜ᴸ為₂惣在庁職₁、使ᴸ執₂行綱所₁者

永享四年七月廿二日別当法橋良宗奉

後述の如く、十五世紀には惣在庁の性格自体がかなり変質していたとみられるが、綱務に携わる威儀師が在庁と呼ばれ、その中から惣在庁が任命されていることは、十一世紀以来のあり方をそのまま伝えているものと考えて差し支えなかろう。いずれにしても、在庁が国衙だけでなく同じ頃寺院にも成立しており、共に長官（国守・別当）の不在化に起因するものであった点を別稿(67)で指摘したが、今また僧綱所も国衙・寺院と相似た構造的特質を有していたこと(68)が明らかとなったわけである。

これに対して、公文が荘官の公文職などと同様に、公文書を取り扱うことに因む呼称であることは論ずるまでもなかろう。僧綱発給文書の日下に一貫して署名していることも、そうした性格の一端を物語るものである。しかし、公

文が単なる職名にとどまらず従儀師の筆頭者としての地位でもあったことは、前述の如く仁安二年（一一六七）威儀師行惣が惣在庁を解任されたあと、公文であった従儀師覚俊が翌年威儀師に昇格するとともに、惣在庁に補任されたことなどから窺われるところである。

かかる惣在庁・公文の職掌と機能については、その僧名を検出する作業でも若干明らかになっているが、次節においてあらためて、それらを整理しておくことにしたい。

3　惣在庁・公文の職掌と機能

惣在庁・公文がそれぞれ威儀師・従儀師から補任されたものである以上、威儀師・従儀師本来の職務を継承している面もあるわけであるが、それらは法会における指南役と綱所使との二つに大別されよう。

『釈家官班記』(69)に引く、

和銅七年（七一四）興福寺供養時、左右行事伝灯満位僧勝雲・源操等始仕二威儀師一云々

という記事は威儀師設置の濫觴を伝えたもので、出典が不明であるとは言え、それがまず法会の際の威儀を正す必要から設けられた僧職であった点を読みとることが可能である（後述の如く、この時点では威儀師は僧綱所構成員とはなっていない）。威儀師から従儀師が派生して、威儀僧に二つの階梯が生じた時期は明確ではないが、両者はこの後次第に、法会・供養など仏事に際しての必須の僧職となってくる。先に問答記で検討したように、仙洞最勝講・季御読経・法勝寺御八講などで惣在庁・公文が指揮をとっていたのも、あるいは天台方の法会である建保二年（一二一四）の延暦寺六月会に賢俊（時に惣在庁）、賢慶（時に公文）が衆僧を率いて参会していたのも、いずれも本来の威儀僧としての職務に他ならな

い。従って、法会の引導には惣在庁・公文以外の威儀師・従儀師が携わる場合も多く、永万二年（一一六六）醍醐寺清滝宮での仁王経講会を指揮した威儀師暹仁・従儀師慶延[71]、永久四年（一一一六）東寺小灌頂に参勤した威儀師行秀・従儀師暹真[72]などはそうした一例である。恒例・臨時の法会が頻繁に催されていた当時にあっては、威儀師・従儀師の間に分担があったことが想定され、惣在庁・公文が勤仕したのは前掲の季御読経など勅会に準じたものに限られていたようである。

一方、綱所使としての職務も古くから史料に現われるから、恐らく威儀師・従儀師が僧綱所の正式構成員となった時以来のものと思われる。天平二十年（七四八）の大安寺・法隆寺等の縁起並流記資財帳の僧綱署判中、佐官五名が連署している位置に、宝亀十一年（七八〇）の西大寺資財帳では威儀師（三名）、従儀師（二名）の連署のあることは、佐官廃止に伴い威儀師・従儀師が佐官の職務をも継承したことを示すものであるとする中井真孝氏の指摘[73]は卓見と言うべきで、威儀師・従儀師が僧綱所構成員となったのもこの間のこととして大過なかろう。ここに佐官とは、『僧尼令』義解が「僧綱之録事也[74]」とするように、僧綱所の事務官に相当する者であった。綱所使とは、こうした佐官の職務に由来するものと考えられ、早くも宝亀年間（七七〇～八〇）に威儀師仁覚と従儀師仙環が正倉院への使となっている姿[75]を見ることができる。ただ、延暦十二年（七九三）東大寺香薬の曝涼に少僧都玄憐が綱所使として遣わされているように、当初は僧綱がこの任に当っている例も多いから、それが全く威儀師・従儀師の任務となるのは、僧綱が綱務から解放されていくことに呼応するものであったろう。なお、綱所使には法会の場合と同様、威儀師・従儀師がペアで勤める例がほとんどであると言ってよい。

綱所使が派遣される場合で最も重要なのは、各寺院の綱封蔵開封に立ち会うことである。勅使の下向を必要とする勅封蔵に対して、綱封蔵の名称はこのことに由来している。惣在庁・公文制成立後も、当然この職務は受け継がれており、天仁年中（一一〇八〜一〇）法隆寺綱封蔵が顚倒したため宝物を双蔵に移納した際、綱所使を勤めた威儀師静算(77)は当時の惣在庁であった。一方、同じく法隆寺綱封蔵の蔵開きの例でも、承安二年（一一七二）の場合の威儀師行勝と従儀師林範(78)は惣在庁・公文ではない。事態の軽重によって、惣在庁・公文が下向するかそれ以外の威儀師・従儀師が下向するかは、ある程度慣例があったようで、この点も法会の場合と同様と言えよう。

以上、惣在庁・公文の職務（多くはペアで行動）として史料に散見するもののうち、法会における指南役は威儀僧としての職掌であり、綱所使は僧綱所事務官としての勤めであって、いずれも威儀師・従儀師本来の職務を継承したものであることを述べてきた。従来、惣在庁が〃法会の時、衆僧を引率、指揮する僧侶〃と解釈されるにとどまっていた(79)のは、こうした一側面（ことに前者）が照射されたものに過ぎないが、惣在庁の語源が留守所たる僧綱所の指揮者に由来する以上、それらが惣在庁固有の職掌でないことは明らかと言わねばならない。

それでは、惣在庁としての職務及び公文としての職務は何かということになるが、この点は惣在庁・公文の称が成立したとみられる十一世紀後半以降の僧綱発給文書に法務と共に署判を加えているのが、ほかならぬこの両名であったこと、すなわち実質上の発給主体であった事実にそのまま集約されていると言ってよかろう。この時期の僧綱発給文書の内容としては、仁王般若経転読(80)や受戒(81)などに際して各寺院にその旨を伝達したり、東寺小灌頂(82)や宮中金光明会(83)などの法会に当って公請僧を定めるといったことが主要なものであるが、かかる僧綱所管轄の仏教行政の実務を、他の威儀師・従儀師を指揮しつつ自らも担当していたのが、惣在庁・公文の基本的役割であったのである。もちろん、僧綱発給文書には、この両名の他に法務の署判をも有する（ただし、表7(51)以降の請定からは消える）点から窺われる通り、主要事項に最終的な裁断を下すのは、依然法務の権限に属していたことは疑いない。しかし、僧綱所の機能が次第に、留守所の統轄者たる惣在庁に大幅に委ねられていったことは、当時頻繁に寄せられた仏教行政や先例故実に関する種々の問い合せに対して、惣在庁が責任を持って返答するのが通例であったことからも知ることができる。仁平二年（一一五二）威儀師行俊は、東寺小灌頂に阿闍梨を勤めた僧は他門の灌頂に超越して僧綱に補任されるのが例であるとの勘申を行なっている(84)し、鎌倉期においても建長二年（一二五〇）の法勝寺御八講に際して、講師衆会は東床と西床のいずれで行なうのが先例であるかとの問いに答えている済紹(85)、あるいは文永五年（一二六八）円宗寺の建立年代を尋ねられて記録をもとに返報状を出している厳暹(86)など、彼らはいずれも当時、惣在庁の任にある者であった。

このほか、新任の僧綱に対して、その伝達を兼ねて祝辞を申し述べるといったことも、惣在庁・公文の重要な職務として特記すべきものである。その際、まず賀申状が発せられるが、その一例として文永四年（一二六七）法橋に叙せられた静胤に宛てたもの(87)を掲げよう。

上啓
　御慶賀事
右雖㆓御理運事候㆒、臨㆑期万悦之至、啓而有㆑余、殊企㆓参賀㆒候間、且上啓如㆑件、
　正月廿九日　　従儀師相慶
　　　　　　　威儀師経縁
謹上　新法橋御房

惣在庁・公文の連名でなく別々に出された例もある(88)が、この種の書状の文面はほとんど類型的であると言ってよ

い。こうした賀申状を当人に届けた後、吉日を選んで両人が慶賀の挨拶に赴くのである。前章で、仁平三年（一一五三）惣在庁行俊と公文兼算が権大僧都に転任した元海に対面して纏頭を賜っている、『醍醐雑事記』所引の記事を紹介したが、それは実は、かかる折の様子を示したものである。

威儀師・従儀師本来の職務、及び惣在庁・公文固有の任務については、およそ以上に挙げた如くである。十一世紀後半以降、惣在庁・公文が法務の指揮を受けて、留守所たる僧綱所の威儀師・従儀師を統轄しつつ、如上の機能を果して仏教行政のあり方を固めた体制を、あらためて法務—惣在庁・公文制と呼んでおきたいと思う。

4 「綱所」の意味の変容

さて、本章で鎌倉期の史料をも駆使してきたのは、惣在庁・公文の職掌自体は基本的には中世を通じて変わるところがないと考えられるからである。しかし、このことは決して法務—惣在庁・公文制の機能や性格が固定していたことを意味するものではない。次に掲げる永万元年（一一六五）七月二十二日玄厳書状[89]は、その点で示唆に富んだものと言える。

宣旨一通初度午剋到来
一通二度酉剋到来
綱牒一通等如レ此、件礼服来廿七日御即位料也、而今日午剋被レ下二初度宣旨一之間、其状依レ不レ分二明勅封蔵綱封蔵一之間、納置之所不二知及一、若綱封蔵候者、無二左右一[a]僧綱所可レ被二取進一、若勅封蔵候者、早勅使可二下向一之由、令レ申御之処、第二度如レ此被二仰下一也者、綱封蔵に被二納置一者、早開二此綱牒一、催二[b]使綱所一、不日令二取出一天、寺家使定、以レ夜継レ日、可下令二進覧一給上也、若又勅封蔵候者、早以二脚力一夜の中に可下令二申上一給上也、期日近ゝ之

間、勅使往反日すくなきかゆへに如レ此所レ被二仰下一也、早々可下令二沙汰進一給上之由候所也、謹言、

（永萬元年）七月廿二日　玄厳

今少路威儀師御房

逐申

為二朝之大事一、早々可下令レ致二沙汰一給上、期日近々之間、若勅封蔵候者、夜内々可下令二申上一給上、勅使下向之故也、綱封蔵候ハ、早々可下令二取進一給上き分ハ、為二寺家執行所司一早談合、可下令レ致二沙汰一給上也、行物書状抄所レ遣也、凡忩々之間、書状狼藉不レ可下令二外聞一給上候、重謹言、

六条天皇の即位式に使用する礼服を東大寺綱封蔵より取進せよとの第二度宣旨を受けて、僧綱所では寺家にその旨を伝達した。その時の僧綱牒（表7㊻）に添えられたのが右の書状で、追而書から窺われるように行物（当時の惣在庁）の仰せを取りついだものである。差出人の玄厳は僧綱牒によるとこの時威儀師であり、従儀師教経と共に派遣された綱所使なのであった。ところで、この玄厳は宛名の今少路威儀師（上座覚仁）と同様に東大寺僧と推定されるが、[91]前者が綱務に勤仕する者であったのに対して、後者の活動は全く寺家所司としてのそれである。また、右の文中のb「使綱所」が綱所使の玄厳と教経を指していることは疑いなく、本来の官庁としての意味で使われているa「僧綱所」とは、明らかに区別されていることにも注意せねばならない。以上の二つの事実を知り得る点で、この文書は甚だ貴重と言うべきである。

まず第一の点は、威儀師・従儀師の中に僧綱行政に関与する者（いわゆる在庁威儀師・在庁従儀師）と、そうでない者との別が生じていることを窺わせるものであると言ってよい。一般僧綱が綱務から解放され、ついでそれに替わった法

務もまた常勤することがなくなったことにより、僧綱所の実質的構成員が威儀師・従儀師のみとなるに至った点については縷述した通りであるが、その威儀師・従儀師の中にも次第に僧綱所に参集する義務を有さなくなる者も出現していたのである。(92)すでに十世紀末頃には、威儀師が諸寺別当に補任される道も開かれており、(93)かかる傾向を助長させるような状況は早くから生じていたことは確かである。(94)ただ、威儀師・従儀師の場合、その員数は平安末期においても僧綱ほど著しくは増加していないので、(95)この当時から全く有名無実の者が存在していたとは考え難い。寿永二年(一一八三)から元暦二年(一一八五)にかけての分が残る『僧綱補任残闕』(96)に、威儀師・従儀師が「已役」と「未役」とに区別されて記載されているのは、以上の点を考えるのに重要な手がかりを与えるものかと思われるが、この辺の事情についてはなお検討の余地があろう。

第二の点は、僧綱所の略称であった(97)「綱所」が惣在庁・公文制成立以降、威儀師・従儀師を指称する語に変容しつつあった事実を端的に物語るものである。本来僧綱の任務であった仏教行政が、留守所の威儀師・従儀師の手に移ったのであるから、このことはむしろ当然の成り行きと言うべきかもしれない。しかし、従来、「綱所」とあれば、中世史料に見えるものであっても、すべて僧綱所の意に解している場合がほとんどという状況なので、やはりここで強調しておく必要はあろう。早い例では、『中右記』天仁元年(一一〇八)十二月二十五日条に、中御門宗忠が円宗寺法華会に上卿として行事左少弁を伴って所定の時刻に出向いたところ、肝心の僧侶が一人も参上していない、そこで甚だ懈怠であるとして、「仰二綱所一、令二催廻一」しめたとある。こうした場合の「綱所」とは、官庁ないし建物としての僧綱所のことではなく、実質的には威儀師・従儀師を指し示しているとみるべきである。鎌倉期以降の史料に見える「綱所」となると、管見の限りではほとんど威儀師・従儀師、もしくは惣在庁・公文を意味しているとみて差し支え(98)

ない。[99] ちなみに、『初例抄』が「臨時八講召二綱所一例」「雖二綱所一供二奉御誦経二人一置二堂達前机一例」「綱所息任二法務并別当一例」などの項を立て、綱所＝「威儀師・従儀師」と解しているのは正鵠を射たものと言うべきである。そうなると、本来の僧綱所はどうなっていったのか、ということが当然の疑問となってこよう。実は、この点が、十二世紀に法務―惣在庁・公文制の性格が大きく変わることと無関係ではないのである。最後に、こうした問題に検討を加えておくことにしたい。

第三節　東寺一長者―惣在庁・公文制の成立とその意義

1　東寺一長者＝法務の実権掌握と僧綱所の廃絶

前節で、九世紀に法務二名による仏教行政の共同統轄体制が成立し、それが僧綱発給文書の差出書の上段における法務二名の自署に反映されていることを指摘した。ところが、表7から知られるように、永万元年（一一六五）の文書㊻以降は二転して法務一名の署判を有するのみとなる。[100] このことを単に、九世紀以来続いていた法務制の形骸化といった消極的評価のみに帰することは妥当ではない。法務（二名）―惣在庁・公文制が十一世紀後半に確立していた事実を勘案すれば、むしろその性格が、保延元年（一一三五）～永万元年（一一六五）の三十年間に早くも変質している点を看取すべきである。そして、その変質とは、表7㊻の「法務前大僧正」、㊼の「法務権僧正」、㊽の「法務僧正」が『僧綱補任』や『東寺長者補任』等によって、それぞれ寛遍、禎喜、親厳であることが判明し、彼らはいずれも東寺一長者（寺務知行）であったことに端的に示されていよう。つまり、十二世紀中葉に法務二名の共同責任体制が崩れて、(101)仏教行政監督の実権が、東寺一長者の兼任する法務の手に集中した(102)事実のあったことが確認されるのである。

次にこうした事態に伴って、官庁としての僧綱所はどのような性格変化を余儀なくされていったのかを追求しておきたい。平安遷都後遅くとも貞観六年（八六四）までには、僧綱所が薬師寺から西寺に移されていたことをすでに指摘したが、この〝西寺綱所〟の存在が確かめられるのは、管見の範囲で、少納言平行親の日乗に見える長暦元年（一〇三七）の僧綱召の記事(103)を最後とする。この後の僧綱所の所在を知る数少ない手掛りの一つとしては、やはり僧綱召の折の様子を伝えた『僧綱補任抄出』に引かれる次のような記事(104)がある。

今年（仁平元年）五月廿六日最勝講結願日被レ行二僧事一、被レ定二正権等一、僧事見レ上、并宣命等、左大臣頼長奉二行宣命状一略レ之、次第転任也、新任律師二人 同廿九日新任僧綱等依レ催参二東寺庁一(a)……勅使参議師長、弁範家、少納言成隆、式部治部玄蕃等為レ輔之人、各率二下部一群参着座、其後僧綱着座、次新任両律師、依レ召着座、次勅使以二宣命一授レ弁、弁授二少納言一、少納言受レ之、向二立僧綱前一読レ之、後賜二綱所一(b)……但貞観六年於二西寺一被レ行二此事一、今日東寺依二西寺荒廃一也……

まず、文中のb「綱所」という語は、ここでは少納言が読み終えた宣命を〝綱所に賜った〟というのであるから、威儀師・従儀師を指していることは明らかである。しかし、一方のa「東寺庁」が僧綱所のことと解せられるから、通説通りこの記事を以て、西寺が荒廃した後、仁平元年（一一五一）までに僧綱所が東寺に移転されていたことの徴証として差し支えあるまい。前章で引用した永万元年（一一六五）の玄厳書状に見えていた僧綱所は、これに当るものと考えてよかろう。それでは、右の記事から窺われるような、『延喜式』の規定(105)に則った（例えば、勅使から宣命を受け取って少納言がそれを読み上げるといった作法を伴う）僧綱召が、十二世紀においても毎年行なわれていたのかと言えば、決してそうではない。宣命を作成すること自体、承保以後（一〇七四〜）は絶えていたとの記録[106]もあるし、そもそも、当時の史料から僧綱召の記事を拾うことさえ困難であり、稀に催されても久寿元年（一一五四）のように、場所が鳥羽離宮であったりした例[107]もあるからである。本来、大臣任命の儀にも比すべき厳重さを以て、必ず僧綱所において執行されてきた任僧綱儀も、十一世紀末以降その形骸化は顕著と言うべきで、仁平元年（一一五一）のような場合[108]は、当時としては異例のことであったとしなければならないであろう。

以上の点から、東寺一長者に法務の実権が移ってから程なく、西寺の荒廃を機に東寺に僧綱所が設置されたことは否定できないものの、それ以後の僧綱所は、必ずしも従前通りの官庁としての機能を果してはいなかったとの結論を導き出さざるを得ないのである。この頃から、建物を意味する「綱所」を史料上ほとんど見出すことができなくなるのも、その点に呼応するものと思われる。なお、観応三年（一三五二）杲宝撰の『東宝記』[109]に、

庁屋

廃絶以後年序稍旧、見二寺家往古大差図一、外院東北隅有レ之、二宇南北相並、各東西七間、南北四間也、旧記、東寺灌頂会小阿闍梨先令レ着二綱所庁一云々、当二此所一歟、

という記事のあるところからすれば、遅くとも鎌倉時代中には、僧綱所が廃絶するに至っていたことは確かであろう。

それでは、僧綱所を介さずに、具体的にはどのようなシステムで仏教行政が施行されていたのであろうか。保延七年（一一四一）、院祈願の泥塔二万基造立供養に関する件で、惣在庁維厳と公文円厳が醍醐寺に定海僧正（当時、東寺一長者・法務）を訪問していた記事を第一節で紹介しておいたが、実はこれが、その当時の実態を示している一例に他なら

ない。つまり、惣在庁・公文が直接法務の居住する院家に参集して、指揮を仰ぐようになっているのである。恐らく、その他の在庁威儀師・従儀師の場合も同様で、各々の止住する寺院と法務の居所（院家）とを往反するような様相を呈していくものと考えられるが、もちろん、そうした法務と威儀師・従儀師間の連絡の中枢に位置したのが惣在庁・公文であることは言うまでもなかろう。[110]

さて、右のような傾向が助長されると、法務＝東寺一長者と惣在庁・公文、及びその他の威儀師・従儀師との私的結びつきが強まることは必然的な成り行きであった。『東寺長者補任』によると、「召二具綱所一」というようなことがしばしば許されているが、これはその意味で注目すべき事実である。すなわち、東寺一長者が威儀師・従儀師を私的に従えるようになるのである。もとより、最初はあくまで合法的で、かつ臨時の処置であったはずであるが、惣在庁が東寺三綱を兼任したり、金剛峯寺（座主は東寺一長者の兼任）の少別当に任命される例が出現することは、そうした関係が恒常的になっていったとみなくてはならない。こうして次第に、「綱所、依二一長者命一」といった文言に窺われるような、法務の公的権限が東寺一長者のいわば私的権限に吸収されていくような事態にまで進展していくのである。[111][112][113][114][115]

東寺一長者による法務の実権掌握と、それに伴って生じた余波について若干述べてきたが、十二世紀中葉以後、「綱所」が威儀師・従儀師、ないしは惣在庁・公文を指称する話に転化する事情も、如上の経過から首肯されるはずである。

2　東寺一長者と顕密体制

次に、東寺一長者のもとにおける「綱所」の従属化を、仏教界における覇権の推移という視点から眺めておこう。東寺は西寺と共に、新京下における国家的機能の一翼を担うために設立された寺院と言ってよく、かかる性格は、平安期における国忌の多くが両寺で催されていたことにも如実に示されている。東寺長者が法務に任命される比率が初めから高かった（表9参照）ことも、あるいは宮中真言院での後七日御修法を代々勤仕していたのも、国家の仏教行政を分担する意味で当然のことであったわけである。それに対して、東寺長者の宗教界における権威という点では、真言宗教団の弱体さとも相俟って、必ずしも当初から確固たるものであったとは言い難い。むしろ、平安初期の仏教界は、依然として興福寺・東大寺を中心とする南都勢力（宗派で言えば、とりわけ法相宗）が強大であり、密教でも台密優勢のうちに展開していたことは周知の通りである。応和三年（九六三）のいわゆる「応和宗論」は、事実上天台宗と法相宗が対論したものであり、しかもこれに主要な演出をした天台宗良源が、遂には行基以来空席であった大僧正に任命されるに至る（天元四年―九八一）顚末は、そうした当時の宗教界の状勢を象徴的に物語っている。

従って、東寺長者・天台座主・園城寺長吏・興福寺別当の中から任命された二名の法務が仏教行政に当るという、それまで続いた慣例を崩し、その権限を独占するに至る背景には、東寺一長者が仏教界において着実に地歩を固めつつあった事実が存在したはずである。東寺寺務だけでなく、空海開創の根本道場たる金剛峯寺の座主を兼ねて真言宗内部の統轄に成功するとともに、十世紀以降しばしば東大寺別当をも歴任して、顕教寺院にも影響力を及ぼしつつあったことなどはその点を最もよく示す事例と言うべきで、ここからは、単に国家による仏教行政の肩代りの役を継承しているのみではない東寺一長者の一面が浮かび上ってこよう。

ところで、近年黒田俊雄氏の提示された顕密体制論(121)の骨子は、中世においては顕密仏教こそが宗教界の支配的地位を保持しており、それが国家権力と癒着したかたちで宗教界のあり方を固めていたとするもので、宗教史研究を客観的に進めて行く上で甚だ示唆的な提言であった。ことに、顕密体制下にあっては八宗が対立的・排他的に併立していたのではなく、密教の絶対的優位を認めた上で、各宗が共通の基盤の上にゆるい競合的な秩序を形成していたという指摘は、中世宗教史のあり方を見事に言い得たものであると思う。ただ、かかる八宗全体に関わる仏教行政という点について見た場合、本稿で明らかにした如く、十二世紀中葉に東寺一長者=法務に掌握されるのであり、それは真言宗の宗主たる東寺一長者の地位が飛躍的に上昇してきたことの延長線上に捉えられなければならないであろう。以上の点からすれば、各宗の均衡の上に成り立っていた顕密体制も、機構的には東寺一長者を介して具現されているのであり、惣在庁・公文はその下での事務処理の機能を果す中心的な存在であったとみなし得るのである。

3　仁和寺宮と「綱所」

さて、惣在庁は東寺一長者の下に属しながら、一方で仁和寺宮にも祇候するようになる事実があり、中世後期までには後者の比重が増していく。本稿の締め括りとして、威儀師・従儀師と仁和寺宮との関係についても簡単に触れておきたい。

威儀師・従儀師はもともと僧綱ではなく、僧官としてはその下にランクされるものであったから、清少納言が「えせものの所得るをり」の一例として、「季の御読経の威儀師、赤袈裟着て僧の名どもよみあげたる、いときらきらし」

と述べたのも、決して由なきことではなかった。宗教行政の実務担当が、惣在庁・公文以下の威儀師・従儀師の手に移ってからも、この点に変更のなかったことは、鎌倉時代においてさえ、それぞれ俗官の「五位・六位」に准ずる扱いであった事実にも示されている。[123]ところが、中世における威儀師・従儀師に対する待遇は、例えば「威儀師・従儀師者朝家器也」[124]などといった評言にも窺われる如く、官位を超えたところで従前とは微妙な相異を見せ始めていく。惣在庁・公文以下の威儀師・従儀師の多くが仁和寺宮に召し抱えられるような事態は、その最たる要因の一つであると言ってよい。この機縁となったのは、仁安二年（一一六七）綸旨によって仁和寺の覚性法親王（紫金台寺御室）が「綱所を賜った」[125]事件である。ただ、この一件をめぐっては、従来二つの大きな誤解がなされてきたように思われるので、その点をまず指摘しておこう。

第一に、これを機に僧綱所が仁和寺に移ったとする解釈があるけれども、屢述した如く、この時期の「綱所」が多くは威儀師・従儀師を指称する語であり、「賜二綱所一」とは「召二具綱所一」とほぼ同義で、威儀師・従儀師に〝御前を勤めさせる〟ことを意味していたことは、他の多くの事例[126]からも明らかである。もっとも、惣在庁の職務を相伝する「家」が仁和寺内に固定されるのは、事実上これ以降とみてよく、[127]僧綱所関係の公文書が仁和寺に蔵されるようになったことは確かであろう。[128]

第二には、この時を以て仁和寺宮が「総法務」に任じられたとするものであるが、「総法務」なる僧職は、今問題となっている件に関する一等史料とも言うべき『兵範記』（綸旨の奉者が他ならぬ『兵範記』の著者権右中弁平信範なのであるから）には片言隻句も見えていない。従って、これも後世の附会である可能性が高いように思われる。仁和寺宮が「総法務」を称する時期は、今のところ明確にし難いが、覚性をその初例と記しているのは『東宝記』[129]が比較的早い方ではあるまいか。

ところで、もちろんこの事件によって、綱所＝威儀師・従儀師と東寺法務との関係が解消されたわけではなく、惣在庁が東寺所司や金剛峯寺少別当を兼任するのは、これよりものちのことである。しかし、その後代々の御室も「召具綱所」ことを許されたことが、惣在庁以下の威儀師を世襲する家系が「仁和寺候人」と呼ばれる如く、仁和寺宮と惣在庁との主従関係を深める原因となったと思われるから、その最初の契機という点では看過することのできない事件と言わなくてはならない。また、周知の如く仁和寺宮は代々、法親王が入室した[130]もので、その貴種としての権威は宗教界において他を圧倒するものがあったが、仁和寺宮自身が仏教行政に直接関与した形跡は少ない[131]ことも注目される。惣在庁と仁和寺宮との結びつきが、いわゆる惣在庁・公文制の形骸化の端緒でもあったことは、この点からも明らかであろう。

むすび

最初に述べたように、本稿では僧綱制の機構的変質のみの究明を目的としたために、中世の僧綱制全般のあり方の解明には程遠いことを認めなければならない。例えば、僧綱の本来具有した二つの機能、すなわち、僧団の自律自治的な機能と国家の仏教政策を遂行する行政的な機能のうち、奈良時代には優先されていたといわれる[132]後者の機能は、九世紀に法務が担当することになって、以後一般の僧綱が関与していないことが明らかとなったが、それでは前者の機能は中世においてはどうかという問題がある。令[133]や式[134]によれば、僧尼が罪を犯した時は原則として還俗させて度縁を毀つ規定であったのが、平安中期以降僧尼の犯罪の場合も、原則として俗人と同様に直ちに検非違使に付せられていたことからすれば、僧尼の教導監督といった任務も放棄されていたことは、ある程度は推察される。しかし、度々の公家新制では、依然として僧尼の取り締まりを僧綱に命じている条項がないわけではない[135]ので、中世の「僧正」「僧都」「律師」などが職務を伴わない全くの身分標識と化し、彼ら僧綱の機能が単に法会・講会・供養等に奔走することのみとなっていたと断定してよいか、なお検討の余地が残されている[136]のである[137]。

一方、僧綱制の機構的変質過程の究明を通じて、中世における東寺一長者の性格の一端にも触れることができたのは収穫であった。すなわち、法務の実権を掌握し、八宗全体にわたる仏教行政監督の頂点の地位にあったという一面である。しかし、東寺一長者の性格については、金剛峯寺座主および東大寺別当としての側面も無視することはできず、さらに厖大なこれらの寺領荘園の支配といかに関わったかなど、今後の検討に俟つべき点が多い。

このように、残された課題は多々あるのであるが、個別寺院のわくを越えた中世寺院制度史の究明の必要性が強調されている折でもあるので、一先ずここで擱筆して大方の御叱正を仰ぎたいと思う。

注

（1）　研究史上主要なものを挙げると、荒木良仙『仏教制度叢書』全四巻（一九二五～三一年）、牧健二「我が中世の寺院法に於ける僧侶集会」（『法学論叢』一七ノ四・六、一九二七年）、圭室諦成「平安朝末寺院の社会史的考察」（『史学雑誌』四三ノ一、一九三二年）、細川亀市『日本中世寺院法総論』（一九三三年）、滝善成「本寺末寺の研究」（『社会経済史学』四ノ八、一九三四年）、竹内理三「延喜式より見たる寺院の研究」（『宗教研究』一二ノ四、一九三五年）、豊田武『日本宗教制度史の研究』（一九三八年）、平田俊春「平安時代に於ける寺院統制の弛廃」（『平安時代の研究』、一九四三年）、梅田義彦『改訂増補日本宗教制度史』全四巻（一九七三年）など。

(2)「中世僧綱制に関する一考察」(『山形史学研究』一五、一九七九年)、「中世僧綱制の研究――鎌倉期を中心に――」(『歴史』五二、一九七九年)、「中世僧綱制と延暦寺」(『豊田武博士古稀記念　日本中世の政治と文化』、一九八〇年)

(3) 正倉院文書に重複も含めて八通が現存する(『大日本古文書』四321、五432 519、十二201、十四178、十五146 150 348)。

(4) なお、僧綱員数は奈良時代から六～七名で、ほぼ一定していた。僧綱定員七が法制化されるのは弘仁十年である。

(5) 但し、威儀師・従儀師については、当初この原則は必ずしも当てはまらない。

(6) 養老公式令では、僧綱牒は移式条に付随的に規定されているに過ぎず、署名も「准レ省」とあるのみであった。

(7) 位記には二種類あって、満位以上は勅授(延喜内記式12条)、入位以上が僧綱判授(延喜玄蕃寮式65条)となっていた。

(8)『大日本古文書』家わけ第十八、東南院文書之三―六八六号

(9)『群書類従』巻第四百三十、釈家部六。

(10) この落慶供養のことは『顕広王記』『百錬抄』及び『一代要記』の久安六年十月十九日条などからも知られる。

(11) このほか『醍醐寺新要録』巻第十七、威儀師篇によると、長寛二年(一一六四)九月二十二日の東大寺万僧御読経行事に勤仕した従儀師の一人に「覚俊公文」とある。

(12) 宗性の伝記については平岡定海『東大寺の歴史』(至文堂、日本歴史新書、一九六六年)や同「宗性上人の生涯について」(『東大寺宗性上人之研究並史料』上巻、一九五八年)などに詳しい。

(13)『東大寺宗性上人之研究並史料』上巻一八五～六頁。

(14) 同右、上巻一二四～二九九頁。

(15) 同右、上巻四六～一〇五頁。

(16) 同右、中巻五〇一～四頁。下巻四六～九頁、五〇～一頁。

(17) 同右、上巻一二二～三頁、三六〇～六頁。

(18)『中右記』天永二年正月十八日条。

(19)『長秋記』元永二年五月十六日条。

(20)『中右記』嘉承二年九月七日条。
(21)『尊勝寺供養記』(『群書類従』巻第四百三十二、釈家部八)。
(22)『醍醐雑事記』巻第七、院御祈泥塔二万基造立供養支度事（中島俊司校訂本による。以下同様)。
(23)『御室相承記』四、高野御室（奈良国立文化財研究所史料第3冊『仁和寺史料』寺誌編(一))。
(24)『寛信法務後七日御修法記録』(大須文庫所蔵、第四十四合上)。
(25)なお、のちに検討するように、翌康治二年（一一四三）の沙弥慶清度縁（石清水文書）に署判する威儀師維厳と従儀師円厳が惣在庁・公文であることはほぼ確実である。
(26)『醍醐雑事記』巻第八、大尊勝法会。
(27)『御室相承記』五、紫金台寺御室。
(28)なお、覚俊が威儀師になっていたことは、のちに引用する『聖徳太子伝私記（亦名古今目録抄)』所引承安二年僧綱牒などから明らかである。
(29)『続群書類従』巻第七百五十三、釈家部三十八。
(30)例えば、建武二年結縁灌頂記（『続群書類従』巻第七百五十四、釈家部三十九)、永和二年結縁灌頂記（同巻第七百五十五、釈家部四十）など。
(31)荻野三七彦考定『聖徳太子伝古今目録抄』による。以下同様。
(32)この記事は法隆寺所蔵尊英本『太子伝玉林抄』(巻第十四綱封倉之事）や良訓撰『古今一陽集』(西之院綱封蔵之事）などにも引かれているが、そこでは錯簡部分が整合されている。
(33)『群書類従』巻第四百二十五、釈家部一。
(34)『続群書類従』巻第百八十八、系図部八十三。
(35)『大日本仏教全書』興福寺叢書一所収。
(36)このほか『初例抄』下、『高野春秋編年輯録』巻第二などにも同様の記事がある。ただし、『二中歴』(『新訂増補史籍集覧』

第五冊、公家部所収）第四、僧職歴の項では、真雅の法務補任を貞観十四年とするのに対して、延寿は貞観十七年としている。なお、すでに観勒・鑑真・行信・慈訓・護命などが法務に任じられたという所伝が『僧綱補任抄出』（『群書類従』巻第五十四補任部十一）貞観九年条や『東宝記』（『続々群書類従』第十二宗教部二所収）第七僧宝上などに見えるが、これらはそのまま信じるわけにはいかない。

(37)「真雅に密教の諸寺院を、延寿に顕教の諸寺院を管理・統率させた」という指摘がしばしばみられるが（例えば高柳光寿・竹内理三編『角川日本史辞典』法務の項）、これには何ら根拠がない。

(38) 例えば延喜玄蕃寮式40条（『延喜式』巻二十一）参照。

(39) 五巻本『東寺長者補任』貞観十四年長者僧正真雅条（『続々群書類従』第二、史伝部一、所収）。

(40)『東宝記』第七僧宝上、法務。

(41)『初例抄』上、南京権法務始。

(42) 石清水文書、康治二年四月日田中慶清度縁（『大日本古文書』家わけ第四、石清水文書之二、田中家文書六一四号。『平安遺文』二五一二号）。

(43) 東寺文書の中に『権法務相続次第』（『大日本史料』第四編之十四―一一八頁などに引用）が伝わることも、その点を示唆するものだろう。ちなみに、一次史料での権法務の早い所見例は『山槐記』元暦元年（一一八四）九月二十六日条の「法務定遍東寺一長者権僧正、権法務天台座主前権僧正、去十七日日吉女院仁王会賞」という記事である。

(44)『続々群書類従』第二、史伝部一所収。

(45)『続群書類従』巻第百、補任部十二。

(46) 同右、巻第八百十一、釈家部九十六。

(47) 東南院文書（『大日本古文書』家わけ第十八、東大寺文書、東南院文書之二―四三〇号）。

(48) 五巻本『東寺長者補任』寛仁三年長者大僧正済信条。

(49) 法務でない者（平恩）の署判がある㉗や、法務一名（禅安）の署判しかない㉙のような例外も、決してこの推定を妨げるものではない。

(50) 前注(8)参看。

(51) 『延喜式』巻二十一、玄蕃寮64条。

(52) 伊地知鐵男編著『日本古文書学提要』(一九六八年) 上巻三四三～四頁。

(53) 『大日本古文書』(注(42)参看) や『平安遺文』(二五一二号) ではこれを「行立」と読んでおり、従来論文等にもそのまま踏襲されてきた。しかし、『大日本古文書』家わけ第四、石清水文書之二の四〇八～九頁に挿入されている原文書の写真によれば「行玄」と読むべきであると考える。行玄は青蓮院座主で無動寺検校、天台座主なども歴任した。その伝記は『華頂要略』巻四之一、門主伝第一 (『大日本仏教全書』所収) に詳しい。

(54) 五巻本『東寺長者補任』によると、定海は永治元年 (一一四一) から康治二年 (一一四三) にかけて、毎年病を理由に辞状を呈しているという状況であった。

(55) 『醍醐雑事記』(前章注(18)参看) によって、保延七年 (一一四一) に維厳・円厳が惣在庁・公文であったことが知られるので、この当時も両名が在任していたことは疑いない。表9では、この点を見込んである。

(56) なお、これより前の天仁二年 (一一〇九) 六月九日延暦寺戒壇院戒牒 (『朝野群載』巻第十六、仏事上所収) にも威儀師・従儀師の連署が見え、惣在庁公文制を反映する文書形式の初見は、さらに遡らせることができる。

(57) 『続日本紀』養老六年七月己卯条。

(58) 「西寺綱所」の初見は『日本三代実録』貞観六年二月十六日癸酉条。

(59) この点についてはすでに、平田俊春「平安時代に於ける寺院統制の弛廃」(『平安時代の研究』、一九四三年) で詳細に論じられているところである。

(60) 一般の官職については、摂関政治体制の成立に伴って名目化し、単なる自分標識としての性格を強め、それに出自がからまって各種の官途昇進コースが創出されたことが橋本義彦「貴族政権の政治構造」(『岩波講座日本歴史』4古代4、一九七六年) によって指摘されているが、僧綱の場合もそれと揆を一にする動きであった。

(61) 貞観十四年の法務設置が確かならば、この前後に諸大寺・有封寺の別当・三綱（『日本三代実録』貞観十二年十二月二十五日条）、東大寺造寺所知事僧（同上、貞観十八年三月七日条）に解由制度が適用されていることなどの、一連の寺僧に対する監督強化政策と無縁ではなかろう。ただ、法務の解由が責められたことを示す徴証は今のところ見出していない。

(62) 当時、別当に任じられても拝堂のために下向するのみで、その寺に常住しない例が多かったことを想起すべきである。

(63) 以前、『顕密威儀便覧』（『大日本仏教全書』服具叢書一所収）の説に引かれて、惣在庁を寺院在庁と結びつけた見解を発表したことがあった（一九七九年早稲田大学史学会大会報告「寺院在庁と国衙在庁」、『史観』第一〇二冊に要旨掲載）が、ここで撤回しておきたい。

(64) 関戸守彦氏所蔵文書（『平安遺文』三六一号）。

(65) 顕真自筆稿本『聖徳太子伝私記（亦名古今目録抄）』裏書所引『蔵開代々日記』。

(66) 村山修一氏が『女子大文学』一七号（大阪女子大学、一九六五年）で翻刻されている。のち同氏『古代仏教の中世的展開』（一九七六年）にも収録。

(67) 拙稿「「在庁」の成立をめぐる一試論――「寺院在庁」への視角――」（『日本歴史』三九六、一九八一年。全文新たに書き直し、「寺院在庁と国衙在庁」と改題の上、本書第四章に収録した）。

(68) 前節で、惣在庁・公文連署制と僧綱印の省略とがほぼ同時期に生じていることを指摘したが、国衙・寺院の発給文書に捺印されなくなるのも、やはり長官不在化に起因するものであった。拙稿「印鎰神事と印鎰社の成立」（『日本歴史』三六五、一九七八年）参照。

(69) 『群書類従』巻第四百二十六、釈家部二。

(70) 『華頂要略』巻第四之三、門主伝第三。

(71) 『醍醐雑事記』巻第九、祈雨清滝宮仁王経御読経事。

(72) 五巻本『東寺長者補任』巻第二、永久五年長者僧正寛助条。

(73) 中井真孝「奈良時代の僧綱」（井上薫教授退官記念会編『日本古代の国家と宗教』上巻、一九八〇年）。

(74)『令義解』巻二、僧尼令有私事条。
(75)正倉院文書、年月日未詳正倉院雑物出用注文（『大日本古文書』二十五336）。
(76)東南院文書、延暦十二年六月一日太政官牒（『平安遺文』一〇号）。
(77)顕真自筆稿本『聖徳太子伝私記（亦名古今目録抄）』裏書所引『蔵開代々日記』。
(78)同右。
(79)上田万年・松井簡治編『修訂大日本国語辞典』（一九一五年）、平凡社『大辞典』（一九三六年）、新村出編『広辞苑』（一九五五年）、大槻文彦著『新訂大言海』（一九五六年）、小学館『日本国語大辞典』（一九七二～七六年）などが概ねこのように解説している。
(80)東南院文書、嘉承二―四月二十二日僧綱牒案（『大日本古文書』家わけ第十八、東南院文書之三―六八六号。表7㊶）。
(81)『類聚世要抄』巻八所引延応元年九月二十八日僧綱牒（『鎌倉遺文』五四八〇、五四八一号。表7㊷㊸）。
(82)高山寺所蔵東寺文書、永久元年十一月二十三日僧綱請定案（『高山寺資料叢書』第四冊、高山寺古文書第四部。表7㊷）。
(83)福智院家文書、大治元年十二月一日僧綱請定、同保延元年十二月一日僧綱請定（花園大学福智院家文書研究会編『福智院家古文書』四、六号、表7㊸㊹）。
(84)仁平二年五月十八日威儀師行俊勘申状（『東宝記』第四法宝上所引）。
(85)『建長二年法勝寺御八講問答記』（『東大寺宗性上人之研究並史料』上巻、貞応元年三月九日条所引）。
(86)『円宗寺建立年代』（『東大寺宗性上人之研究並史料』下巻、文永五年五月二日条所引）。
(87)『多武峯略記』巻上、官職、静胤条所引（東京大学史料編纂所架蔵謄写本『華頂要略』六十五所収）。
(88)例えば、石清水八幡宮寺祠官の田中守清が法印に叙せられた時のものとして、文永六年五月二十七日威儀師厳暹言上状、同従儀師相秀言上状（『大日本古文書』家わけ第四、石清水文書之二―六九八、六九九号）がある。
(89)東南院文書（『平安遺文』三三六三号）。
(90)「今少路威儀師」の僧名が覚仁であることは、百巻本東大寺文書の康治二年二月十五日東大寺雑役免文書送状（『平安遺文』

二五〇〇号）などから推定される。この点に関しては最近、久野修義「覚仁考――平安末期の東大寺と悪僧――」（『日本史研究』二一九、一九八〇年）、五味文彦「儒者・武者及び悪僧――保元の乱史の一齣――」（『歴史学研究』四八八、一九八一年）でも触れられるところである。

(91) 例えば、東大寺文書の仁安三年五月二十八日家地譲状（『平安遺文』三四六四号）により、玄厳が仁安三年（一一六八）当時、東大寺寺主であったことが知られる。

(92) 『貞信公記抄』天慶九年（九四六）五月四日条に「山階寺僧綱・威従」とあるのは、南都興福寺に居住する威儀師・従儀師の存在を示す一例であろう。

(93) 法隆寺の場合を例にとると、忠教（寛和元年―九八五）、仁満（長元元年―一〇二八）、久円（長元八年―一〇三五）などが、威儀師在任のままで別当に補任されている（鵤叢刊影印本『法隆寺別当次第』による）。

(94) また、十二世紀中頃、筑前観世音寺では検校や三綱のほとんどが威儀師・従儀師の兼任であったことが知られる（例えば内閣文庫所蔵観世音寺文書、康治二年二月日年料米相折帳、『平安遺文』二五〇四号）が、こうした事情については別に検討したい。

(95) 『僧綱補任残闕』によると、寿永三年（一一八四）の現任僧綱総数は二一九（但し、八幡・熊野・仏師等の散位僧綱は除く）に膨れ上がっていたのに対し、威儀師一六、従儀師一一という状況である。ちなみに、弘仁十年格（『類聚三代格』巻三、弘仁十年十二月二十五日太政官符）で確定した員数は僧綱七、威儀師六、従儀師八であった。

(96) 『大日本仏教全書』伝記叢書所収。

(97) その早い例は『類聚国史』神祇十、延暦十五年三月庚戌条に見られる。

(98) 『建仁二年法務御初任次第』（内閣文庫所蔵大乗院文書、二五函四八六号）では「綱所」が明確に「惣在庁・公文」を指している用例が多く見られる。

(99) 伊藤清郎氏は「綱所が諸門跡毎に存在する態を示し始める」（前掲論文「中世僧綱制と延暦寺」）と述べられて、「青蓮院指図」などの院家の指図に見える「綱所」を挙げておられるが、これらは僧綱所のことではなく威儀師・従儀師の伺候する室といった意味に過ぎない（『壒嚢鈔』三十六参照）。ちなみに、前引永享四年の惣在庁隆紹の任符に「執行綱所」とあるのも代々引継がれている文言で、実際は綱務のことと解せられる。

(100) 延応元年（一二三九）の牒（表7㊽㊾）に復古形式がとられているのは、南都諸寺に関わる重要事項のためであろうか。『後常瑜伽御室日記』応永二十一年正月二十七日条によると、この頃には法印権大僧都以上の僧綱位のみを列記したもの（自署はない）が「惣判」と呼ばれ、一種の儀式書として扱われるに至っている。なお、㊿以降に法務の署判が見られない点については注(26)参照。

(101) 但し、これ以後、天台・法相宗側から法務が全く任命されなくなるわけではない。このことは『興福寺別当次第』や『三井続灯記』などから知られるところである。

(102) 東寺長者（平安末期以降、ほぼ定員四名）のうちから法務が二名補任された場合、下﨟を「権法務」と呼ぶようになったのも、この理由からであろう。

(103)『平記』長暦元年五月二十六日条（『続々群書類従』第五記録部所収）。

(104)『僧綱補任抄出』（『群書類従』巻第五十四、補任部十一）下、仁平元年辛未条。

(105)『延喜式』巻十一、太政官9条、同巻二十一、玄蕃寮34条。

(106)『柱史抄』（『群書類従』巻第百六、公事部二十八）下、僧事部。また、『本朝世紀』仁平元年（一一五一）五月二十六日条によると、近代「任僧綱儀」が久しく断絶していたので、同日左大臣藤原頼長は『延喜式』の旧規を守って興行したとある。

(107)『台記』久寿元年五月二十四日条。但し、この時は翌日中止となる。

(108)『儀式』巻八、任僧綱儀、『北山抄』第六、任僧綱事、『西宮記』第二、僧綱召（以上『新訂増補故実叢書』所収）。

(109)『東宝記』第三、仏宝下。

(110) また、その際の伝達・動員には、廻請という方法が当時とられていた。『小右記』万寿元年（一〇二四）十月二十日条や壬生家文書の建長七年十一月二十四日仁王会廻文（『鎌倉遺文』七九三六号）はその様子をよくうかがわせる史料である。

(111) 例えば、五巻本『東寺長者補任』承元元年長者権僧正印成条。

(112) 例えば、五巻本『東寺長者補任』久安四年権少僧都覚任条に「上座惣在庁維厳」とある。また、阿刀文書の寛喜二年（一二三〇）八月日東寺三綱解案（『鎌倉遺文』四〇一七号）の署判によると、当時の惣在庁厳縁が上座、同じく公文相円が権上座を勤めていたことが知られる。

(113) 勧学院文書、仁平二年十一月十四日坂上真澄解文外題（『平安遺文』二七七三号）、又続宝簡集、建久三年七月二十七日、同二十八日東寺少別当下文案（『鎌倉遺文』六〇三、六〇四号）など。なお、東寺関係の史料に見える「少別当」が、金剛峯寺座主を兼ねた一長者が、その統轄のために設置した私的代官とみられることは、別稿で論証したい。

(114) 例えば、『東宝記』第四、法宝上、灌頂。

(115) ただし、『法網儀』（『続群書類従』巻第七百七十一、釈家部五十六）と『東長儀』（同上巻第七百七十五、釈家部六十）とが伝わるところからすると、法務と長者の拝堂の儀は、後々まで一応区別されていたようである。

(116) 『江家次第』第三、国忌、参照。

(117) これについては、『後七日御修法由緒作法』（『続群書類従』第七百二十、釈家部五）などによって、その大要が知られる。

(118) 良源の経歴及び応和宗論については、平林盛得『良源』（人物叢書、一九七六年）参照。

(119) 平安期において、以上の署が仏教界の代表者であるとの認識が定着していたことは、長承元年（一一三二）九月二十三日の公家新政を頒下した院宣（『朝野群載』巻第十一所収）が、天台座主御房・大僧正（園城寺長吏）・官法務（東寺一長者兼東大寺別当）・別当僧都（興福寺別当）宛に出されていることから知られる。

(120) 東寺の寺務知行者も当初は「別当」と称していたはずである（従って、空海以来一貫して「長者」と記している『東寺長者補任』等は正確ではない）が、本稿では便宜上、「長者」の名称で統一することとした。

(121) 「中世における顕密体制の展開」（『日本中世の国家と宗教』、一九七五年）、「中世寺社勢力論」（『岩波講座日本歴史』6中世2、一九七五年）、「顕密体制論の立場――中世思想史研究の一視点――」（『現実のなかの歴史学』、一九七七年）。

(122) 『枕草子』（日本古典文学大系19所収）一五六段。

(123) 『弘安礼節』僧中礼事（『群書類従』巻第四百七十二、雑部二十七）。

(124)『海人藻芥』巻之中（『群書類従』巻第四百九十二、雑部四十七）。

(125)『兵範記』仁安二年十二月十三日条。

(126)『兵範記』同日条によると、東寺法務以外では、久安頃に天台座主最雲が、「以二中堂維那一准二綱所一、可レ被二随身一之由蒙二宣下一」という先例のあったことがわかる。天台座主としては他に、大僧正快修が承安二年（一一七二）法勝寺別当を兼任した時に「賜二綱所具一」った例があり、『初例抄』はこれを「為二非法務一召二具御前威儀一、奇代例也」と記している。

(127) 表7㊿以降の発給文書に法務の署判が全く消えるのは、惣在庁・公文が仁和寺に止住していることを反映するものかと思われる。但し、本論で述べているように、東寺一長者—惣在庁・公文制は少なくとも鎌倉時代を通じて機能していたとみられる点には注意したい。

(128) 当時の貴族社会では、一般の官庁の場合にも公文書が官倉に保存されるのではなく、担当官のもとに保管されるようになっていたことが、曽我良成「官務家成立の歴史的背景」（『史学雑誌』第九十二巻三号、一九八三年）で指摘されている。

(129)『東宝記』第七、僧宝上、惣法務次第。なお、『御室相承記』五、紫金台寺御室伝の付記の部分（第一節で引用）にも、「惣法務」の呼称が使われており、これ以後のほとんどの仁和寺関係記録に継承されている。

(130) もっとも、実際には入室後に親王宣下を受けている例が大部分である。また、稀に親王宣下後に入室する例もあったが、この場合にも制度的には「入道親王」ではなく、「法親王」であったことなどについては、本書第七章の「入道親王と法親王の関係について」を参照。

(131) もっとも、宝治元年（一二四七）金剛峯寺衆徒は座主（東寺一長者・法務）行遍の罷免要求を仁和寺宮（道深法親王）を通じて起しており（又続宝簡集、宝治元年十二月日金剛峯寺衆徒言上状案、同無年号五月二日後嵯峨院々宣写、『鎌倉遺文』六九三〇、六九六五号）、こうしたところにその存在意義が認められよう。

(132) 中井真孝氏前掲論文。

(133)『養老令』第七僧尼令7条、21条。令条の罰則規定は苦使のみで、律に准ずる場合は必ず還俗させることになっている。

(134)『延喜式』巻二十一、玄蕃寮75条。

(135) 例えば、大治四年(一一二九)興福寺大衆が仏師長円を陵礫したかどで、別当玄覚・上座維覚・寺主信実などが検非違使に追捕された一件(『長秋記』および『中右記』同年十一月十一日~十八日条)はよく知られるが、こうしたことは当時珍しくなかった。もっとも、『長秋記』天永四年(一一一三)九月三十日条によると、比叡山の悪僧については「於二山上一者所司可二補進一於二在京一者検非違使等可二追捕一」との原則があったことがわかる。

(136) 例えば建久二年三月二十八日新制(『三代制符』所収)25条に、僧徒が寺家を離れて悪僧的活動をすることに対して、「令条」や「刑律」に基づいて禁遏すべきことが命じられている点はそのことを示すものと考えられる。ただし、この条でも「強犯」の場合には検非違使が追捕することが認められていた。なお、一般に公家新制における僧綱関係の条文は、過差を禁止したり、法服・乗物・従者の数などの規定が大部分であって、僧侶の教導監督に関するものは極めて少ない。公家新制については、水戸部正男『公家新制の研究』(一九六一年)参照。

(137) 『春記』長暦二年(一〇三八)十月二十七日条によると、この日天台僧等二、三千人が下山して左近馬場に群参したが、「僧綱等殊加二制止一之故」に帰山したと見えるので、この当時はなお、本来の僧綱の職務が期待されていたことを知りうる。

第六章　「賜綱所」と「召具綱所」
——仁和寺御室の性格究明への一視点——

はじめに

僧綱制の変質過程をめぐる問題で、通説において最も大きな誤解と思われるのは、仁和寺関係の記録に見える、仁安二年（一一六七）十二月十三日に覚性法親王（紫金台寺御室）が、「惣法務宣下」を受けると同時に「賜二綱所一」ったという記事をもって、同年以後仁和寺御室が法務の上に位置する「惣法務」なる地位に就き、それに伴って僧綱所も東寺から仁和寺内に移転されたと解釈されてきたことである。例えば、望月信亨著『仏教大辞典』の「綱所」の項[1]には、

僧綱の事務所の意。具に僧綱の参集して法務を執行する役所を云ひ……按ずるに養老六年七月、始めて薬師寺を以て綱所に充てたりしたが、平安奠都以後、之を東寺又は西寺に置き、仁安二年十二月十三日、仁和寺覚性親王を以て総法務に任じ、綱所を賜ふに及んで、遷して仁和寺に置かれたり……

と見えており、この見解はその後の歴史辞典などにも継承されてきた。

ところで近年、中世僧綱制に関して先駆的な業績を挙げられたのは伊藤清郎氏と森川英純氏であるが、両氏とも仁

和寺に当時すべての僧綱及び威儀師・従儀師が勤仕しているのではないことを認められつつも、基本的にはこの見解に依拠しているのである。すなわち、伊藤清郎氏は一連の論考(2)において、この仁和寺に置かれた僧綱所（伊藤氏は、この構成員である僧綱を狭義の僧綱とされる）を通じて中世国家が僧尼・寺院の統制を実際におこなっていると述べられ、その点を拠り所に中世僧綱制は厳然と存在し機能していると結論づけられたのであった。一方の森川氏(3)も、仁安二年（一一六七）に仁和寺に「惣法務」が設置されたことを前提として、その後しばらくの間は東寺法務のもとに属したことは認められつつも、それ以後僧綱所の統制権は仁和寺の「総法務」（つまり仁和寺御室）の支配下に移り、そのことは院政政権が寺社勢力の要である綱所を、仁和寺を通じて把握するに至ったことを示すものとされたのである。伊藤氏の場合には法務―惣在庁・公文制の存在に全く気づいておられなかったこともあって、両者の指摘には多少のニュアンスの相違はあるが、仁安二年（一一六七）における仁和寺御室の「総法務」補任と僧綱所の仁和寺への移転を事実として認めた上で、このことを極めて高く評価されている点では両氏とも変わりはない。

それに対して、私は「僧綱制の変質と惣在庁・公文制の成立」なる論文(4)でこの問題にも触れ、中世における僧綱制の一定の意義を認めつつも、仁和寺御室が「総法務」に任じられたというのは、少なくとも覚性法親王の時点では史料的性格からして史実とは認め難いこと、そして「賜綱所」というのも、僧綱所が仁和寺御堂のもとに設置されたことを示すものではないこと等を指摘した。そこでの見解は現在でも大筋では誤りないと考えるが、何分にも前稿は惣在庁・公文制の成立と展開過程を論じることを主軸としたため、仁和寺と「綱所」との関係については若干舌足らずであったことは否定できず、また、その後何人かの方々から最も強い批判と疑問を寄せられた部分も、まさにその点にあった。以上の問題は一見些細なことのように思われるかもしれないが、この点の理解を違えると中世僧綱制の評価をも誤ることになると考えられるので、今回再び取り挙げて考察してみる必要を感じた次第である。

第一節　仁安二年の「惣法務宣下」をめぐって

そこでまず、従来不可分の事柄として理解されてきた「惣法務宣下」と「賜綱所」という仁和寺御室に対する二つの処遇のうち、前者は少なくとも鎌倉前期の時点では信憑性に欠けるものであるという点から指摘しておきたい。この二つの事項を、覚性以後の代々の御室に同時（同日）に認可された待遇として記載している代表的な記録は、顕証書写本の『仁和寺御伝』[5]である。これは諸本伝わる『仁和寺御伝』のうちでも最も記事が詳細で、多くの先行文献も引用しており、その意味では参考になる点もあるが、一方で代々の御室の事績を述べた中に「補二御寺務一」というような記事を挿入しており[6]、近世に入ってからの成立であること[7]と合わせて、取り扱いには十分注意を要するものである。ここでは、その中から一応、覚性法親王以後の五代の御室について該当する部分を引用してみよう。

○紫金台寺御室（覚性法親王）
仁安二年丁亥（一一六七）　十二月十三日、初令レ任二惣法務一給、同日賜二綱所一、……
○喜多院御室（守覚法親王）
建久六年乙卯（一一九五）　二月廿四日、賜二綱所一、……
○後高野御室（道法法親王）
建仁三年癸亥（一二〇三）　正月八日、賜二綱所一、同日惣法務宣下、……

○光台院御室（道助法親王）

承久元年(一二一九)正月卅日乙卯ワ丁酉ワ、賜二綱所一、同二月九日、惣法務宣下、……

○金剛定院御室（道深法親王）

寛喜三年(一二三一)九月十七日、賜二綱所一、同日、惣法務宣下、……

このように、守覚法親王の場合を例外として、原則的には「賜二綱所一」と「惣法務宣下」とを同日のこととして記すのを特徴としている。(8)ところで、覚性法親王が「賜二綱所一」ったことは同時代の記録である『兵範記』仁安二年十二月十三日及び同二十八日条に詳しく記されている（十三日条の記事は次節で引用）が、そこには「惣法務」に任じられたといった記載は全く見えず、その初見は今のところ鎌倉時代中期以後の成立とみられる『紫金台寺御室伝』（今日、『御室相承記』(9)巻五として伝わる）としてよいようである。しかし、そこでも該当部分は次のようにあるに過ぎない。

令レ賜二綱所一給事

仁安二年十二月十三日丙午御年卅九頭弁信範朝臣以二消息一申レ之、三藹出納則季持二参泉殿一、給レ禄疋絹

同廿八日辛酉、御年賀……

伝語云、為レ被レ処二行惣於過怠一、令レ申二賜惣法務一御……

つまり、本文は何らかの記録を典拠としていると思われるのだが、そこにはもともと「惣法務宣下」のことはなかったらしく、編纂時点ないしは伝写の過程(10)で書き加えられたとみられる「伝語云」の部分に初めて見える記事なのである。また、かつて『御室相承記』と一具をなしていたものであることが有力視されている(11)『光台院御室伝』にも

建保七月二月九日丙午、令レ賜二綱所一給、官府左少(マヽ)□(史カ)三善信直持参、長尋賜レ禄、

とあるのみであり、このほか『仁和寺御日次記』など、鎌倉時代に編纂されたことが知られる仁和寺関係記録にも「惣法務」のことは全く所見なく、[12] ましてや「惣法務次第」といったものが問題とされるようになるのは、南北朝期成立の『東宝記』（観応三年—一三五二、杲宝撰）や『初例抄』[13] が早い例のようである。

以上の点からすると、仁安二年（一一六七）における「惣法務」の成立ということは、やはり史実とは認めがたく、「惣法務」なる呼称そのものも『紫金台寺御室伝』の成立した頃（『仁和寺史料』寺誌編一の解題によれば鎌倉時代中期頃までとするが、私見ではもう少し降るのではないかと思う）になってから現れたものと思われるのであり、しかもその時点では私称の如くであって、鎌倉期にはいまだ公的な職名とはなっていなかったらしいことが知られるのである。「賜綱所」と「惣法務宣下」とをセットにして把えるような理解は、中世後期以降になって現れたものであるとみてよかろう。それに対して、「賜二綱所一」という表現は『兵範記』に所見されるのであるから、仁安二年（一一六七）当時から実際にあったことは疑いない。問題は「賜二綱所一」ということの内実である。「惣法務」という呼称がなぜ生じたかについてはのちに触れるとして、次にこの問題を検討してみる必要に迫られる。

第二節　「賜二綱所一」ということの意味

先に指摘したように、従来は「賜二綱所一」ということをもって例外なく、仁和寺に僧綱所が移転したことを示すものと考えられてきたが、これは到底そのようには解釈できない。その理由は以下に述べる通りである。

まず第一には、守覚や道助の例を挙げて既述したように、「賜二綱所一」ったのは仁安二年（一一六七）の覚性の時だけでなく、原則としてこの後の代々の御室も、ある年齢に達すると「賜二綱所一」という処遇が許されていることである。その年齢とは、例えば覚性三十八歳、守覚四十五歳、道法三十七歳といった具合である。[14] もし仮に、仁和寺に僧綱所が移転したことを意味していたとするならば、仁安二年（一一六七）の記事一回だけで十分と言うべきではなかろうか。

第二に、そもそもこの当時の「綱所」とは、僧綱所という役所ないしは建物を意味する場合は稀であったことに注意する必要がある。確かに「綱所」が僧綱所の略称として用いられた例は、すでに平安時代の初めに初見が求められる[15]けれども、平安後期になると、いわば官庁としての僧綱所（東寺に所在）はほとんど機能しておらず、「綱所」という史料用語の多くは仏教行政に携わる威儀師・従儀師を指し示す言葉に変容していたのである。[16] その事情は前稿でも述べたように、九世紀における僧綱制の第一次改編によって二名の法務と威儀師・従儀師とを実質的な構成員とする僧綱所が発足するが、程なく法務に補任されるような僧侶は院家に居住することが一般化したために、僧綱所はいわば留守所となって、そこでの実務が全く威儀師・従儀師のみに任されるような体制（威儀師・従儀師の在庁化）となったことに起因している。そして、その後は在庁の威儀師・従儀師もふだんは各々の寺院に居住するようになり、僧綱所を通さずに必要に応じて法務の院家や法会の場所に往来するようなシステムになるが、この段階に至っても法務のもとで仏教行政に関与する威儀師・従儀師（在庁の威儀師・従儀師）たちは、慣例的に「綱所威従」、ないしは「威従」を略して単に「綱所」と呼ばれることが多かったのである。

第三に、決定的と言えるのは「賜二綱所一」が「召二仕綱所（威従）一」とか「召二従綱所一」[17] などとも表現されていることである。例えば、前に挙げた道助法親王（光台院御室）の場合、『仁和寺御日次記』の当該条には、

二品親王宜レ聴レ召二仕綱所威従等一之由、被レ下二宣旨一、

とあるのであり、道法法親王（後高野御室）の場合にも『後高野御室伝』（『御室相承記』巻六）に

同（建仁）三年正月八日、可レ召二仕綱所一由、宣下、

と見える如くである。また、このような際に下された宣旨ないしは綸旨の実物も今日知られている。その好個の例は、先ほど保留しておいた『兵範記』仁安二年十二月十三日条に引用されるものであるが、関係する本文の記事[18]とともに引用しておこう。

今日仁和寺御室令レ賜二綱所一、此条無二先例一、去久安之比、天台座主最雲宮、以二中堂維那一准二綱所一、可レ被二随身一之由蒙二宣下一、被二相具一、今准二拠件例一云々、彼天台也、已為二別式一、是東寺也、正法務之外、随二身綱所一、猶可レ有二議定一歟、下官以二御教書一令レ申了、依二新儀一不レ及二宣下一、且為二後代一也、

被二綸旨一偁、綱所威従以下、可下令二召従一給上者、綸旨如レ此、可レ令二上啓一之状如レ件

仁安二年十二月十三日　権右中弁（蔵人頭平信範）

進上　左衛門督僧都御房

同様のものとして、『仁和寺御伝』のうち心蓮院本・真光院本・顕証書写本など[19]には守覚法親王（喜多院御室）が「賜二綱所一」った時の宣旨案が引かれ、これには「召二仕綱所威従一」と見えている。これらの諸本はいずれも戦国期から近世にかけて成立したもので、取り扱いに注意すべきであることは前にも触れたが、この宣旨は一応信頼しうるものと思われるので次に示そう。

「綱所宣旨案、三月五日、左大史三善仲康持参之」

二品守覚親王

右少弁藤原朝臣長房伝宣、左大臣宣、奉レ勅、件親王宜レ聴レ召ニ仕綱所威従一者、

建久六年二月廿四日　修理東大寺大仏長官左大史小槻宿禰隆職

このように「賜ニ綱所一」る場合には、その都度、綸旨もしくは宣旨が下されていたのであり、それは、「綱所ノ威従」を召し仕える（または、召し従える＝随身する）ことを許可するという文面になっていたことが知られるのである。

ところで、人間を対象に「賜る」という表現は一見奇妙な感じを与えるが、これに類似した用例は古くから存在した。例えば『日本書紀』には早くも「賜ニ出家（者）一」[20]ということが見える。これは六国史などに頻出する「賜ニ度（者）一」[21]とほぼ同義で、ある特定の人物（親王・皇妃・大臣などが多い）が専ら自分のために読経や祈禱をしてくれる僧侶を与えられる、つまり僧侶の側からすれば、特定の人物のために専ら仏事を行なうことを条件に得度を許されるということを意味するもののようである。また、「賜ニ綱所一」とよく似ていて注意すべきものとして、平安後期以降しばしば所見される「賜ニ僧綱一」という表現もある。『後高野御室伝』（『御室相承記』巻六）にある一例を次に掲げよう。

御修法・御堂供養外、令レ賜ニ僧綱一給事

法勝寺小塔供養検校賞

建仁三年（一二〇三）十二月廿日勝海任ニ律師一、

御祈賞

承元二年（一二〇八）七月廿三日禅覚任ニ律師一、

法勝寺御幸検校賞
正治元年(一一九九)九月廿三日寛瑜任二少僧都一、

当時、僧綱の昇進方法には功・労・賞の三つがあり、堂塔の修造による「功」、三会・三講を遂げた「労」に対して、「賞」とは法会や堂塔供養などを勤めたことによるものだが、法親王や僧正・僧都クラスになると、自身が昇進するかわりに、門徒を僧綱に補任してもらえるように推挙することができた。右の史料はそのことを示すもので、道法法親王が「賜二僧綱一」ったことにより、門徒の勝海・禅覚・寛瑜が僧綱に任官したわけである。この場合には、必ずしも僧綱を召し仕うことを意味したわけではないけれども、やはり「賜二綱所一」とよく似た用例と言える。(23)

以上の諸史料の検討から、「賜二綱所一」とは仁和寺に僧綱所が移ったことを示すものではなく、これまで法務の指揮下で仏教行政を担当することのみに専念していた「綱所ノ威従」(＝在庁の威儀師・従儀師)を、仁和寺御室が召し従えることを認可されたといった意味で用いられていることは、もはや動かしがたいところであろう。もっとも、僧綱所の建物が移転しなかったとしても、「綱所ノ威従」を召し仕うことによって、仁和寺御室が法務に替わって仏教行政の最高責任者になったとみることは可能だという見解があるかもしれない。しかし、そうした見方もまた成立しがたいことは、既に前稿で掲げた僧綱発給文書一覧表に、仁和寺御室の署判を有する僧綱牒(僧綱請定も含む)は一通も存在せず、鎌倉期を通じて法務—惣在庁・公文制が機能していたことからも明らかである。また、少なくとも鎌倉期において、仁和寺御室が一般の仏教行政に携わった形跡のないことは、安元元年(一一七五)を初例として、その後鎌倉時代を通じて発給されている仁和寺宮(法親王)庁下文の内容からもうかがわれよう。これらはほとんどが仁和寺の寺領、ないしは御室が本家・領家職を有する所領の支配に関わるものであって、寺家政所を吸収する形で成立したらしい御

表10　仁和寺宮庁下文一覧

番号	西暦	日付	文書名（遺文による）	所収	遺文番号	書出し	宛所	事書	署判（上段／下段（院司）、日下（公文））
1	1175	安元元年閏九月廿三日	宮庁下文	大泉坊文書	平 三七〇八	宮庁下	怡土庄官等	可早充行僧寛智申請壱堂仏聖田伍町事	別当法眼（花押）、法橋（花押）／権律師（花押）、院司威儀師（花押）
2	1185	元暦二年七月七日	仁和寺宮庁下文	大和文華館所蔵文書／古文書纂	平 四二六八	宮庁下	布施社司等	可早以山氏女為下司職事	別当法師（花押）、権律師（花押）、大法師（花押）、権少僧都（花押）、法橋（花押）／院司威儀師、公文越前大掾中原（花押）
3	1188	文治四年十二月　日	守覚法親王庁下文	慶応義塾大学所蔵文書	鎌 一九〇	二品法親王庁下	布施社司住人等	可早任二位卿下文停止旁濫妨従領家進止、致年貢勤事	別当権律師（花押）、法橋（花押）、大法師（花押）／院司威儀師（花押）、公文散位中原（花押）
4	1188	文治四年十二月　日	仁和寺宮守覚法親王庁下文	森川文書	鎌 三五六	宮庁下	在地刀弥等	可早任旧領実領掌僧祐深謝申田畠等事	別当法印権大僧都、権少僧都（花押）、法眼（花押）、法橋（花押）、大法師（花押）／院司威儀師（花押）、公文散位中原（花押）
5	1189	文治五年正月廿二日	仁和寺宮守覚法親王庁下文	吉井良尚氏所蔵文書	鎌 三六一	宮庁下	布施社神官等	可早以僧良宗為下司職事	別当法印権大僧都、権少僧都（花押）、法眼（花押）、法橋（花押）、大法師（花押）／院司（花押）、公文散位中原（花押）
6	1198	建久九年三月　日	仁和寺守覚法親王庁下文案	河内金剛寺文書	鎌 九七三	二品法親王庁下	金剛寺所司等	可早任解状旨、以当寺為北院末寺、毎年弁備修正壇供餅佰枚事	別当法印権大僧都、権大僧都判、権少僧都判、法眼判四、権律師判二、法橋判六／大法師判二、散位仲原朝臣判、皇太后宮大属中原朝臣判、院司威儀師判五、前威儀師判一、公文法師判
7	1209	承元三年正月廿一日	入道無品親王庁下文案	古文書纂／作陽誌	鎌 一七七二	入道無品親王庁下	布施社神官等	可早以大法師良宗為下司職事	別当法眼、法橋、大法師／（院司、公文ナシ）
8	1212	建暦二年五月十七日	入道二品親王庁下文案	作陽誌	鎌 一九三三	入道二品親王庁下	美作国布施社司等	可早以大法師宗秀為下司職事	別当法眼判、法橋判、／院司威儀師判、公文大法師判
9	1212	建暦二年十一月九日	入道二品親王庁下文案	作陽誌	鎌 一九五二	入道二品親王庁下	布施社神官等	可早以大法師良秀為下司職事	別当法眼判、法橋、大法師／院司威儀師判、公文大法師判
10	1220	承久二年十二月　日	入道二品親王道助庁下文写	山城国仁和寺文書	鎌 二六九八	入道二品親王庁下	河内国金剛寺	条々（院主職事、寺家澄文取出他所事、寺僧濫吹事）	別当権少僧都在判三、無署一、法眼在判二、法橋在判二／大法師在判三、院司威儀師在判三、無署一、公文前大蔵丞中原在判

11	1222	承久四年正月　日	入道道助親王庁下文	河内金剛寺文書	鎌 二九二二	入道二品親王庁下	河内国金剛寺所司等	可早任駿河次郎泰村下知状令停止守護所使乱入狼藉事	別当権少僧都、権少僧都(花押)、法眼(花押)、法眼(花押)、法橋(花押)／院司威儀師(花押)、公文大法師(花押)
12	1224	貞応三年十月　日	入道道助親王庁下文	河内金剛寺文書	鎌 三一九八	入道二品親王庁下	河内国金剛寺	可早以阿観門弟道心為院主職事	別当権少僧都(花押)、法眼、法眼(花押)、法眼(花押)、大法師(花押)／院司威儀師(花押)、公文法師(花押)
13	1226	嘉禄二年五月十七日	入道二品親王(道助)庁下文案	古文書纂／作陽誌	鎌 三四九二	入道二品親王庁下	美作国布施社司等	可早以大法師宗秀為下司職事	別当法眼判、法眼判、法眼判／院司威儀師判、公文大法師判
14	1226	嘉禄二年九月十五日	仁和寺御室入道々助親王庁下文	筑前大泉坊文書	鎌 三五二五	入道二品親王庁下	怡土庄官等	可早充行今津宮大般若経免荒田陸町事	別当権大僧都(花押)、権少僧都(花押)、法眼、法眼(花押)、法橋(花押)／院司威儀師(花押)、公文大法師(花押)
15	1254	建長六年五月八日	仁和寺宮法助法親王(ママ)庁下文案	河内金剛寺文書	鎌 七七四三	准三宮庁下	金剛寺所司等	可早以白炭免為等家進止事	別当法印権大僧都判二、権大僧都判、権少僧都判、法眼判、法橋判、／大法師判六、院司威儀師判五、公文法師判二
16	1259	正元々年六月十三日	入道無品親王庁下文	大泉坊文書	鎌 八三八四	入道無品親王庁下	筑前国怡土庄直人名主	可早為阿弥陀院領免田弐町事	別当権僧都、権少僧都、法眼、法眼、院司威儀師、公文大法師
17	1260	正元二年三月　日	准三宮庁下文案	近江観音寺文書	鎌 八四九四	准三宮庁下	近江国大原庄官預等	有御施入新田伍段	別当法印権大僧都在御判／院司威儀師、(公文脱カ)大法師判
18	1265	文永二年十二月十七日	法助法親王(ママ)御教書	近江観音寺文書	鎌 九二三〇	―	―	夫馬観音堂免田事	別当権律師(花押)／(院司ナシ)、大法師(花押)、大法師(花押)、公文大法師(花押)
※書留文言と署判は庁下文の形式									
19	1165	文永六年九月廿日	入道無品親王庁下文案	児玉韞採集文書／筑前国町村書上帳	鎌 一〇四九四	入道無品親王庁下	筑前国怡土庄	可早以末永名内田地四段、為観音寺免田事	別当法眼(花押影)、法橋(花押影)、大法師(花押影)院司威儀師(花押影)、公文大法師(花押影)
20	1272	文永九年十月二十日	仁和寺御室宮庁下文案	王丸文書／改正原田記	鎌 一一一二七	□□□□(入道無品)親王庁下	筑前国怡土庄官等	可早源安任養母善阿譲状、令安堵領掌怡土庄王丸田事	別当法眼『花押』、法橋、大法師、院司威儀師『花押』、公文大法師『花押』
21	1278	弘安元年七月廿三日	入道二品親王性助法親王庁下文案	大泉坊文書	鎌 一三一三〇	入道二品親王庁下	筑前国怡土庄官等	可早以末武名内田地弐町、寄進誓願寺三重宝塔事	別当法眼、法橋、法橋／院司威儀師、公文大法師
22	1282	弘安五年九月　日	入道二品親王仁和寺性助庁下文	肥前深堀文書	鎌 一四七〇四	入道二品親王庁下	肥前国彼杵庄官等	可早依本司例、任証文理、被充行新地頭	別当法印(花押)、法印権大僧都(花押)、法眼(花押)、法眼

								平時仲、戸八浦内切杭高浜事	（花押）、大法師（花押）／院司威儀師（花押）、公法大法師
23	1314	正和三年十二月七日	入道二品親王庁下文	勝尾寺文書	鎌 二五三六七	入道二品親王庁下	摂津国勝尾寺	可早停止任請於当時四至内殺生并伐木等狼藉事	別当法印権大僧都（花押）一、法眼（花押）三、大法師（花押）四／院司威儀師（花押）三、公文法師

注　准三宮法助（九条道家の子）を〝仁和寺宮法助法親王〟とするのは誤りであるが、文書名はしばらく『鎌倉遺文』にそのまま従っておく。

室の家政機関たる仁和寺宮（法親王）庁の、いわば事務処理的なものばかりと言ってよく、僧綱所管轄の仏教行政に属するものは全く見られないからである[24]（表10参照）。

以上を要するに、「賜二綱所一」とは威儀師・従儀師の立場からすれば、これまで通り法務の指示を受けて仏教行政の実務に従事することのほかに、僧綱所所管の任務とは全く関係のなかった、仁和寺御室のもとに仕えることをも余儀なくされたことを意味したのである。

それでは、威儀師・従儀師が仁和寺御室に召し仕われるようになったとは、より具体的にはどのような状態を言うのであろうか。一例として『光台院御伝』にひかれる、建永元年（一二〇六）道助が受戒のために東大寺に下向した際の、行列の様子を書き留めた記事に、次のように見えることが参考になろう。

殿上人廿人……房官九人……非職五人……有職十六……中童子八人……上童四人……侍ハ六人、俊紹、成兼、賢俊、□円、厳縁、最兼、御童子卅人……扈従僧綱五人……

ここに「侍」とある六人は、いずれも当時威儀師もしくは従儀師であった者ばかりで、特に俊紹は当時惣在庁の任にあったことが知られるし、「□円」も公文の相円である可能性が高い僧である[25]。つまり、これまで、仏教行政の実務担当者であった惣在庁・公文以下の「綱所ノ威従」が、仁和寺御室の侍法師（のちには候人《こうにん》とも呼ばれる）として勤めているのであり、当初におけるその主要な任務は、このように御室の外出の際などに警固を担当することであったと思われる。なお、道助が「賜二綱所一」ったのは建保七年（一二一九）になってからであるが、道助の受戒の時に戒師を勤めた後高野御室（道法法親王）も同道したのであるから、この例に見える侍たちは、むろん厳密には道法が賜っていた者とみるべきであろう。侍法師はのちには一般に帯刀していたらしいが、威儀師・従儀師がそのような行粧をとるようになったのが、仁安二年（一一六七）を契機としたかどうかについては、今のところ私自身も明確にすることができない。しかし、いずれにしても「賜二綱所一」ということをもって仁和寺御室が僧綱所の統制権を持つに至ったとするような評価が、やはり正しくないことは以上で十分に明らかになったと言うべきである。

ところで、御室が「賜二綱所一」るようになる以前に、既に一部の「綱所ノ威従」との間につながりを持ちつつあったことが知られるのは注意されよう。それは仁和寺宮庁（法親王家政所）の一つである院司に、威儀師が任命されていることである。院司というと、通例は太上天皇もしくは女院の政所に仕える職員の総称であるとされるが[26]、この時期、原則として僧正・僧都クラスの僧侶の政所職員の中に「院司」という名称のものがあるのである。このような高僧の政所を構成するものとしては、院司のほかに別当・公文があり、彼らは房官と呼ばれることも多いが、機能的には俗人の政所の家司と変わるところはない。房官の人員・顔触は一般に政所下文の署判によって知ることができる。現存最古の仁和寺宮（法親王）庁下文である安元元年（一一七五）閏九月二十三日付仁和寺宮守覚法親王庁下文を例にとると、別当の法眼・権律師・法橋と共に「院司威儀師」と見えている（前表10参照）のがそれであるが、院司そのものは『高野御室伝』（『御室相承記』巻四）に、

長承元年（一一三二）……院司威儀師維厳成二吉書一

とあるのが管見の範囲での初見である。高野御室（道法法親王）は「賜二綱所一」る以前の御室であった。また、『紫金台寺御室伝』（『御室相承記』巻五）によると、覚性法親王の場合も綱所を賜ったのは仁安二年（一一六七）であるのに対して、房官として行俊・俊縁の二人を院司に補任したのは久安三年（一一四七）のことであると記されている。維厳はその当時の惣在庁であり、行俊・俊縁ものちに惣在庁を歴任している(27)ことが知られるから、院司が「綱所ノ威従」の中から任命されていたことはほぼ確実で、恐らくそれは仁和寺宮庁（法親王家政所）の開設に伴うものであったろうと思われる。

一部の特権的な僧侶に、俗官に準じた政所が設置されることは既に十世紀に出現しているが、(28)このうち威儀師ないしは従儀師を院司とすることが認められたのは、原則として仁和寺御室と東寺寺務兼任の法務のみであったらしい。もっとも、厳密に言うと法務の院司は従儀師であり、仁和寺御室の場合には威儀師のみという違いはある。その上、こうした院司を含めた房官は律令制的な家司制度の流れをくむものであるから、(29)最初から侍（候人）のように私的な主従関係を伴うものとは、直ちに同一視することはできない。しかし、御室の場合に惣在庁クラスの威儀師が院司として任命されていたことが、御室と「綱所ノ威従」との結びつきを深める役割を果たしていたことは確かであって、侍法師として召し使われることを意味した「賜二綱所一」ることの前提として、無視できない事実であろう。

第三節　法務と「召二具綱所一」

次に、鎌倉中期以降仁和寺御室が「惣法務」と呼ばれるようになる背景について、若干考察してみることにしたい。これには法務と「惣法務」との関係が当然問題となるが、注目されるのは、法務についても「召二具綱所一」という、

「賜㆓綱所㆒」とよく似た表現がしばしば見られることである。そのほとんどは毎年正月八日から十四日まで、宮中真言院で行なわれた恒例行事である後七日御修法に際してであるが、このほか上皇の熊野御幸の折、法務が先達を勤めた際にも「召㆓具綱所㆒」ということの例がある。(30) いずれにしても、〝綱所を召具す〟ことのできたのが原則として法務のみに限られていた特権であったことは、『初例抄』の「為㆓非法務㆒具㆓御前綱所㆒例」の項に、法務以外で、「綱所を召具す」ことを許された奇代の例として、

○権少僧都隆円　正暦五年（九九四）、権少僧都直任の拝賀の時、
○大僧正快修　承安二年（一一七二）、法勝寺別当として修正会に参勤した時、
○無品道覚親王　宝治元年（一二四七）、最勝寺の灌頂会で阿闍梨を勤めた時、

の三例が挙げられているだけである点からも推察されよう。そして、同書では「召㆓具綱所㆒」が「具㆓御前威従㆒」とか「為㆓前駈㆒具㆓威従㆒」とも説明されることから、高僧の行列に供奉することを意味していたことは明らかであるが、より具体的には五巻本『東寺長者補任』(31) の延応元年（一二三九）長者大僧正真恵条に見える、次のような記事によってうかがうことができる。

延応元年長者大僧正真恵法務、般若寺別当　月　日
後七日法行㆑之、十三日牛車宣旨、十四日加持香水、次拝賀参内、先所守二人持素枝、次綱掌六人、次中綱四人源真、円尊、賀俊、円慶、次前駆六人、次三綱二人権守《ママ》生、経延、仙厳　次威儀師二人、従儀師二人、次長者車、……

つまり、後七日御修法の結願日に拝賀参内する際、威儀師・従儀師が東寺長者の車の前駆をしているのである。このような例からすると、「綱所を召具す」ことは「綱所を賜る」ことと実質的にはほとんど同義と言ってよいのであ

るが、後者がいわば恒常的に侍として供奉させるのに対して、前者は特定の行事・法会などの際に、一回限りの行為（特典・処遇）として見える点に違いがある。

ところで、後七日御修法は代表的な国家的法会ではあったが、これに勤仕するのは原則として東寺寺務（一長者）の地位にあった僧であり、むろん法務としての職務ではない。従って、この後七日御修法の時に東寺一長者が「綱所威従」を前駆のために召し仕うことは、たとえ法務を兼帯している時でも、本来は職権外のことであったと考えるべきである。ところが、同じく五巻本『東寺長者補任』によると、例えば承元元年（一二〇七）長者権僧正印性法務条に、

後七日法被レ行レ之、加持香水閑院殿、依レ被レ召二具綱所一、三綱以下略レ之、依二先例一也、（但、寛信法務之時、綱所三綱共召具之）

とある如く、「依レ被レ召二具綱所一、（東寺）三綱略レ之」といった表現がしばしば見える。これは威儀師・従儀師に前駆を勤めさせたので、先例によって東寺三綱にはその役を免除させたというのであるから、本来は東寺三綱を供奉させるのが通例であったことを示唆していよう[32]。つまり、法務の下で僧綱行政に携っていた威儀師・従儀師が、東寺三綱に代って、いわば東寺長者の私的な面で召し仕われることも、頻繁に行なわれるようになっていたわけである。このように、これまで法務が僧綱所長官として威儀師・従儀師を指揮下に置く（これは公的な面と言えよう）一方で、しばしば前駆をさせるといったように、私的にも召し仕うことが出現した段階で、後者の私的な面の前例を踏まえて、仁和寺御室にも威儀師・従儀師を召し仕うことが許されるようになったために、のちに法務に対して「総法務」なる呼称が生じたのではないかと推定されるのである（仁和寺御室に「賜二綱所一」のことを認可した際に、東寺法務の「召二具綱所一」の権限が先例として挙げられていたことは、前引の『兵範記』の記事に見える通りである）。

ここで「総」を冠してあたかも法務の上司であるかの如き名辞が用いられたのは、仁和寺御室は法親王であって、

いわば臣下たる法務以下の一般僧侶とは同例ではないという意識が働いていたためと思われるが、このような法親王という身分に対する配慮は、仁和寺御室自身を仁和寺や六勝寺等の別当に補任するのではなく、その上に位置する名誉職的な寺官である「検校」なる地位に就かせているような姿勢にも、明確にうかがえるところであろう。むろん『東宝記』や『初例抄』に所見される「惣法務次第」が作成されるようになる背景としては、仁和寺御室（仁和寺検校）が鎌倉末期までには従来の仁和寺別当職をも吸収して、名実共に「仁和寺寺務」となった事実も考え合せる必要があるのだが、法務に対して「惣法務」なる呼称が生じた直接の事情については、私はおよそ以上のように考えているのである。いずれにしても「惣法務」なるものは僧綱所の機構の中に位置づけるべき性格のものではないことは、明らかであると考える。

第四節　仁和寺御室の性格

以上の検討から、結局のところ「賜二綱所一」ということにしろ、「総法務」なる呼称にしろ、これをもはや僧綱制の再編としてとらえることは無理であって、「古代における僧綱制の沿革」という視点からすれば、どう見ても退廃そのものを示す事態と言わざるを得ないのである。従って、仁安二年（一一六七）の事件はやはり、僧綱制の形骸化を決定づけた端緒と評価してさしつかえないのであるが、一方の仁和寺御室の側に視座を据えれば、最後まで僧綱行政の実質的な機能を果していた[33]威儀師・従儀師を侍として召し仕うことができた、という意味で画期的な事件であったと言うべきであり、改めてこの時期（院政期）における仁和寺御室のなみならぬ地位というものが浮かび上ってくる。このように、僧綱制の形骸化の問題は一転して仁和寺御室の性格規定の問題となるが、この点を考える上で、かつて黒田俊雄氏が指摘された(34)諸権門に共通する「特質」は極めて示唆的である。

すなわち、第一に政所（公文所）などの中核になる執務機関と、それに伴う別当以下の家司制があったこと。第二に、そこから発する文書として、政所下文・庁下文などの下文形式のものと、御教書・院宣などの奉書形式のものがあって、機能も共通していたこと。第三に、家司をはじめ近臣・伺候人・扶持人・寄人・侍・家人などの形態で私的な主従組織をもったこと。第四に、門閥内部の範囲での法令を制定して、諸種の裁判権をもったこと。第五に、荘園・知行国などの所領を門閥の中の職に組織した知行体系を構成していたこと。以上五点がそれである。「綱所威従」を召し仕ったというのは、このうち第三点の、伺候人・侍などの主従組織の編成に該当するものである。このほか、別当・院司・公文からなる政所組織（房官）が設置されたこと、そこから発給される仁和寺御室庁下文や御室令旨が存在したこと、およびそれらの発給文書が所領支配に関わるものであったことなど、いずれもこれらの条件に当てはまるのであり、宗教権門としての仁和寺御室の一面を物語るものと言えよう。そしてさらに、覚性が「綱所を賜」ったのが仁安二年（一一六七）であったという時期も決して偶然とは思われないのは、この前後に次のような注目すべき事実を指摘しうるからである。

(1) 現存する仁和寺御室庁下文で最も古いものは、安元元年（一一七五）の喜多院御室守覚法親王庁下文であるが（前節の表10参照）、このような下文の署判に必ず見える「院司威儀師」の初見は、前述のように長承三年（一一三四）、高野御室覚法法親王の時であり、別当（僧綱）・院司（威儀師）・公文を構成員とする御室特有の政所機構が整備されたのは、ほぼこの頃とみられる。(35)

表11　仁和寺御室一覧（鎌倉末期まで）

仁和寺御室	入　室	出家・戒師	灌頂・大阿闍梨	備　考
寛平法皇（宇多法皇・金剛覚）		昌泰2年（899）・益信	延喜元年（901）・益信	承平元年（931）崩御
寛空僧正			延喜18年（918）・金剛覚	天禄3年（972）入滅
寛朝大僧正		延長4年（926）	天暦2年（948）・寛空	長徳4年（998）入滅
済信大僧正			永祚元年（989）・寛朝	長元3年（1030）入滅
大御室（師明親王・性信法親王）	寛仁2年（1018）	寛仁2年（1018）・済信	治安3年（1023）・済信	寛弘8年（1011）親王宣下 永保3年（1083）叙二品 応徳2年（1085）入滅
中御室（覚行法親王）	永保3年（1083）	応徳2年（1085）・性信	寛治6年（1092）・寛意	康和元年（1099）親王宣下 康和4年（1102）三品　同年二品、長治2年（1105）入滅
寛助大僧正			承暦4年（1080）・性信	天治2年（1125）入滅
高野御室（覚法法親王）		長治元年（1104）・覚行	天仁2年（1109）・寛助	天永3年（1112）親王宣下 大治2年（1127）直叙二品 仁平3年（1153）入滅
紫金台寺御室（覚性法親王）	保延元年（1135）	保延6年（1140）・覚法	久安3年（1147）・覚法	大治4年（1129）親王宣下 保元3年（1158）叙二品 嘉応元年（1169）入滅
喜多院御室（守覚法親王）	保元元年（1156）	永暦元年（1160）・覚性	仁安3年（1168）・覚性	嘉応2年（1170）親王宣下 安元2年（1176）二品 建仁2年（1202）入滅
後高野御室（道法法親王）	承安4年（1174）	治承3年（1179）・守覚	元暦元年（1184）・守覚	元暦2年（1185）親王宣下 建久6年（1195）二品 建保2年（1214）入滅
光台院御室（道助法親王）	建仁元年（1201）	建永元年（1206）・道法	建暦2年（1212）・道法	正治元年（1199）親王宣下 承元4年（1210）二品
金剛定院御室（道深法親王）		建保4年（1216）・？	寛喜2年（1230）・道助	承久2年（1220）任権少僧都 承久3年（1221）親王宣下 同年入御仁和寺
開田准后（法助・九条道家の子）	嘉禎4年（1238）	嘉禎4年（1238）・道深	寛元元年（1243）・道深	延応元年（1239）准三后宣旨 弘安7年（1284）入滅
後中御室（性助法親王）	建長3年（1251）	正嘉元年（1257）・法助	弘長3年（1263）・法助	建長3年（1251）親王宣下 文永11年（1274）二品 弘安5年（1282）入滅
高雄御室（性仁法親王）	弘安元年（1278）	弘安元年（1278）・性助	弘安6年（1283）・法助	文永8年（1271）親王宣下 嘉元2年（1304）叙一品 嘉元2年（1304）入滅
尊勝院御室（深性法親王）	弘安10年（1287）	弘安10年（1287）・性仁	永仁2年（1294）・性仁	正応元年（1288）親王宣下 永仁元年（1293）直叙二品 正安元年（1299）入滅

禅助大僧正			文永2年(1265)・法助	正治元年（1199）直叙法眼 応長元年（1311）仁和寺別当 元徳2年（1330）入滅
常瑜伽院御室（寛性法親王）	永仁6年（1298）	正安2年(1300)・性仁	嘉元3年(1305)・禅助	正安2年（1300）親王宣下 応長元年（1311）直叙二品 暦応元年（1338）叙一品 貞和2年（1346）入滅

注　本表は『御室相承記』をもとに、『仁和寺相承秘記』、心蓮院本『仁和寺御伝』、顕証書写本『仁和寺御伝』で補いつつ作成したものである。

(2)　仁和寺法親王は最終的には二品に叙せられることを例としていたが[36]、いわゆる直叙二品制が確立するのは覚法の時（大治二年―一一二七）である。付言しておくと、二品に叙せられたのは大御室性信法親王の時（永保三年―一〇八三）からであるが、これは最晩年（七十九歳）になってからの処遇であり、次の中御室覚行法親王は三品を経て二品に叙せられる（康和四年―一一〇二）という段階を踏んでいた（表10参照）。

(3)　御室が生存中に後嗣を入室させ、自らが大阿闍梨として伝法灌頂職位を授ける体制（血脈相承）が確立するのは、覚性の時である。すなわち、覚行が入室したのは性信の入滅二年前の永保三年（一〇八三）であり、（この時、性信は病床にあったとされる）、灌頂を授けたのは寛意大僧都であったし、同様に覚法が出家するのも覚行の最晩年、つまり入滅一年前の長治元年（一一〇四）であって、灌頂を授けたのは結局覚行ではなく寛助大僧正であった（表11参照）。

以上の諸点は覚法から覚性の代、すなわち十二世紀中葉に当る鳥羽院政期から後白河院政期にかけての時期に、宗教権門としての仁和寺御室の地位が確立したことを示すものであり、当時の法親王が公家政権内の政治構造の中で一定の役割を果していたとの指摘[37]を踏まえれば、仁和寺御室が単に宗教的機能――その第一は一身阿闍梨として伝法灌頂を授けること（真言付法）、第二は仙洞の病気平癒祈願や中宮御産祈願などの皇室関係の祈禱を行なうことであった――を果すのみならず、院政政権の一翼を担う存在として積極的に政治的場面に登場するのが、この時期であったのである。このように考えれば、仁安二年（一一六七）の事件は僧綱制の再編の問題としては高く評価することはできないけれども、仁和寺御室の確立過程として見る時、看過できない意義を有するものとして位置づけられると言ってよかろう。

むすび

前稿の不備を補う目的で始めた「賜二綱所一」ということの意味を解明する作業が、一転して仁和寺御室の性格へスポットをあてる結果となった。従来、仁和寺に関する研究はなぜか全般的に立ち遅れ、とくに寺院機構や御室の性格に及んだものとなると、平岡定海氏の研究[38]がほとんど唯一のものであったと言ってよいだろう。その中には重要な指摘もあるのだが、一方で従い難い点も少なくない[39]。そのことは主として、後世になって確立した寛平法皇(宇多上皇)を初代とする「御室法脈」をもとに、仁和寺御室全体の性格を論じようとする立場に起因しているように思う。しかし、皇族の出家とは当初は隠遁を意味し、その原因は必ずと言ってよいほど在俗時の不遇・不運にあったのであり[40]、この点は宇多天皇の譲位・落飾の事情についても同様であった[41]。仁和寺御室が院政政権の一翼を担うまでに成長してくるのは、前述の如く覚法から覚性にかけての頃である。このようにみると、仁和寺御室に関する本格的研究は、まず「御室法脈」なるものの再検討から着手される必要があろう。本稿を踏み台にしながら、今後はこの方向で仁和寺および仁和寺御室の歴史的性格の解明を進めていきたいと考えている。

注

(1) 『仏教大辞典』第二巻(一九三二年)一〇五五頁。

（2）「中世僧綱制の研究――鎌倉期を中心に――」（『歴史』五三、一九七九年）、「中世僧綱制に関する一考察」（『山形史学研究』一五、一九七九年）。
（3）「法務・惣在庁・威儀師」（『ヒストリア』九三、一九八一年）。
（4）『史学雑誌』九一ノ一（一九八二年）所載。本書第五章として収録。なお、森川論文と拙稿が発表されたのはほぼ同時期であったので、ここでは森川氏の論旨には全く言及できなかった。
（5）『仁和寺史料』寺誌編二所収。
（6）このような記事は『御室相承記』や『仁和寺相承秘記』には全く所見されず、中世後期から近世にかけて成立してくる『仁和寺御伝』（これには諸本あり）に特徴的に現れるものである。
（7）『仁和寺史料』寺誌編二の解題によれば、顕証書写本の本文も顕証自身の手によるものらしい。顕証（一五九七～一六七八）は寛永年間の仁和寺再興事業の中心となった僧である。
（8）光台院御室（道助法親王）に関しては、『光台院御室伝』（『仁和寺史料』寺誌編二所収）によって「賜ニ綱所ニ」ったのが二月九日であったことが知られる。
（9）『仁和寺史料』寺誌編一所収。
（10）但し、『仁和寺史料』寺誌編の解説では書写の年代について言及するところがなく、一応原本とされているようである。
（11）『仁和寺史料』寺誌編二の解説による。但し、現存写本はいずれも江戸末期の成立という。
（12）ちなみに、『御室相承記』の抄録本とされる『仁和寺相承秘記』は「賜綱所」という記事さえ全く引用していない。
（13）確かな成立年時は不詳であるが、本文中に洞院公賢（一二九一～一三六〇）から四条隆蔭宛の書状が引用されているので、だいたい十四世紀中頃の成立と考えられているもの。
（14）それぞれ『御室相承記』所引の『紫金台寺御室伝』『喜多院御室伝』『後高野御室伝』に拠った。
（15）例えば、『類聚国史』巻第十、神祇部十、延暦十五年三月庚戌条（『日本後紀』逸文）。
（16）ちなみに、前稿でも指摘したように『東宝記』の記事によれば、建物も鎌倉末期までには廃絶していたらしい。

(17)『続群書類従』巻第八百六十五、雑部十五。
(18)『増補史料大成』兵範記三、三三一頁。
(19)いずれも『仁和寺史料』寺誌編二所収。
(20)例えば『日本書紀』天武天皇六年八月辛卯朔乙巳条。
(21)例えば『類聚国史』巻百八十七、仏道部十四、延暦十五年六月戊子条（『日本後紀』逸文）。
(22)但し、法親王宣下を受けた僧は、僧綱を辞退するのが通例であった。
(23)ほかに「賜○○」の類例として「給二内舎人左右近衛一為二随身一」（『日本紀略』天禄元年七月十三日条）といった表現もある。
(24)このほか、今日多数残る仁和寺宮令旨の内容についても同様のことが言える。
(25)前稿で確認できた相円の公文在任は、建保四年（一二一六）～嘉禎四年（一二三八）までである。
(26)『国史大辞典』第一巻（一九七九年）の「院司」の項（橋本義彦氏執筆）でもこのような解釈をとり、「院司」という名称の職員には触れるところがない。
(27)前掲拙稿の「惣在庁・公文の沿革表」を参照。
(28)こうした政所からの発給文書で現存するものとしては、関戸守彦氏所蔵文書の正暦五年二月十一日付大僧正寛朝房帖（マヽ）（『平安遺文』三五八号）が早い例であろうか。
(29)家司制度に関するまとまった研究として渡辺直彦「家政機関の研究」（『日本古代官位制度の基礎的研究　増訂版』第三篇、一九七八年）などがあるが、仁和寺御室をはじめとする高僧の政所の房官との関係については触れるところがなく、これは今後に残された課題であると言えよう。
(30)『仁和寺御日次記』（『続群書類従』巻第八百六十五、雑部十五）建保四年八月十六日条。なお、このほか『寺門伝記補録』（『大日本仏教全書』一二七）巻第十四、長吏高僧略伝によると、法務覚讃も「依二別宣一召二具綱所一」とある。
(31)『続々群書類従』第二、史伝部所収。

(32) 但し、三綱・綱所を共に召し具した例もしばしばあった。先に引用した延応元年(一二三九)の記事も、実はその一例である。

(33) 当時の威儀師・従儀師の性格として、実質的な機能を果していたことのほかに、員数がさほど増加していない点と、世襲的で原則として僧綱に昇進できない点などを挙げることができる。

(34) 「中世の国家と天皇」(『岩波講座日本歴史』中世2、一九六三年。のち『日本中世の国家と宗教』、一九七五年、に収録)。

(35) 『雑筆要集』(『続群書類従』巻第三百七、公事部六十)および『儒林拾要』(『続群書類従』巻第九百二十、雑部七十)に、「親王宮庁御下文」の書式があるが、それには別当の署判を有するのみである。

(36) この点は既に、平岡定海「六勝寺の性格――法親王と六勝寺――」(『日本歴史』三八三、一九八〇年。のち『日本寺院史の研究』、一九八一年、に収録)で指摘されている。

(37) 安達直哉「法親王の政治的意義」(竹内理三編『荘園制社会と身分構造』所収、一九八〇年)。

(38) 『日本寺院史の研究』(前掲)、とくに第三章の五、六、八節。

(39) 一、二挙げておくと、「仁和寺は宇多法皇ののち、その皇子あるいは皇孫によって別当職が相承されて……」(平岡氏前掲書六三八頁)とか、「御室は法親王をもって仁和寺別当とした時に称されて……」(同六三九頁)といったように、本来の長官である別当と検校(御室の職)とを混同されているのではないかと思われる記述が随所に見られる。また、「仁和寺は代々天皇の皇子や法親王をもってこの寺を掌握する……」(同六三九頁)と指摘され、当初から血縁関係を相承しながら法脈を発展させたことを論証されようとするのであるが、例えば寛平法皇から灌頂を受けたとされる寛空は文室氏の出身であった(平岡氏は、寛空を寛忠と取り違えて敦固親王の子とした、『御室相承記』などの誤解にそのまま依拠している)ことなどからして、如上の見解には無理があるのである。

(40) 『上皇御落飾部類』(『続群書類従』巻第七百四十三、釈家部二十八)によれば、醍醐・円融・一条・三条などの天皇の出家理由を、いずれも病気であったとしている。親王についても、同様に病気ないしは政争の犠牲などの、俗界における不遇に原因を有する場合が多かったが、これについては拙稿「入道親王と法親王の関係についての覚書」(『史観』一一〇、一九八四年。大幅に補訂して「入道親王と法親王の関係について」と改題の上、本条第七章として収録）を参照されたい。

（41）　いわゆる阿衡の紛議などにより、藤原氏の専横に対する不快の念を強めたことが、最大の出家事情とみて大過なかろう。この代表的見解として、早く龍粛「延喜の治」（同『平安時代』所収、一九六二年）がある。これに対して、目崎徳衛「宇多天皇の院と国政」（古代学協会編『延喜天暦時代の研究』所収、一九六九年）は、上記の外的事情のみでなく、宇多天皇の内的要求、具体的にはその異例の登極に対する皇親全体の微妙な感情や、皇位継承問題への顧慮などの、皇室内部の事情も考慮する必要があること等を主張されている。

第七章　入道親王と法親王の関係について

はじめに

歴史用語の中には、その定義や指称する内容を常識として理解しているつもりのものでも、案外疑えば疑える例もあるものである。通例、私たちは歴史用語についての知識を得る場合、そのテーマに関して専門的に研究しているのではない限り、つい概説書や歴史辞典で済ませてしまいがちであるが、そもそもその点にも問題があろう。というのも、こうした類の書が一つ一つの項目について、新たに調べ直したり、最新の成果を子細に検討した上で執筆されているかと言えば、必ずしもそうではないように思えるからだ。コンパクトな歴史辞典類などには、とくにこのような傾向が顕著にうかがえるのではなかろうか。

私が以上のような点を痛切に感じたのは、たまたま入道親王と法親王の関係を調べる機会を得たことがきっかけであった。いささか結論じみたことが先になってしまったが、小論ではこのような感慨を抱くに至らしめた、入道親王と法親王の両者の関係をめぐる考察結果を開陳してみようとするものである。

第一節　入道親王の表記の仕方をめぐって

先に私は、僧綱制の変質過程を論じた拙稿を公にしたが[1]、その中で仁安二年（一一六七）初めて「綱所を賜った」、つまり威儀師・従儀師を随身させることを認可された仁和寺宮覚性（紫金台寺御室）のことを、不用意にも「覚性入道親王[2]」と書いていたところ、この点について早速御注意を与えて下さる方があった。すなわち、入道親王の場合には、「入道」を名前の上に冠するのが慣例であって、正しくは「入道覚性親王」とすべきである旨の御指摘を受けたのである。そこで私も、既刊の史料集等に付されている文書名や傍注に、このような表記の仕方がなされていることを直ちに思い起こし、また実際に史料の内容に当ってみても、一見した限りでは確かに、「〇〇入道親王」よりも「入道〇〇親王」という用例の方が圧倒的に多いことを知って、一旦は誤記訂正の手続きをとる必要を感じたのであった。ところが、その後より多くの文献に目を通して、史料の性格をも吟味するうちに、覚性の場合に果して「入道覚性親王」というのが本来の正しい表記法であったかどうかという点に疑念を持つに至ったのである。

その理由を述べる前に、まず史料集等に付されている「入道覚性親王」の類例を一つだけ参考のために掲げておこう。それは例えば、河内金剛寺文書の中に承久四年（一二二二）正月日付で「入道二品親王庁」から金剛寺宛に出された下文があるが、『大日本古文書』家わけ第七、金剛寺文書四八号および『平安遺文』第五巻二九二一号では、この文書名を「仁和寺入道道助親王庁下文」としており、『大日本史料』第五編之一の貞応元年（一二二二）正月是月条でも、この文書を収めて

仁和寺入道道助親王庁、金剛寺所司ニ令シテ、同寺領ニ守護所司ノ乱入ヲ停止シ、恒例仏事ヲ興行セシム、（傍点は筆者）

という綱文を立てているといった具合である。ところで、もちろん同文書の文中には、差出書に「入道二品親王」とあるのみで「入道道助親王」という表現が見えるわけではない。そこで、このような表記法が当時実際にあったものかどうかは、別の史料から検討する必要があるだろう。

親王の出家する例が多く現われるようになるのは、平安初期以降であると言ってよいが(3)、一次史料の記録もしくは文書では次のようなものが管見に入った。

入道三親王（『貞信公記抄』延長五年（九二七）九月十日条）(4)

入道致（平脱）親王（『春記脱漏』長久二年（一〇四一）二月二十四日条）(5)

入道兵部卿親王（『参天台五台山記』(6)所引天喜二年（一〇五四）十二月二十六日太政官牒）

ここで「入道三親王」とは、宇多天皇皇子の斉世親王のことである。斉世親王は在俗時に三品兵部卿を歴任していたというが(7)、出家後は「法三宮」と称せられていたことが知られるので(8)、この「三」は三品の略ではなく第三皇子の謂であろう。同様のものとして、村上天皇第九皇子の昭平親王を「入道九親王」とする例がある(9)。

次に、この時期の基本史料ではあるが、平安後期に成立した二次史料というべき『日本紀略』後篇に、入道した親王の記事が多く所見される。それらのうち、たまたま目についたものを以下に掲げておこう。

入道式部卿是忠親王（延喜二十二年（九二二）十一月二十二日条）

入道三品綏子内親王（延長三年（九二五）四月二日条）

入道上総大守斉世親王（延長五年（九二七）九月十日条）
入道式部卿敦実親王（康保四年（九六七）三月二日条）
入道婉子内親王（安和二年（九六九）九月七日条）
入道四品成子内親王（天元元年（九七八）十二月某日条）
入道式部卿為平親王（寛弘七年（一〇一〇）十月十日条）
入道無品昭平親王（長和二年（一〇一三）六月二十八日条）

同じく平安末期の編纂にかかる『本朝世紀』[10]や『扶桑略記』[11]にも「入道師明親王」と表記した例が見られるが、ここまで事例を挙げてくると気づくように、平安期においては「入道〇〇親王」という場合、「入道三親王」の如き特殊な例を除けば、〇〇に当たる部分は「官職」か「俗名」、あるいは「官職＋俗名」「品位＋俗名」にほぼ限られると言ってよいのである。また、前掲の金剛寺文書に見えるような「品位」のみの例は鎌倉期に入ってから頻出する表記法であるが、三善為康の『後拾遺往生伝』では師明親王を「入道二品親王」と記していることから[12]、こうした用例も十二世紀初期にはすでに現われていたことが知られよう。これに対して、平安期の史料で「入道覚性親王」や「入道助親王」の如き「入道＋法名＋親王」とする例は、管見の範囲ではいまだ見当らないように思われる。

もっともここで、古くは親王が出家しても法名を持たなかったために、たまたま以上のような表記をとらざるを得なかったのではないか、との疑問が生じるかもしれない。確かに、平安期における出家した親王の法名は一般に伝わるものが少ないが、これまでに取り挙げた親王の例では、斉世親王・敦実親王・致平親王・師明親王の法名がそれぞれ真寂[13]・覚真[14]・悟円[15]・性信[16]であったことが判明している。従って、出家後間もなく薨去したような場合を除き、当時でも法名を持つのが一般的であったことは疑いないのであって、先のような疑問点は解消されよう。結局のところ、わが国では「入道」とは出家落飾とほとんど同義で使われているのであるから、「入道した親王」の如く修飾語として用いる際には、「入道〇〇親王」とするのが極めて自然な呼称であることは明白であり、同時にその場合には〇〇が出家前の俗名であることが理にかなっていると言わざるを得ない。とすれば、覚性・道助などは法号である以上、「入道」を冠して呼ぶ場合には出家前の俗名（諱）を用いて、それぞれ「入道本仁親王」・「入道長仁親王」とする方が本来の正しい表記法に則したものではないかと思われるのである。[17]

それでは、現在一部の研究者の間で慣例とされているような「入道＋法名＋親王」という表記の仕方は、いつ頃から始まったのであろうか。この点については、私は必ずしも史料を博捜したわけではないので断言はできないのだが、『仁和寺御日次記[18]』の建保四年（一二一六）十二月十六日条に「入道行助親王」（入道守貞親王）、同じく承久二年（一二二〇）正月十二日条に「入道無品尊快親王」（入道寛成親王）と見えるのが早い例のようである。同書は従来、「日次」と呼び慣わされてきたこともあって、一般に日記と考えられる傾向にあるが[19]、例えば建保七年（一二一九）の出来事をすべて「承久元年」の条に一括して記載している点などからみて、年々書き継がれたものとは思われない。むしろ、ある時点で編纂された可能性が強く、貞応元年（一二二二）六月五日までの記事で終っていることや、現存するものが全体の一部に過ぎないことを勘案すれば、鎌倉中期以降の成立と思われる。従って、そうした表記が一部で始まるのも、およそその頃のこととしてよいだろう。これが広く行きわたるようになるのは室町時代に入ってからのことで、応永四年（一三九七）頃、志晃法印が『園城寺伝記』の遺漏を補うために編纂した『寺門伝記補録[20]』に、「入道二品尊悟親王[21]」（入道吉永親王）、「入道悟円親王[22]」（入道致平親王）、「入道悟覚親王[23]」（入道敦儀親王）などと見えるのを代表的な例として挙げることができる。

このような表記法が生じた要因として、一つには当時出家した親王自らが「法名＋親王」を名乗りとしていた[24]という事情が考えられるが、もう一つ背景としては、鎌倉期以降「入道親王」の語義に変容が生じたことも無視できないだろう。『貞信公記抄』に入道式部卿是忠親王を受けて、「入道親王」と呼んでいることを示す記事があること[25]や、『本朝世紀』には四品盛明親王の出家記事に続いて、その経歴を「件入道親王、初賜㆓朝臣姓㆒、後更為㆓親王㆒也」と記している[26]ことなどから知られる通り、「入道親王」とはもともと単に「入道した親王」といったほどの意味で使われているに過ぎず、用例としてもさほど多いわけではない。ところが、慈円の『愚管抄』には、

宮タチハ入道親王トテ、御室ノ中ニモアリガタカリシヲ、山ニモ二人ナラビテヲハシマスメリ、

と述べている箇所があり[27]、さらに鎌倉末期の成立にかかるらしい『帝王編年記』となると、「入道善統親王」[28]（法名は素然）という本来の表記法とは別に、「入道親王性信」[29]とするような用例も目立ち始めるから、鎌倉時代以降「入道親王」という語に、従来にはなかった別の意味が付託されるようになっていたことは疑いないのである。この「別の意味」については後節で検討するが、いずれにしても、このように新たな「入道親王」なる用語が定着したあとで、ことさら出家入道した親王に対する呼称の体裁を整えようとした際に、本来は俗名とすべきところを法名としてしまうような混乱が生じ、それが一部であたかも当初からの正しい表記法であったかの如く用いられて、今日に至っているように思われるのである。

実際、中世以降になると、編纂史料や文学作品等を中心に、「入道した親王」に関して様々な表記の仕方が現われてくる[30]。しかし、一方で公家日記等によれば、鎌倉時代以後も、

入道一品式部卿恒明親王（『園太暦』観応二年（一三五一）九月六日条）(31)
入道弾正親王（『後愚昧記』延文六年（一三六一）三月十五日条）(32)
入道中務卿三品全仁親王（『師守記』貞治六年（一三六七）七月十九日条）(33)
入道式部卿邦省親王（『後深心院関白記』応安八年（一三六七）九月十七日条裏書）(34)
入道栄仁親王（『応永十五年（一四〇八）三月八日御幸之御記』）(35)
入道貞成親王（『建内記』文安四年（一四四七）三月二十三日条）(36)

といった例が所見されるのであり、このことから貴族社会では、平安期以来の正しい表記法が中世を通じて踏襲されていた点を確認しておく必要があるだろう。

第二節　入道親王と法親王の関係についての通説

入道親王の表記法について、私は右のように解釈しているのであるが、むろんこれで一件落着したわけではない。というのも、私がそもそも「覚性入道親王」なる表記をしたのは、以下のような事情によるからである。すなわち、覚性について主要な典拠となった『仁和寺相承秘記』(37)などの仁和寺関係史料には、「覚性法親王」と記されているのに、一方でその経歴を調べてみると、実際には出家する以前に親王宣下を受けていたことが知られる（本仁親王）のである。『仁和寺相承秘記』と『御室相承記』(38)を相補いつつ作成した覚性の略年譜を掲げれば、

大治四年（一一二九）閏七月二十日　鳥羽天皇第五皇子として誕生

同　年　十月二十四日　親王宣下、諱本仁
保延元年（一一三五）三月二十七日　仁和寺北院に入室
保延六年（一一四〇）六月二十二日　出家、法名信法、のち覚性と改名
保元三年（一一五六）三月一日　二品に叙される

ということになる。このため私は、通説の「入道親王」の定義に従い、わざわざ「法」と「入道」とを入れ替えて、前記のように「覚性入道親王」としてしまったというわけである。

ところで、「入道親王」の定義として私が今まで莫然と理解していたのは、「親王宣下後に出家した親王」ということである。そこで、今回あらためて手元にある辞典類で、「入道親王」および「法親王」の項目がどのように説明されているかを確かめてみた。それらの辞典類を分類して挙げるならば、歴史辞典では

河出書房新社版『日本歴史大辞典』（一九五六～六〇年）
高柳光寿・竹内理三編『角川日本史辞典（第二版）』（一九七四年）
大野達之助編『日本仏教史辞典』（一九七九年）

皇室辞典類では、

井原頼明編『増補皇室事典』（一九四二年）
児玉幸多編『日本史小百科8　天皇』（一九七八年）
村上重良編『皇室辞典』（一九八〇年）

および一般の国語辞典として

平凡社版『大辞典』（一九七四年覆刻版）
新村出編『広辞苑　第二版』（一九六九年）
小学館版『日本国語大辞典』（一九七二〜七六年）

の合計九種である。このうち、井原頼明編『増補皇室事典』は入道親王と法親王の説明を明らかに取り違えていると思われるので問題外として、他の八種の辞典類は多少の表現の相違はあっても、やはり次の点ですべて一致するのである。

入道親王……親王宣下を受けてのちに出家した皇子、または皇族
法　親　王……出家後に親王宣下を受けた皇子、または皇族

このような解釈は実は辞典類だけではない。皇室制度について古典的な研究をされた芝葛盛氏(39)や竹島寛氏(40)も同様の見解をとっているし、さらに和田英松氏の『修訂官職要解』（一九二六年）でも、

皇子の御出家なされた方をば、法親王とも、入道親王とも申したのであるが、法親王と、入道親王とは、区別があつたのである。まづ法親王は、皇子の御出家なされてから後に、親王宣下があつたのをいふ。……入道親王は、また入道の宮とも申す。これは親王宣下があつてから後に、御出家なされた御方を申したので……

と述べられている如く(41)である。要するに従来の通説によれば、入道親王と法親王は対応する概念を有する歴史的名辞として把えられているのであり、この場合両者を区別するのは出家が先か親王宣下が先か、という一点のみにかかっていたと言ってよいであろう。

しかるに、すでに見たように覚性の場合には「法親王」と記す史料がある一方で、年譜からすれば明らかに「入道

親王」なのであった。実際、『帝王編年記』などには「御室入道親王覚性」と見えるのであり、[42]「法親王」とするものも、他に四天王寺本『四天王寺別当次第』[43]に「御室二品法親王覚性」とある例など一、二にとどまらない。このように、覚性は古くから「入道親王」とも「法親王」とも呼ばれていたことが知られるが、同様にこれまで「法親王」と思われていたような人物の中にも、経歴をたどってみると親王宣下後に出家している例がすこぶる多いことに気づく。前章で取り挙げた道助も、私にとっては然りである。『仁和寺相承秘記』や『諸門跡譜』[44]などには「道助法親王」と記載されているので、私は前掲の『大日本史料』や『大日本古文書』に「入道道助親王」とあるのを披見するまでは、出家後に親王宣下を受けたとばかり思い込んでいたのであるが、『百錬抄』[45]によって、あらためてその関係記事を拾ってみると、以下のように確かに親王宣下後に出家した「入道親王」なのであった。

正治元年（一一九九）十二月十六日条

　被レ下二親王宣旨一長仁守成

正治二年（一二〇〇）二月十日条

　長仁親王御著袴

建仁元年（一二〇一）十一月二十七日条

　上皇第二（長仁）皇子為二仁和寺御室（道法法親王）御弟子一、初入御

建永元年（一二〇六）十月十七日条

　仁和（長仁）寺宮有二御出家事一、仍上皇御二幸喜多院一

建永元年（一二〇六）十月二十六日条

仁和寺宮（道助）行二啓南都一、是為二御受戒一也、上皇有二御見物事一

結局、平安期以来鎌倉末期までの仁和寺御室を例にとると、如上で指摘した紫金台寺御室覚性法親王（入道本仁親王）、光台院御室道助法親王（入道長仁親王）のほかにも、大御室性信法親王（入道師明親王。彼が事実上の「法親王」の初例であることは後述する）、後中御室性助法親王（入道省仁親王）、高雄御室性仁法親王（入道満仁親王）、常瑜伽院御室寛性法親王（入道惟永親王）、弾河院御室法守法親王（入道寧永親王）の五名は、親王宣下後に出家していることが『仁和寺御伝』等の年譜から判明するのであって、当該期の仁和寺御室十五名中、(46)約半数にあたる七名の「法親王」が実は「入道親王」であったことが知られるのである。同様の例は山門や寺門の「法親王」の中にも数多く見出される。青蓮院流の祖で天台座主を三度歴任した尊円法親王(47)（入道尊彦親王）は、その代表的な例であろう。以上のような諸例からすれば、入道親王と法親王の相違は、単純に親王宣下が先か出家が先か、といった次元の問題ではないのであり、これまでの通説が再検討を要するものであることは、もはや明らかであると言わねばならない。

　そこで両者の関係をどのように把え直したらよいかが次の課題となるが、その前に今日のような見解はいつ頃まで遡りうるものか、一応の目安だけはつけておくことにする。その際に参考になるのは、興味深いことに本居宣長（一七三〇～一八〇一）も、古くは同一人物が「法親王」とも「入道親王」とも呼ばれていた点をすでに指摘していたことである。『玉勝間』で次のように述べている。(48)

法親王入道親王

北山抄の御仏名条に裏書に、天暦九年十二月二十三日、入道親王依レ召参候云々、法親王依レ仰弾二和琴一とある、これは同じ御事を、入道親王とも法親王とも申せり、古くは通はして申せしなるべし、後世には、親王のかざり

おろし給へるを、入道親王と申し、僧になり給ひて後、親王になり給へるを、法親王と申して、かはりあめり、

ただし、まずここで引用されている『北山抄』裏書の記事[49]については、若干の検討の余地があろう。ここでいう入道親王とは、『本朝皇胤紹運録』などに「天暦四二三出家、法名覚真」とある敦実親王[50]（宇多天皇皇子）のこととしてほぼ誤りないと思われるが[51]、後述のようにこの当時はまだ法親王制が成立していない時期であり、天暦九年（九五五）の段階で「法親王」という呼称そのものがあったかどうかも、甚だ疑わしいからである[52]。『北山抄』の裏書に後人の書き入れが多いことはつとに指摘されるところであり[53]、恐らくこの部分も、後世の解釈によって記述されたものではなかろうか。しかし、ここで重要なのは、本居宣長がこの記事に言及して今日の通説と全く同じ見解を述べていたことである。

これに対して、『玉勝間』より若干成立が早いとみられる伊勢貞丈（一七一五〜八四）の『貞丈雑記』には、

一　法親王と云は天子の御子御出家になり給ひたる御方に親王の号を御免あるを云也

一　入道親王と云は只今迄親王にて御座候御方剃髪して仏道に入り給ふを云なり

とある[54]。これも一見今日の通説に近いようだが、「法親王」の説明の部分をよく読むと、そのニュアンスから出家と親王宣下の前後関係に必ずしも重きを置いていないことが感じられ、本居宣長の理解とは同一視できない。このような点からすると、宣長の言う「後世」がいつ頃のことを指すのか明確ではないものの、「入道親王＝親王宣下後に出家した皇子」、「法親王＝出家後に親王宣下を蒙った皇子」といった、両者を対応する概念を把えようとする解釈が定着したのは、さほど古いことではないように思われるのである。

そのことのもう一つの傍証となりうるものに、吉田兼右（一五一六〜七三）の『官職難儀』[55]がある。同書は戦国期の十

六世紀中頃に成立したものとされるが、[56]ここでは

先俗名にて親王宣下ありて、さて御出家あるをバ、入道親王と申て規模とせらるゝ也。御出家已後、宣下あるをバ法親王と申。

と述べたあと、続けて

さりながら入道親王をも、その御義勢に有。去ながらおもてむき法親王とも申事ハ勿論也。

とあり、[57]この時代には「入道親王」も体面上から、「法親王」と呼ばれる例のあったことを認めている。『玉勝間』の解釈と異なることは明らかだろう。しかも、これによれば当時、法親王の中に「出家後に親王宣下を蒙った」狭義の「法親王」と、「親王宣下後に出家した」という経歴を有するいわゆる「入道親王」の二つのタイプが存在したことになり、ここで言う「入道親王」は、前引の『貞丈雑記』で取り挙げられている「入道親王」とは、意味合いが異なっているとみなければならない。前節で、鎌倉期以降「入道親王」が従来とは異なった、別の意味を有する用語に変化してきたことを指摘しておいたが、右の事例はその点と関わり合うものである。入道親王と法親王、および両者の関係を正しく把握するには、それらが本来の意義なり機能なりを有していた、平安・鎌倉期を中心とした時期の実態に即して考察する必要があり、しかも時代的変遷という点にも考慮することが不可欠であろう。

第三節　入道親王と法親王の性格とその変遷

それでは、本来の実態に基づいて入道親王と法親王とを定義づけるとすれば、どのようになるであろうか。また、

両者の関係はいかなるものであったろうか。単刀直入に言えば、法親王が皇族を待遇するいわば制度的な地位であったのに対し、入道親王はそのような制度的な呼称では全然ないのである。すなわち、「法親王」と当初の「入道親王」という二つの用語は、もともと全く範疇を異にし、対応させることのできないものであった。両者をさらに敷衍して検討したいが、ここでは法親王から始めるのが行論上便利かと思う。

法親王については、実はすでに平田俊春氏(58)と安達直哉氏(59)の優れた研究がある。これらを前節で取り挙げなかったのは、両氏とも入道親王との関係をほとんど捨象して論じられているためであるが、法親王に対する見解としてはほぼ首肯できるものである。まず、平田俊春氏はその起こりを「皇子中の出家された方に対する一つの待遇」とし、その後は「皇子方に対する公的制度となった」ものとされた。そして、このような制度が出現したのは「経済上の問題を根本的原因とし、それに初めは藤原氏の圧迫、後は国家財政の破綻が副因として作用した」ためであると結論づけられている。一方、安達直哉氏は制度面よりはむしろ、法親王が公家政権内部でどのような意味を持ったのかを追求されたなかで、法親王の属性についても年給給付が不可分の関係にあったことや、法親王庁という家政機関を有していたことなどの重要な点を明らかにされた。安達氏の論文は平田氏への批判から出発したものであるが、両氏とも法親王の有するそれぞれの一面を突いているように思われる(60)。

これらの指摘に若干の補足検討を加えるとすれば、確かに法親王の成立時には安達氏が述べられた如く、三宮に准じて年給・年爵を与えることが重要な意味を持った(61)が、その後もすべての法親王に給付されたものかどうかという点については、必ずしも明らかではない。近世以降の事例も見通した上で法親王一般の特徴を挙げるとすれば、むしろ出家の身でそのまま品位が維持されたということである。法親王の呼称に品位を冠する例が多いのは、このことを反映している。仁和寺御室として入室した法親王は、代々二品に叙されるのが慣例であったし、[62]さらに昇叙されたような場合も珍しくない。天台座主を勤めた尊道法親王（入道尊省親王）などは、無品から二品を経て一品に至った例である。[63]品位を有する者には、それに見合った品田・品封が与えられるのが令制の規定であったから、[64]これは出家しても官位の上では俗人の親王と全く同じ待遇を受けることを意味していたと言える。

もう一つ法親王の特性として看過できないのは、正式な師資相承関係に基づいて、入室・得度・受戒といった手順を踏んでいたという点である。すなわち、幼少のうちに親の意向で特定の院家（のちの門跡）に入室させられ、師僧のもとで修行し、平均十歳前後で得度するというのが一般的であった。仁和寺御室を例にとれば、出家時の戒師と伝法灌頂を授ける際の大阿闍梨は、必ず師僧の御室が勤めることになっていたが、[65]台密の青蓮院や三千院（梶井・梨本）の場合にもほとんど同様であったと言ってさしつかえない。そして師僧の跡を継いだのちは、上皇・天皇・皇后・女院などの要請に基づいて、病気平癒や安産祈願を目的とした孔雀経法・愛染法・五壇法のような修法を勤め、一方でそれらの効験や回数等に応じて、天台座主や仁和寺検校を始めとする諸寺長官を歴任できるしくみになっていた。[66]法親王はこのように、あらかじめ官僧としてのコースを歩み、宗教界の要職に就任して国家的な祈禱を行なうことを期待される存在であったのである。以上の二つの点からして、法親王とは出家の身ながら、国家財政によってその地位が保証されることを最大の属性とする、皇族内の一つの制度的名称であったと言ってよかろう。

これに対して、入道親王というのはもともと制度でも待遇でもなく、語義からすれば単に「出家入道した親王」ということに過ぎない。最近、松尾剛次氏は中世の出家者を官僧と遁世僧に峻別すべきことを提唱されているが、[67]その定義の仕方はともかくとして、[68]基本的には有効な分類法と思われる。すなわち、法親王を官僧とすれば、入道親王は一般に遁世僧（尼）の性格を有していたと言ってよいのである。(69) 平安期以降、事実上官尼が存立しえなくなった状況(70)のもとでは、当然のことながら法親王の待遇を得た尼が皆無であったのに対して、女性の入道親王、つまり「入道内親王」の存在は決して珍しくなかった事実は（表12参照）、その点から説明がつくであろう。

このように入道親王は、僧尼になることが予定されていなかった親王もしくは内親王――とくに親王は、弾正尹・大宰帥・上総太守といった政界でのポストをすでに歴任していることが多かった――が遁世した場合に生じたものであったから(71)、法親王とは対照的に、出家時に品位を辞退するのが原則であったと思われる。『続日本後紀』によると、桓武天皇皇女の四品安勅内親王はその出家記事に続いて「上三表還二爵品一許レ之」とあるが(72)、これはそのことを最もよくうかがわせる事例である。また、村上天皇皇子の昭平親王が、出家前は四品に叙され常陸大守の任にあったことが知られるのに(73)、『日本紀略』の薨伝の記事には「入道無品昭平親王薨二于石蔵一」と記されるような例は(74)、やはり出家に際して官職を辞すとともに、品位も返上していた事実を反映しているとみてよいだろう。光孝天皇皇子で一品式部卿を歴任した是忠親王について、『西宮記』に引く薨奏の記事に「延喜廿二十一廿五薨奏、无品是忠親王、元出家、仍録二注无品之由一」とあることは(75)、その点を裏付けるものと言ってよい。しかも同親王の場合、『貞信公記抄』の出家後の記事に「入道親王返封之例、可レ勘之事、仰二左大弁一」とあるから(76)、品位を辞せば、当然それに伴う封戸などでも返還の対象とされていたことが知られる。入道親王になることは、基本的にはこのように国家からの経済的保証を失うことを意味したのである(77)。

この点は、律令制的な国家仏教のもとにあっては、専門職としての官僧のコースを歩む者以外の出家(78)、とりわけ皇族の出家が元来、尋常でない行為であったことに由来する当然の帰結とも言える。すなわち、十一世紀に成立する法親王と根本的に異なるもう一つの点は、入道親王にはそれぞれ出家せざるを得なかった特殊な事情があったことであり、それにはおのずから共通性を見出すことができるのである。

出家の動機として最も特徴的と言えるのは、政争の犠牲者として廃太子に追い込まれたか、もしくは立坊が有力視されながら東宮になれなかったような事情を有する場合であった。嵯峨天皇の皇太子（平城天皇の皇子）で薬子の変に連座した高岳親王、[79]仁明天皇の皇太子（淳和天皇の皇子）で承和の変に連座した恒貞親王、[80]あるいは藤原道長の圧迫に耐えかねて東宮を辞退した、[81]三条天皇皇子の敦明親王（小一条院）などは前者の代表的な例である。[82]また、皇太子ではなかったが、菅原道真の娘を妃としたために、その左降事件に連座した入道斉世親王も、[83]同様に政争の犠牲者であったと言えよう。

一方、後者の例としてはまず、文徳天皇第一皇子の惟喬親王を挙げることができる。『日本三代実録』には「寝疾頓出家為二沙門一」とあって、[84]病気が直接の理由のように記されているが、父帝が鍾愛した惟喬と、藤原良房の孫にあたる弟の惟仁親王（清和天皇）との間に、東宮の地位をめぐって一悶着あったことはよく知られており、良房生存中は最後までにらみをきかされていた点からすれば、[85]立坊争いに敗れて以後の境遇が出家の伏線となっていたとみることはさほど的はずれではなかろう。崇徳天皇第一皇子の重仁親王の場合も、直接的には保元の乱が原因であるが、[86]この乱の発端をたどれば、白河天皇以来の嫡流で最も順当な皇位継承者とみなされていたにもかかわらず、崇徳上皇の弟雅仁親王（後白河天皇）が皇位に就き、さらにその皇子守仁が東宮（のちの二条天皇）となったことが遠因の一つであった[87]とみられることから、やはり同様に考えることができる。

次に目立つのは病気のためという理由であるが、おそらく数の上ではこれが最も多いであろう。『御堂関白記』に

「両三年有レ病、依レ不二平復一被レ遂二本意一」と見える。[88] 村上天皇皇子の為平親王を始めとして、その例は枚挙にいとまがない。とくに興味深いのは、十一世紀以後浄土信仰の影響で、死の直前に出家受戒するケースが増加することである。例えば、一条天皇皇子の敦康親王は寛仁二年（一〇一八）十二月十五日に重病になったので、同十六日に出家の意を固め、翌十七日に本懐を遂げたものの、同日の未刻には薨去するという、文字通りの万死一生の出家であった。[89] なお、鳥羽天皇皇子の君仁親王は「痿王」と呼ばれた人物で、[90]『台記』の薨去の記事によれば、「无レ筋无レ骨先年出家給」とあるように、[91] 生まれながらの痿疾が原因であったような例もある。

このほかの事情としては、父帝の崩御に伴うもの、[92] 官職位階への不満が原因と考えられるもの、[93] 承久の乱後の処置と関わり合うとみられるもの、[94] 辞職した鎌倉将軍の場合[95] などがあるが、これらを含めて親王の出家入道に共通するのは、いずれも俗界における不運や不遇に原因を有していたという点に求められると言ってよいであろう。[96]

以上のように、法親王と本来の入道親王との存在形態の違いを指摘してきたが、とりわけ両者の出家事情の決定的な相違は、制度・待遇としての法親王の成立が、まさしく仏教の世俗化が極致に達した時期の産物であったことを物語っている。また、右の検討によって、法親王の起源についても従来の説に若干の修正が可能のように思われる。というのは、法親王の初例はこれまで、ほとんどの辞典類で「覚行」とされており、平田氏や安達氏の前掲論文でも同様の見解に立っているからである。確かに、出家した皇子で最初に親王宣下を受けたのが覚行であったことは、『中右記』に見える薨伝の「出家之後親王宣旨始二於此人一、可レ謂二希代之例一矣」という記事[97] から疑いをさしはさむ余地はないのだが、出家後も品位が維持されたという、本稿で提示した法親王の属性からすれば、これまでも度々その名を挙げてきた性信（入道二品師明親王）が初例なのである。[98] 実際、『本朝世紀』によれば、出家後の覚行に親王の宣旨を賜

わるに際して、

法皇子覚行蒙二親王宣旨一、法興院太政大臣（藤原兼家）出家之後准三宮、入道師明親王叙二二品一等之例也、

とあるように[99]、師にあたる性信の待遇が前例とされている。その上、『長秋記』には「入道師明法親王」とも表記された例も見えており[100]、以上の点は当時の貴族社会で、性信が実質的には「法親王」であると意識されていたことを示すものにほかならない[101]。なお、師明親王の場合、十四歳という童稚の出家であったが、三条院の崩御後追慕の情に堪えかねての決意であったとされるので[102]、法親王の最初は、やはり俗界での悲嘆が出家理由であったことが知られる点で興味深いものがある。

ところで、『釈家官班記』上巻の「入道親王」の項目を見ると[103]、性信がその筆頭に掲げられており、『初例抄』でも「入道親王之始　大御室性信」と記されている[104]。ここで「入道親王」とされているのは、性信を官僧としての法親王と認めつつも、親王宣下後に出家したという経歴を有していたためであったと考えられる。法親王には法統を維持させる必要上、後継者を養成することが義務づけられたから、一旦法親王制が成立すると、性信以後も人材を確保するための配慮から、すでに親王宣下を受けていた者、つまり、必ずしも出家予定者でなかった者でも、入室させられることがしばしば生じた。法親王の中に、形式的には「入道した親王」であった場合が多かったのはそのためである。『釈家官班記』では、性信に続く「入道親王」として覚性・尊快・道覚・尊円・尊悟・性勝・法仁・尊道の八名が列挙されているが、これらはいずれもそれに該当しており、前引の『愚管抄』で言う「入道親王」なども同様である。こうして、次第に法親王の中に、出家が先でのちに親王宣下を受けた場合と、親王であった者が出家後も引き続き法親王の待遇を得た場合という、二つのタイプのあることが人々の間に意識され始め、両者を対応する概念で把えるこ

とが一部でみられるようになる。『初例抄』で「入道親王之始　大御室性信」とするのに対して、「法親王之始　覚行」と記されているのは、実はその点を示す好個の事例であると言えよう。しかし、一方で中世にも不運・不遇が原因で出家遁世した親王があとを断たなかったから、この時代には結局のところ、二通りの「入道親王」が存在していたわけである。「入道親王」という用語に二つの意味が生じた点については、すでに前節でも触れておいたが、その背景には以上のような事情があったのである。

むすび

小論では「入道親王」の呼称の問題に始まり、入道親王と法親王の関係にまで及んで検討してきたが、ここでの指摘はいずれも周知の事実であって、至極当然のことを述べてきたに過ぎないのではないか、という気がしないわけではない。というのも、第二節で現行の辞典類ではほとんどが、出家が先か親王宣下が先かという視点のみで、入道親王と法親王の区別がなされていることに対して疑問を呈しておいたものの、結局、広義の法親王を「入道親王」と「法親王」とに分類した『初例抄』などの見解に依拠しているとすれば、必ずしもそれは誤解とは言えなくなるからである。しかし、例えば高柳光寿・竹内理三編『角川日本史辞典（第二版）』のように、「入道親王」の項ではその初例を性信とするのに、「法親王」（ほっしんのう）の項[105]では入道親王の初例を高岳親王（真如）と記しているといった、矛盾した記述がなされていることは看過できない。前者は法親王のうちで、親王の宣旨を得たのちに得度したという経歴を有する者の意で用いているのに対して、後者は単に「出家遁世した親王」という本来的な意味で使っている用例なのである。両者の混乱がすでに江戸時代に現われていたことは、第二節で指摘した通りであるが、それは中世以来二つの異なった概念を有する「入道親王」という名辞が、並行して使用されてきたことに原因がある。こうした入道親王や法親王の歴史的変遷が、正しく理解されていないという現状からすれば、小論で考察してきたことも決して無意味ではなかろう。

なお、広義の「入道親王」の中に、出家遁世の意味での狭義の「入道親王」（遁世僧）と、いわゆる制度・待遇としての法親王（官僧）の二つのタイプが存在したという点をより鮮明にするために、「中世末期までの出家した親王」の一覧表（表12）を末尾に掲げておくこととした。この表には、出家後に親王宣下を得た「法親王」は含まれない。

注

（1）「僧綱制の変質と惣在庁・公文制の成立」（『史学雑誌』九一ノ一、一九八二年）。本書第五章として収めた。

（2）後述のように、覚性は親王宣下後に出家しながら法親王の待遇をを受けた初例とすべきであり、右の論文を本書に収録するにあたっては「覚性法親王」と修正しておいた。

（3）奈良時代以前の例として、『日本書紀』には皇極天皇四年（六四五）六月庚戌条に古人大兄皇子が、天智天皇十年（六七一）十月庚辰条に大海人皇子がそれぞれ皇位継承を辞退して出家したことが見える。ただし、皇兄弟・皇子女を生まれながらにして親王とするのは「大宝令」が最初と考えられているから、本稿では「出家した親王」の例には含めない。ちなみに、出家後に親王宣下を蒙った初例は、白壁王（光仁天皇）の子で東大寺に入寺していた早良親王であるが（宝亀元年（七七〇）に光仁天皇の皇兄弟姉妹と皇子女のすべてを親王・内親王とする詔が出ている）、彼は桓武天皇の皇太弟として還俗するまで「禅師親王」（法名不詳）と呼ばれていた（山田英雄「早良親王と東大寺」『南都仏教』一二、一九六二年）ように、この頃は「法親王」の呼称もまだなく、後世の法親王としての属性も備えているわけではなかった。『元亨釈書』巻十五、方応八によると、光仁天皇にはもう一人出家した開成なる皇子がいたとあるが、これについては出典が明らかではなく、伝承の域を出ないだろう。

(4)『大日本古記録』貞信公記。
(5)『増補史料大成』7春記・春記脱漏及補遺。
(6)平林文雄『参天台五台山記校本並に研究』(一九七八年)による。
(7)『本朝皇胤紹運録』(『群書類従』巻第六十、系譜部一)など。
(8)『仁和寺諸院家記』(『仁和寺史料』寺誌編一所収)など。なお、五巻本『東寺長者補任』(『続々群書類従』第二、史伝部所収)には「法三御子」とも見える。
(9)『小記目録』長和二年七月六日条(『増補史料大成』小右記三)。
(10)例えば『本朝世紀』承徳三年正月三日条。
(11)例えば『扶桑略記』治暦四年三月条。
(12)『後拾遺往生伝』(『日本思想大系』七、往生伝・法華験記所収)巻上ノ三。
(13)『仁和寺諸院家記』(前出)、『本朝皇胤紹運録』(前出)、『釈家官班記』(『群書類従』巻第四百二十六、釈家部二)などによって知られる。
(14)『本朝皇胤紹運録』(前出)、『大鏡裏書』(『群書類従』巻四百四十九、雑部四)、『尊卑分脈』(『新訂増補国史大系』所収)などによって知られる。
(15)『釈家官班記』(前出)、『本朝皇胤紹運録』(前出)、『寺門伝記補録』(『大日本仏教全書』一二七)などによって知られる。
(16)『御室相承記』(『仁和寺史料』寺誌編一所収)を始めとして、関係史料は多い。
(17)ちなみに、『大日本史料』でも第一編、第二編あたりでは、例えば延喜二十二年十月二十二日条の「入道是忠親王薨ズ」、康保四年三月二日条の「入道式部卿一品敦実親王覚真薨ゼラル」、長和四年四月二十六日条の「入道一品資子内親王薨ズ」といった綱文にみられる如く、「入道＋官職・品位＋俗名」の表記法を採用している。
(18)『続群書類従』巻第八百六十五、雑部十五、および『歴代残闕日記』巻三十六に所収。

(19)遠藤元男・下村富士男編『国史文献解説』（一九五七年）、『群書解題』第二十（一九六一年）、竹内理三・滝沢武雄編『史籍解題辞典』上巻（一九八六年）など。
(20)『大日本仏教全書』一二七所収。同書は応永四年（一三九七）までの記録で終っている。
(21)同書第十四、僧伝部戊。
(22)同書第八、聖跡部丙、および第十五、僧伝部己。
(23)同書第十五、僧伝部己。
(24)例えば、妙法院文書の養和元年十月二十五日覚快法親王書状案（『平安遺文』補四〇二号）には、「覚快親王」という自らの署名があるが、こうした例はしばしば見える。
(25)『貞信公記抄』延喜二十年閏六月二十八日条。
(26)『本朝世紀』寛和二年四月二十八日条。
(27)『愚管抄』巻第七（『日本古典文学大系』第八六巻）。
(28)『帝王編年記』文保元年三月二十九日条。
(29)同右、巻第十八、後一条の治政の項。
(30)例えば、『仁和寺御日次記』（前出）建保二年二月十四日条には入道長仁親王（道助法親王）を「入道二品法親王」、『東寺王代記』（『続群書類従』巻第八百五十六、雑部六）永和四年十二月二十五日条には入道寧永親王を「二品入道親王法守」とするといったものが見えるほか、『康富記』嘉吉三年四月六日条（『増補史料大成』康富記一）には入道貞成親王を「禅定大王」と呼ぶべきだとする記事がある。一方、出家後に親王宣下を受けたいわゆる法親王についても、神護寺文書の建久九年八月三日太政官牒（『史林』二五ノ一に翻刻）などに道法法親王を「沙門道法親王」とする例が見える。
(31)岩橋小弥太・村田正志・永島福太郎校訂『園太暦』第四。
(32)『大日本古記録』後愚昧記一。
(33)『史料纂集』師守記第十。

(34)『陽明叢書　記録文書篇』第四輯、後深心院関白記二。
(35)『図書寮叢刊』看聞日記紙背文書・看聞日記別記。
(36)『大日本古記録』建内記八。
(37)『仁和寺史料』寺誌編一所収。
(38)同右所収。
(39)「皇室制度」(『岩波講座日本歴史』第九巻別編、一九三四年)。
(40)「皇室御制度概要」(同氏『王朝時代皇室史の研究』所収、一九三六年)。
(41)同書第四、平安時代、六一親王家司の項。
(42)『帝王編年記』巻第二十、近衛院の治政の項。
(43)山本信吉「四天王寺蔵『四天王寺別当次第』略紹介」(『日本仏教』二二、一九六五年)による。
(44)『群書類従』巻第六十一、系譜部二。
(45)『新訂増補国史大系』第十一巻。
(46)ただし、この仁和寺御室十五名というのは、宇多法皇(金剛覚)と開田准后法助(九条道家の子)を含めた数である。
(47)詳しくは『校訂増補天台座主記』の二品尊円親王の項を参照。
(48)『玉勝間』巻之四(岩波文庫本による)。
(49)これは巻第二の裏書にあたる部分で、『新訂増補故実叢書』本では三一七頁に見える。
(50)このほか『僧綱補任抄出』(『群書類従』巻第五十四、補任部十一)や『大鏡裏書』(前出)にも「天暦四年二月□日出家」とある。
(51)なお、敦実親王が管絃の道にすぐれていたことは、『河海抄』巻十三、若菜上(石田穣二校訂『紫明抄・河海抄』)や『今昔物語』巻二十四、源博雅朝臣行会坂盲許語第二十三の説話などによって知られる。
(52)『北山抄』裏書の記事を除くと、管見では『中右記』長治二年(一一〇五)十一月十九日条の覚行薨去の記事中に「法親王」

とあるのが、一次史料では早い例のようである。

(53) 和田英松「北山抄に就いて」(『史学雑誌』四五ノ九、一九三四年)。

(54) 『貞丈雑記』巻之四、官位之部(『新訂増補故実叢書』所収)。

(55) 『群書類従』巻第七十三、官職部四。

(56) 岡田登「『官職難儀』の成立年次について」(『皇学館大学史料編纂所報』三三、一九八一年)。

(57) ちなみに、この記事は『古事類苑』帝王部二十五、皇親下の最初に引用されている。

(58) 「法親王考」(同氏『平安時代の研究』所収、一九四三年)。

(59) 「法親王の政治的意義」(竹内理三編『荘園制社会と身分構造』所収、一九八〇年)。

(60) なお、安達氏は法親王家別当と法親王庁別当を混同されているようであるが(前掲論文一七六頁)、前者の別当は公卿が任命され、後者の別当は門徒の僧綱が任命されているように両者は別のものである。前者は朝廷との連絡・折衝などにあたる役であり、法親王庁の構成員として下文などに署判するのは後者と言わねばならない。

(61) 安達氏も引用されたが、『長秋記』大治四年正月二十二日条に「仁和寺二品親王毎年任二諸国掾一之由、所レ示給一也」とあることは、その点をよく示している。

(62) 平岡定海「六勝寺の性格――法親王と六勝寺――」(同氏『日本寺院史の研究』所収、一九八一年)。ただし、直叙二品制が確立したのが覚法法親王の時からであったことは、前章「『賜綱所』と『召具綱所』――仁和寺御室の性格究明への一視点――」で指摘した。

(63) 『校訂増補天台座主記』によると、文和四年(一三五五)の初任の時は無品、貞治四年(一三六五)還補の時に二品、応永二年(一三九五)三任の時は一品であった。

(64) 養老戸令、禄令によると、位田・食封はそれぞれ一品が八十町・八百戸、二品が六十町・六百戸、三品が五十町・四百戸、四品が四十町・三百戸となっている(ただし、内親王の場合、品田はその三分の二、品封は半分)。しかし、中世においてもこの規定がそのまま運用されていたとは到底考え難く、これに代わるべきものがどうなっていたかは今後の検討課題であろう。いずれにしても、『日本紀略』寛弘八年（一〇一一）六月二日条によると、三品敦康親王が一品に叙された時に「本封之外、加千戸、准三后、給官爵」とあり、「本封」というのが令制の品封のことと考えられるから、十一世紀初めまでは一応維持されていたようである。ちなみに、封戸制一般については、大石直正「平安時代後期の徴税機構と荘園制」（『東北学院大学論集』創刊号、一九七〇年）、勝山清次「封戸制の再編と解体」（『日本史研究』一九四、一九七八年）などが、十一世紀までは相当の比重を持って機能していたことを指摘されている。

(65) 前章「『賜綱所』と『召具綱所』――仁和寺御室の性格究明への一視点――」の表10を参照。

(66) 仁和寺御室の場合、こうした点は『仁和寺相承記』や『仁和寺諸院家記』などによって詳細にうかがうことができる。

(67) 「官僧と遁世僧――鎌倉新仏教の成立と日本授戒制――」（『史学雑誌』九三ノ四、一九八五年）など。

(68) 一例を挙げれば、松尾氏は国家的得度・授戒制下にあった僧を「官僧」、それとは別の入門儀礼システムを有する者を「遁世僧」と規定されたが、中世のいわゆる官僧のすべてに律令制的授戒制が機能していたかどうかについては、なお疑問の残るところである。

(69) ただし、東寺に入寺して伝灯修行賢大法師位の僧位を授かり、のちインドに赴かんとして逆旅遷化した入道高岳親王（法名真如、関係史料は注(79)参照）など、初期には出家後に官僧的活動をした親王も二、三存在した。

(70) この点については、本書第一章の「律令制展開期における尼と尼寺――その実態についてのノート――」を参照。

(71) 本稿では親王のみを考察の対象としているが、実際には当時は一般官人でも入道する者が増加しており、それについても同様のことが言える。その中で、覚行に親王宣下を行なった際に性信とともに先例とされた法興院太政大臣（藤原兼家）は、出家後に准三宮となった特異な例であった（注(99)参照）。

(72) 『続日本後紀』嘉祥二年閏十二月庚午条。

(73) 『本朝皇胤紹運録』『尊卑分脈』など。

(74) 『日本紀略』長和二年六月二十八日条。

(75) 『西宮記』（『新訂増補故実叢書』所収）巻十二、凶事薨奏。

(76)『貞信公記抄』延喜二十年六月二十八日条。

(77)しかし、そうは言っても、親王の場合は出家遁世しても全く収入が途絶えたわけではない。例えば、入道無品惟喬親王は『日本三代実録』貞観十六年九月二十一日条によると、「衣鉢之費」として百戸が施入されているし(もっとも、『菅家文草』巻十に収める奏状によれば、結局これは辞退したらしい)、中世には七条院領を伝領していた入道善統親王(白河本東寺文書の永仁六年十月十日素然書状案、『鎌倉遺文』一九八四五号など)のような例もある。

(78)応和四年(九六四)に天台座主となった権大僧都鎮朝は、『愚管抄』や『校訂増補天台座主記』の注に「入道云々、俗名橘高影」と記されている。ここで「入道」と特記された理由は、橘高影が当初官人としての道を歩んだためと思われる。入道の身で官僧の出世コースに乗った珍しい例と言うべきで、この時期には他に在俗時に蔵人頭を勤めた僧正遍昭(俗名良峰宗貞)があるぐらいであろう。

(79)『日本三代実録』元慶五年十月十三日条の薨伝、『頭陀親王入唐略記』逸文(和田英松『国書逸文』所収)。事績については杉本直治郎『真如親王伝研究』(一九六五年)や水原尭栄「真如親王御伝」(『水原尭栄全集』第八巻所収、一九八二年)に詳しい。

(80)『日本三代実録』元慶八年九月二十日条の薨伝、『恒貞親王伝』(『続群書類従』巻第百九十、伝部二)。

(81)山中裕「小一条院(敦明親王)考」(竹内理三博士還暦記念会編『律令国家と貴族社会』所収、一九六九年)。

(82)このほか、花園天皇皇子の入道直仁親王も、元服ののち光厳天皇皇子に擬して崇光天皇の皇太子に擁立されたが、観応二年(一三五一)十一月七日、足利尊氏が南朝に帰順した際に廃されたという経歴をもつ。岩橋小弥太『花園天皇』(一九六二年)参照。

(83)五巻本『東寺長者補任』(前出)などに「斉世親王出家、依天神事」と見える。

(84)『日本三代実録』貞観十四年七月十一日条。

(85)惟喬親王をめぐっては、目崎徳衛「惟喬・惟仁親王の東宮争い」(『日本歴史』二一二、一九六六年)、同「業平の周辺——惟喬親王をめぐって——」(『国文学　解釈と教材の研究』二四ノ一、一九七九年)に詳しい。

(86)『系図纂要』神皇四に「保元乱出家、入華蔵院、法名空性」とある。

(87)　このことに関しては、橋本義彦『藤原頼長』(一九六四年)や角田文衛「崇徳院兵衛佐」(『古代文化』二六ノ九、一九七四年)などに触れられている。
(88)　『御堂関白記』寛弘七年十月九日条。
(89)　『小右記』寛仁二年十二月十七日条。
(90)　『本朝皇胤紹運録』。
(91)　『台記』康治二年十月十九日条。
(92)　例えば、宗康親王は父仁明天皇の落飾に伴って出家した(『続日本後紀』嘉祥三年三月十九日条)のに対して、弟の常康親王は父帝の薨去を悲嘆して出家した(『日本文徳天皇実録』仁寿年二月二十三日条)とある。また、『栄花物語』巻第三十八、松のしずえ(『日本古典文学大系』第七六巻栄花物語下)によれば、延久五年(一〇七三)五月の後三条天皇の出家に伴って、皇女の聡子内親王や妹の良子内親王などが同時に出家したことが知られる。
(93)　例えば、三条天皇皇子の三品敦儀親王(悟覚)は『小右記』万寿四年正月四日・五日条によると、弟の敦平親王が超越して二品に叙せられ、面目を損ったことが出家の原因らしい。
(94)　後鳥羽天皇の皇子で、承久の乱後の七月に但馬国に配流された(『吾妻鏡』などによる)入道雅成親王はその例であろう。また、出家事情に関する明確な史料を欠いている入道善統親王(素然)も、順徳天皇の皇子である点からすると、承久の乱後の処置と無関係でないことが推察される。
(95)　鎌倉幕府後半の四代の親王将軍である宗尊親王・惟康親王・久明親王・守邦親王は、いずれも京都に送還後(ただし、守邦親王は鎌倉幕府崩壊後)に出家を遂げている。『将軍執権次第』(『群書類従』巻第四十八、補任部五)などを参照。
(96)　このほか、内親王の場合には斎王(伊勢斎宮、賀茂斎院)退下者や女院となった者で出家する例が多い点が注目される(表12参照)。むろん、このことが直接の出家理由というわけではないが、当時の女性にとって斎王や女院を経験することがどのようなものであったかを暗示しているようである。
(97)　『中右記』長治二年十一月十九日条(『補増史料大成』中右記三)。

(98) ただし、性信（一〇〇五〜八五）が二品に叙されたのは永保三年（一〇八三）で、当時七十九歳になっていたから、これは最晩年の時の処遇と言える。『仁和寺相承記』には、この時下された宣旨らしきものの写しが引用されている。

(99) 『本朝世紀』康和元年正月三日条。

(100) 『長秋記』大治四年正月二十二日条。ちなみに、ここで「入道法親王」という異例の表記がなされているのは、この当時はまだ「法親王」という名辞が十分に定着していなかったためではないかと思われる。同書には、ほかにも元永二年（一一一九）七月二十日条に「仁和寺寛助法親王」とする記事がある（寛助は宇多源氏で皇族出身者であるが、親王宣下は受けていない）が、これもそのことを示す例ではなかろうか。

(101) このほか、保延五年（一一三九）以後まもなくの成立とされる蓮禅の『三外往生記』（『日本思想大系』七、往生伝・法華験記所収）に「二品法親王」とあり、『扶桑略記』治暦四年三月条にも「性信法親王」と見えるなど、性信を法親王と表記する例は時代が下るとともに増加する。

(102) 『御室相承記』二、大御室などによる。なお、『栄花物語』巻第十四、あさみどり（『日本古典文学大系』第七五巻栄花物語上）によれば、長兄の小一条院（敦明親王）が師明（四宮）を養子にしようと考えていたところ、次兄敦儀がこれをねたんだため、師明は辞退したが、小一条院はそれを聞き入れようとしなかったために出家したとある。

(103) 『釈家官班記』濫觴事。

(104) 『当竹不共記』（『仁和寺史料』寺誌編二所収）などにも同様の記事がある。

(105) なお、同書には「法親王」（ほっしんのう）の項とは別に「法親王」（ほうしんのう）の項もある。

覧（中世末期まで）

法　　名	法親王か否か	号・通称、その他	出家に関する主たる典拠
真忠のち真如のち遍明		蹲居太子、頭陀親王、皇寿禅師	日本三代実録、頭陀親王入唐略記
			日本紀略、系図纂要
良祚		淳和太皇太后	続日本後紀、日本三代実録
恒寂、実は恒道か		亭子君	日本三代実録、慈覚大師伝
寂道		朱雀院君	続日本後紀、日本三代実録
			続日本後紀
			続日本後紀、類聚国史
		雲林院宮	日本文徳天皇実録、系図纂要
			日本文徳天皇実録、一代要記
			日本文徳天皇実録、系図纂要
法性		北野親王、山科宮	日本三代実録、尊卑分脈
素覚または浄忍		小野宮	日本三代実録、菅家文草
真寂		法三宮、円城寺宮	日本紀略、東寺長者補任
		南院親王、南宮	貞信公記抄、公卿補任
		鈎殿宮	日本紀略、系図纂要
覚真		八条宮、仁和寺宮	大鏡裏書、本朝皇胤紹運録
			日本紀略、一代要記
		大斎院	日本紀略　賀茂斎院記
悟円		法三宮、明王院宮	日本紀略、扶桑略記
		岩蔵宮	寺門伝記補録、本朝皇胤紹運録
			本朝文粋、系図纂要
			日本紀略、系図纂要
		十五宮	本朝世紀、日本紀略
			一代要記
			権記
		染殿式部卿	権記、御堂関白記
			小右記、大鏡
性信	（法親王）	長和親王、大御室	小右記、御室相承記
			小右記、左経記
			小右記、日本紀略
		冷泉院親王	尊卑分脈、系図纂要
悟覚		石蔵式部卿宮、南泉房	小右記、日本紀略
		大斎院	小右記、左経記
天舜または妙覚		小一条院	日本紀略、百錬抄
明行		平等院阿闍梨宮	本朝皇胤紹運録、系図纂要

表12　出家入道した親王一

親王名(俗名)	父	母	親王宣下の年月日	出家の年月日
高岳親王	平城天皇	伊勢継子		弘仁13年（822）か
大宅内親王	桓武天皇	橘常子		天長5年（828）11月25日
正子内親王	嵯峨天皇	橘嘉智子		承和7年（840）5月または 承和9年（842）12月5日
恒貞親王	淳和天皇	正子内親王		嘉祥2年（849）か
基貞親王	淳和天皇	正子内親王		嘉祥2年（849）12月8日
安勅内親王	桓武天皇	藤原河子		嘉祥2年（849）閏12月21日
宗康親王	仁明天皇	藤原沢子		嘉祥3年（850）3月19日
常康親王	仁明天皇	紀種子		仁寿元年（851）2月23日
繁子内親王	嵯峨天皇	橘嘉智子		仁寿元年(851)12月9日以前
国康親王	仁明天皇	藤原賀登女		斉衡3年（856）4月26日
人康親王	仁明天皇	藤原沢子		貞観元年（859）5月7日
惟喬親王	文徳天皇	紀静子		貞観14年（872）7月11日
斉世親王	宇多天皇	橘義子		延喜元年（901）2月2日
是忠親王	光孝天皇	班子女王	寛平3年（891）12月29日	延喜20年（920）6月14日
綏子内親王	光孝天皇	班子女王	寛平3年（891）12月29日	延長3年（925）3月
敦実親王	宇多天皇	藤原胤子	寛平7年（895）7月15日	天暦4年（950）2月3日
成子内親王	宇多天皇		寛平9年（897）2月29日	天徳元年（957）2月23日
婉子内親王	醍醐天皇	藤原鮮子	延喜8年(908)4月5日か	安和2年（969）9月7日
致平親王	村上天皇	按察更衣正姫 （藤原在衡女）	康保2年（965）	天元4年（981）5月11日
昭平親王	村上天皇	按察更衣正姫 （藤原在衡女）	貞元2年（976）4月17日	永観2年（984）
尊子内親王	冷泉天皇	藤原懐子	康保4年（967）9月4日	寛和元年（985）4月19日
資子内親王	村上天皇	藤原安子		寛和2年（986）正月13日
盛明親王	醍醐天皇	源周子	康保4年（967）6月22日	寛和2年（986）4月28日
保子内親王	村上天皇	按察更衣正姫 （藤原在衡女）		永延元年(987)8月21日以前
為尊親王	冷泉天皇	藤原超子		長保4年（1002）6月5日
為平親王	村上天皇	藤原安子		寛弘7年（1010）10月10日
当子内親王	三条天皇	藤原娍子	寛弘8年（1011）10月5日	寛仁元年（1017）11月30日
師明親王	三条天皇	藤原娍子	寛弘8年（1011）10月5日	寛仁2年（1018）8月29日
敦康親王	一条天皇	藤原定子	長保2年（1000）4月17日	寛仁2年（1018）12月17日
修子内親王	一条天皇	藤原定子	長徳3年（997）11月14日	万寿元年（1024）3月3日
清仁親王	花山天皇	平祐之女	寛弘元年（1004）5月2日	長元元年（1028）
敦儀親王	三条天皇	藤原娍子	寛弘8年（1011）10月5日	長元3年（1030）8月19日
選子内親王	村上天皇	藤原安子	康保元年（964）8月21日	長元4年（1031）9月28日
敦明親王	三条天皇	藤原娍子	寛弘8年（1011）10月5日	長久2年（1041）8月16日
敦昌親王	敦明親王 （小一条院）	藤原道長女か	長元2年（1029）6月7日	

妙法覚		御朱雀皇后、陽明門院	女院小伝、系図纂要
			一代要記、尊卑分脈
		後冷泉太皇太后、二条院	女院小伝、系図纂要
		押小路斎院	系図纂要
			栄花物語
			栄花物語
		皇后宮	中右記、長秋記
信法のち覚性	法親王	紫金台寺御室	御室相承記、仁和寺相承秘記
		痿王	台記、今鏡
		吉田斎宮	系図纂要
空性			一代要記、保元物語
金剛観か		八条院	女院小伝、系図纂要
真如理		上西門院	本朝皇胤紹運録、女院小伝
実相覚		二条中宮、高松院	女院小伝、系図纂要
承如法		大炊御門斎院	明月記、賀茂斎院記
真如観		殷富門院	女院次第、女院記
性円智		宣陽門院	女院小伝、系図纂要
道助	法親王	光台院御室	猪隈関白記、光台院御室伝
聖円		大炊御門宮、承安第三宮	本朝皇胤紹運録、一代要記
行助		持明院宮、後高倉院	仁和寺御日次記、明月記
尊快	法親王		仁和寺御日次記、百錬抄
道覚	法親王	吉水宮、西山宮	仁和寺御日次記、門葉記
真如性		嘉陽門院	系図纂要、女院小伝
			本朝皇胤紹運録、系図纂要
		深草斎宮	明月記、系図纂要
正如覚		安嘉門院	女院小伝、系図纂要
真性智		式乾門院	女院小伝、系図纂要
妙法覚か		室町院	系図纂要
理智覚		永安門院	女院小伝、系図纂要
性助	法親王	後中御室、甘露王院御室	経俊卿記、百錬抄
妙智覚		神仙門院	女院小伝、系図纂要
覚恵または行澄		鎌倉六代将軍	将軍執権次第、本朝皇胤紹運録
性仁	法親王	高雄御室	後深草天皇宸記、仁和寺御伝
真如覚		正親町院	女院小伝、系図纂要
清浄智のち遍照覚		延政門院	女院小伝、系図纂要
真如覚		和徳門院	女院小伝、系図纂要

禎子内親王	三条天皇	藤原妍子	長和2年（1045） 7月22日	寛徳2年（1045） 7月22日
敦平親王	三条天皇	藤原娍子	寛弘8年（1011） 10月5日	永承4年(1049) 3月18日以前
章子内親王	後一条天皇	藤原威子	万寿4年（1027） 正月11日	治暦5年（1069） 3月22日
正子内親王	後朱雀天皇	藤原延子		延久4年（1072）
聡子内親王	後三条天皇	藤原茂子	治暦4年（1068） 8月14日	延久5年（1073） 5月7日
良子内親王	後朱雀天皇	禎子内親王(陽明門院)	長元9年（1036） 11月28日	延久5年（1073） 5月7日
令子内親王	白河天皇	藤原賢子	承暦3年（1079）	大治4年（1129） 7月26日
本仁親王	鳥羽天皇	藤原璋子(待賢門院)	大治4年（1129） 10月24日	保延6年（1140） 6月22日
君仁親王	鳥羽天皇	藤原璋子(待賢門院)		保延6年（1140） 8月9日
妍子内親王	鳥羽天皇	三条局(藤原家政女)		応保元年(1161)10月3日以前
重仁親王	崇徳天皇	兵衛佐局(法印信縁女)	永治元年（1141） 12月2日	保元元年（1156） 7月12日
暲子内親王	鳥羽天皇	藤原得子(美福門院)	保延4年（1138） 4月9日	保元2年（1157） 5月19日
統子内親王（はじめ恂子）	鳥羽天皇	藤原璋子(待賢門院)	大治元年（1126） 8月17日	永暦元年（1160） 2月17日
姝子内親王	鳥羽天皇	藤原得子(美福門院)か	仁平4年（1154） 8月18日	永暦元年（1160） 8月19日
式子内親王	後白河天皇	藤原成子(高倉三位)		建久2年（1191） 頃か
亮子内親王	後白河天皇	藤原成子(高倉三位)	久寿3年（1156） 4月19日	建久3年（1192） 11月9日
覲子内親王	後白河天皇	高階栄子	文治5年（1189） 12月5日	元久2年（1205） 3月11日
長仁親王	後鳥羽天皇	藤原信清女	正治元年（1199） 12月16日	建永元年（1206） 10月17日
惟明親王	高倉天皇	少将局（平義範女）	文治5年（1189） 11月19日	承元5年（1211） 2月
守貞親王	高倉天皇	藤原殖子（七条院）	文治5年（1189） 11月19日	建暦2年（1212） 3月26日
寛成親王	後鳥羽天皇	高倉（藤原）重子（修明門院）	承元2年（1208） 8月2日	建保2年（1214） 12月10日
朝仁親王	後鳥羽天皇	尾張局(法眼顕清女)	承元2年（1208） 8月2日	建保4年（1216） 6月20日
礼子内親王	後鳥羽天皇	坊門（藤原）信清女	元久元年(1204) 6月23日か	承久3年（1221） 11月21日か
雅成親王	後鳥羽天皇	高倉（藤原）重子（修明門院）	元久元年（1204） 正月9日	嘉禄2年（1226） 10月2日
熙子内親王	後鳥羽天皇	舞女石	建保3年（1215） 3月14日	寛喜2年（1230） 正月27日
邦子内親王	守貞親王（後高倉院）	九条（藤原）基家女（北白河院）	承久3年（1221） 11月25日	文暦2年（1235） 5月14日
利子内親王	守貞親王（後高倉院）	九条（藤原）基家女（北白河院）	嘉禄2年（1226） 11月26日	延応元年（1239） 11月12日
暉子内親王	後堀河天皇	持明院(藤原)家行女か	延応2年（1240） 4月21日	寛元4年（1246） 8月6日
礼子内親王	順徳天皇	坊門（藤原）信清女	建長3年（1251） 11月2日	建長5年（1253） 8月29日
省仁親王	後嵯峨天皇	御匣局(三条公房女)	建長3年（1251） 正月27日	正嘉元年（1257） 10月13日
躰子内親王	後堀河天皇	持明院(藤原)家行女か	建長8年（1256） 2月6日	弘長元年（1261） 12月28日
宗尊親王	後嵯峨天皇	平棟子	寛元2年（1244） 正月28日	文永9年（1272） 2月30日
満仁親王	後深草天皇	洞院（藤原）愔子（玄輝門院）	文永8年（1271） 12月19日	弘安元年（1278） 7月13日
覚子内親王	土御門天皇	源通子	寛元元年（1243） 4月27日	弘安8年(1285) 5月23日以前
悦子内親王	後嵯峨天皇	西園寺（藤原）公子	弘安7年（1284） 2月19日	弘安8年（1285） 8月24日
義子内親王	仲恭天皇	法印性慶女か	正嘉元年（1257） 10月19日	弘安10年（1287） 12月10日

		鎌倉七代将軍	将軍執権次第、武家年代記
素然		四辻宮	皇代暦、白河本東寺文書
叡雲	法親王		華頂要略、系図纂要
寛性	法親王	常瑜伽院御室	仁和寺御伝、華頂要略
真如智のち真性智		永陽門院	女院小伝、系図纂要
円覚智		陽徳門院	女院小伝、系図纂要
清浄源		昭慶門院、土御門女院	女院小伝、系図纂要
尊円	法親王	大乗院宮	釈家官班記、青蓮院伝
尊悟	法親王	後平等院宮	花園天皇宸記、釈家官班記
解脱心		章義門院	女院小伝、系図纂要
真性寂		章善門院	女院小伝、系図纂要
信止恵		延明門院	女院小伝、系図纂要
真理覚		達智門院	女院小伝、系図纂要
法浄または清浄円		寿成門院	女院記、女院小伝
法守	法親王	禅河院御室	花園天皇宸記、仁和寺御伝
禅恵または禅意			公卿補任、続史愚抄
		崇明門院	女院小伝、系図纂要
性勝	法親王		諸門跡譜、大覚寺門跡略記
仁悟	法親王		本朝皇胤紹運録、系図纂要
素円		鎌倉八代将軍	一代要記
		今林尼衆、聴尼	新葉和歌集、系図纂要
		五辻宮	一代要記、尊卑分脈
		鎌倉九代将軍	将軍執権次第、本朝皇胤紹運録
			尊卑分脈、系図纂要
		長慶門院	系図纂要、歴代皇記
法仁	法親王		仁和寺御伝、華頂要略
		宣政門院	女院小伝、系図纂要
無文元選か		花園宮	系図纂要、南山巡狩録
		今林尼衆	本朝皇胤紹運録、南山巡狩録
		今林尼衆	本朝皇胤紹運録、南山巡狩録
		今林尼衆、鷲尼か	系図纂要
尊道	法親王	妙香院宮、後青龍院宮	青蓮院伝、続史愚抄
源性	法親王		仁和寺御伝、仁和寺御室代々略記

惟康親王	宗尊親王	近衛（藤原）宰子	弘安10年（1287）10月4日	正応2年（1289）12月6日
善統親王	順徳天皇	藤原範光女		正応4年(1291)5月30日か
定良親王	亀山天皇	讃岐局（藤原寿子）		永仁5年（1297）10月2日
惟永親王	伏見天皇	洞院（藤原）季子（顕親門院）	正安2年（1300）正月29日	正安2年（1300）4月22日
久子内親王	後深草天皇	洞院（藤原）愔子（玄輝門院）	正応4年（1291）4月6日	嘉元2年（1304）9月10日
媖子内親王	後深草天皇	西園寺（藤原）相子	永仁2年（1294）2月29日	嘉元4年（1306）9月5日
喜子内親王	亀山天皇	法性寺（藤原）雅子	永仁元年（1293）12月10日	嘉元4年（1306）9月15日
尊彦親王（はじめ守彦）	伏見天皇	播磨内侍（三善俊衡女）	延慶3年（1310）6月28日	応長元年（1311）6月26日
吉永親王	伏見天皇	権大納言局（中院具氏女）	延慶3年（1310）6月28日	正和2年（1313）3月28日
誉子内親王	後伏見天皇	洞院（藤原）英子	永仁3年（1295）8月15日	正和2年（1313）8月14日か
永子内親王	後草深天皇	三条（藤原）房子	正応4年（1291）12月15日	正和5年（1316）8月27日
延子内親王	伏見天皇	洞院（藤原）季子（顕親門院）	応長元年（1311）8月10日	文保元年（1317）9月28日
奨子内親王	後宇多天皇	五辻（藤原）忠子（談天門院）	乾元元年（1302）12月26日	文保3年（1319）11月21日
嫝子内親王	後二条天皇	勾当内侍（少納言棟俊女）	元応2年（1320）8月22日	元応2年（1320）8月25日
寧永親王	後伏見天皇	堀河局（高階邦経女）	元応2年（1320）12月1日	元亨元年（1321）3月19日
忠房親王	彦仁王	二条（藤原）良実女	文保3年（1319）2月18日	元亨4年（1324）7月29日
禖子内親王	後宇多天皇	掄子女王	元応元年（1319）10月28日	正中3年（1326）
良治親王	後宇多天皇	一条局（西園寺実俊女）		
景仁親王	後伏見天皇	西園寺（藤原）寧子（広義門院）		
久明親王	後深草天皇	三条（藤原）房子	正応2年（1289）10月1日	嘉暦3年（1328）以前
瓊子内親王	後醍醐天皇	阿野（藤原）廉子か		元弘2年（1332）
守良親王	亀山天皇	三条(藤原)実平女か		正慶元年（1332）以前
守邦親王	久明親王	惟康親王女	徳治3年（1308）9月19日	正慶2年（1333）5月22日
久良親王	久明親王	冷泉（藤原）為相女	元徳2年（1330）2月21日	元弘3年（1333）か
祥子内親王	後醍醐天皇	阿野（藤原）廉子（新待賢門院）		延元元年（1336）10月
躬良親王	後醍醐天皇	御子左(藤原)為子か	元弘4年（1334）	延元3年（1338）12月28日
懽子内親王	後醍醐天皇	西園寺（藤原）禧子（礼成門院）	元応元年（1319）6月26日	延元5年（1340）5月29日
満良親王	後醍醐天皇	五辻（藤原）親子か	延元3年（1338）3月	興国元年（1340）
妣子内親王	後醍醐天皇	北畠（源）親子		
惟子内親王	後醍醐天皇	阿野（藤原）廉子（新待賢門院）		
欣子内親王	後醍醐天皇	御子左（藤原）為子		
尊省親王	後伏見天皇	正親町（藤原）位子	暦応4年（1341）7月24日	暦応4年（1341）7月29日
業永親王	花園天皇	正親町（藤原）実子（宣光門院）	建武4年（1337）2月	康永2年（1343）3月18日

		常盤井殿	園太暦、観応二年日次記
恵仁のち尊朝	法親王	大聖院御室	園太暦、仁和寺御伝
		萩原宮	本朝皇胤紹運録、大乗院日記目録
		徽安門院	系図纂要
		常盤井	愚管記、後愚昧記
行助	法親王	円満院宮、金龍寺宮	山門嗷訴記、愚管記
道円	法親王	後大乗院宮	系図纂要
空助のち永助	法親王	後常瑜伽院御室	仁和寺御伝、続史愚抄
		花町	仁和寺諸院家記、愚管記
恵覚		護性院宮	系図纂要
道寛のち寛教	法親王	龍華院宮	仁和寺諸院家記、大覚寺門跡略記
		西応寺宮	系図纂要
梅隠祐常		六条宮	旧富岡本新葉和歌集、南山巡狩録
通智		有栖河殿、伏見宮	椿葉記、伏見宮御記録
竺源恵梵		木阿、爛雲子	旧富岡本新葉和歌集、南山巡狩録
覚瑜		長徳寺	系図纂要、南山巡狩録
道欽		後崇光院、伏見宮	看聞御記、椿葉記
		常盤井宮	尊卑分脈、本朝皇胤紹運録
		招慶院	系図纂要、南山巡狩録
法深のち弘覚のち静覚	法親王	後光台院御室	仁和寺御伝、華頂要略
日照恵光		伏見宮、後大通院	本朝皇胤紹運録、伏見宮御系譜
尊伝	法親王	不遠院	親長卿記、御湯殿上日記
			尊卑分脈、系図纂要
恵空		安養院	系図纂要
道永のち道什	法親王	下河原殿、上乗院宮	仁和寺諸院家記、諸門跡譜
尊猷のち尊鎮	法親王	桂蓮院宮	系図纂要、諸門跡譜
彦胤	法親王	後菩提院	実隆公記、二水記
寛法のち任助	法親王	厳島御室	御湯殿上日記、華頂要略
応胤	法親王	後龍禅院、蜻庵尊悟	華頂要略、梶井門跡略年譜
最胤	法親王	円明院宮	華頂要略、梶井門跡略年譜
覚円のち良恕	法親王	龍華院宮	御湯殿上日記、曼殊院相承新譜
覚深	法親王	後南御室	義演准后日記、仁和寺御伝
承快	法親王	七条殿、実性院宮	言経卿記、執次詰所記

恒明親王	亀山天皇	西園寺（藤原）瑛子（昭訓門院）		観応２年（1351）９月４日
尊敦親王	光厳天皇		文和４年（1355）８月20日	文和４年（1355）８月21日
直仁親王	花園天皇	正親町（藤原）実子（宣光門院）		延文２年（1357）頃か
寿子内親王	花園天皇	正親町（藤原）実子（宣光門院）	延元２年（1337）２月３日	延文３年（1358）４月以前
全仁親王	恒明親王			貞治６年（1367）６月15日
熙平親王	後光厳天皇		応安元年（1368）12月12日	応安元年（1368）12月14日
久尊親王	後光厳天皇	伯耆局	応安５年（1372）７月９日	応安６年（1373）10月２日
凞永親王	後光厳天皇	広橋（藤原）仲子（崇賢門院）	応安５年（1372）７月９日	応安６年（1373）12月28日
邦省親王	後二条天皇	五辻（藤原）宗親女		応安８年(1375)９月17日以前
説成親王	後村上天皇	新待賢門院冷泉局か		天授元年（1375）３月以後
道信親王	後光厳天皇			永徳２年（1382）11月10日
守永親王	尊良親王	後京極院御匣殿（今出河公顕女）か		弘和３年（1383）６月20日
惟成親王	後村上天皇	大蔵卿局（中原師治女）か		元中９年（1392）11月
栄仁親王	崇光天皇	庭田（源）資子	応安元年（1368）正月21日	応安５年（1398）５月26日
師成親王	後村上天皇	大蔵卿局（中原師治女）か		応永30年（1423）３月以前
師泰親王	後亀山天皇	権典侍局(日野邦光女)		応永30年(1423)４月22日以前
貞成親王	栄仁親王	三条（藤原）治子	応永32年（1425）４月16日	応永32年（1425）７月５日
満仁親王	全仁親王		永徳元年（1381）12月24日	応永33年(1426)10月８日以前
良泰親王	後亀山天皇	源信子か	天授５年（1379）２月	正長元年（1428）頃か
師凞親王	邦康親王		享徳２年（1453）12月18日	享徳２年（1453）12月21日
貞常親王	貞成親王	庭田（源）幸子（敷政門院）	文安２年（1445）６月27日	文明６年(1474)７月３日以前
尊敦親王	後土御門天皇	庭田（源）朝子	文明８年（1476）８月28日	長享２年（1488）12月29日
全明親王	直明王			永正６年（1509）正月８日
邦高親王(はじめ邦康)	貞常親王	庭田（源）盈子	文明６年（1474）４月26日	永正13年（1516）６月30日
高平親王	貞常親王	庭田（源）盈子	文明４年(1472)８月18日か	永正13年(1516)12月19日以前
清彦親王	後柏原天皇	勧修寺(藤原)藤子（豊楽門院）	永正11年（1514）３月25日	永正15年（1518）４月６日
寛恒親王	後柏原天皇	庭田（源）源子	永正17年（1510）11月22日	永正17年（1520）11月28日
凞明親王	貞敦親王	三条（藤原）実香女	天文８年（1539）11月１日	天文８年（1539）12月25日
貞齊親王	貞敦親王	三条（藤原）実香女	天文４年(1535)正月７日か	天文４年（1535）頃か
惟常親王	邦輔親王		天正３年（1575）２月21日	天正３年（1575）
勝輔親王	誠仁親王（陽光院）	勧修寺（藤原）晴子（新上東門院）	天正16年（1588）11月15日	天正16年（1588）11月20日
良仁親王	後陽成天皇	中山（藤原）親子	文禄３年（1594）４月29日	慶長６年（1601）３月27日
幸勝親王	後陽成天皇	中山（藤原）親子		慶長６年（1601）５月26日

付記

第一章　律令制展開期における尼と尼寺——その実態についてのノート——

『民衆史研究』第二三号（一九八二年十一月刊）に掲載された論文がもとになっている。さらにそれは、同年七月十一日の民衆史研究会例会（於東京都教育会館）で口頭発表した報告内容を核としている。その時の題名は「日本仏教史における尼寺・尼僧の問題」という、まことに大風呂敷を広げたものであったが、先輩の新川登亀男氏がわざわざ駆けつけて懇切に批評して下さったのはありがたかった。当時の私は『日本女性史』全五巻（一九八二年）の刊行に多大の示唆を受けており、何かに取り憑かれたように筆が弾んで、一気に論文を書き上げたように記憶している。そのせいか、校正の方が不十分で誤植が目立つ結果となり、多くの方々に御迷惑をおかけした。本書に収録するにあたっては、これらの誤植や表現のまずいところを改めるとともに、若干の史料を追加したが、そのほかはもとのままである。従って、関連論考への言及も得度制の問題に関する部分を除くと、原則としてほぼ一九八二年頃までのものに限られている。

なお、執筆当時、尼に関する先行研究の一つに石田瑞麿氏の「比丘尼戒壇——尼の特異な性格——」（『武蔵野女子大学紀要』通巻一八号、一九七八年）のあることを見落しており、今回の補訂に際しても関説できなかったので、石田氏に謹んで非礼をお詫びするとともに、ここで若干その内容を紹介させていただくことにしたい。この論文は授戒の問題を基軸に、尼の存在形態を古代から中世までたどったもので、石田氏はここで、法成寺尼戒壇における天台円戒の尼の成立や、鎌倉期の律宗復興に伴う比丘尼の出現などに触れられているほか、古代の尼を三分類する試みをされたり、平安期の尼寺が僧の支配下にあったことを、すでに指摘されたりもしている。古代の尼に関する主要な史料も、ここではその多くが提示されており、堀池春峰氏や須田春子氏のものと並んで、尼の研究史上重要な位置を占める論文であると思う。私がそれを見のがしていたとは、全くうかつであるとしか言いようがないのだが、半面、従いがたい点も少なくない。あえてそれらを二つの点に絞れば次のようになろう。

第一に石田氏は、尼十人の立合を必要とする授戒作法が日本では最初からなされておらず、従って「如法」の尼はついに成立しなかったという立場に固執されていることである。しかし、日本の尼が授戒作法の点で不備であったことを認めるにしても、本章で屢述したように、そのような尼を日本の律令国家は、当初「正式の官尼」として待遇していたのである。従って、「尼に戒牒が与えられたにしても、それは極めて違法なものでしかない」といった指摘には左袒することができない。古代仏教を東アジア的視野から考究することは重要であるが、石田氏の場合、中国律宗の法規に照らして日本の尼を捉えようとするあまり、日本独自の国家仏教のあり方に対する理解がやや欠けているように思われてならない。第二に、尼が救済活動に従事した点に一定の評価をされつつも、古代の尼は一貫して僧の下位に置かれていた（その理由を、如法の受具がなかったためとする）という点を強調されていることである。しかし、日本では奈良時代半ばの短期間のうちに尼の地位に急激な変動があったのであり、本章で私が最も言いたかったのは、まさにこの点であった。石田氏がこうした事実に気づかれなかったのは、一つには『僧尼令』に明記された僧尼平等の理念を看過されているためではなかろうか。以上が石田氏への批判である。

『民衆史研究』にこの論文を発表した頃は、私自身正直のところ気恥しい思いがしたし、当初の反応にも冷やかなものが感じられたが、近年女性と仏教の問題が学界でクローズアップされるに至り、あちこちで引用されるようになったことは、全く今昔の感に堪えない。

第二章　古代における尼と尼寺の消長

『民衆史研究』第二七号（一九八四年十一月刊）に掲載されたものであるが、原題は「古代における尼と尼寺の問題」であった。明らかな誤記や表現の稚拙な部分を手直ししたほか、行基集団の性格を論じた部分などのように注を若干豊富にしたところもあるが、それらを除けば、ほぼ原文通りである。初め、前章に収めた論文と繋ぎ合せて、「古代における尼と尼寺の消長」という題で一本化する心算でいたのだが、ついに果せず、その際に予定していた題名だけを持ってきて用いることにしたものである。

本章のもとになった論文の骨子は一九八四年八月三十一日～九月二日に、和歌山県高野山巴陵院において開かれた研究会「日本の女性と仏教」の第一回サマーセミナーで口頭発表した。前章の論文を発表していたことが機縁となり、当時早稲田大学大学院に出講されていた大隅和雄先生に慫慂されたことによる。発表直後に、服藤早苗氏から短絡的であると一喝されたのに対して、勝浦令子氏が私の論旨を正しく評価して下さったことには感激した。この時のセミナーでは、私の卒業論文執筆時以来、御論文を通じて何かと啓発を受けていた西口順子氏に初めてお目にかかれるなど、本章はいろいろと思い出のつきまとう作品である。研究会「日本の女性と仏教」の方はいまだに健在で、一九九〇年の信州戸隠におけるセミナーで第七回目を迎える。その間、平雅行氏・細川涼一氏・松尾剛次氏といった、今を時めく若手俊秀の方々と知り合いになれたのも、この研究会を通じてのことであり、学会等にあまり足を運ばない自分にとって最大の研鑽の場となった。

本章の内容は、その後の研究の進展によって訂正すべき点が生じている。とくに平雅行「旧仏教と女性」(『津田秀夫先生古稀記念封建社会と近代』所収、一九八九年。この内容は一九八八年の「日本の女性と仏教」第五回サマーセミナーでの報告「女性と光明真言」ですでに述べられている)は、女性差別文言や女人結界を示す文言が、九世紀後半に登場したことを示す史料を多く挙げられており、それらが即社会に定着したものでないにしても、私の旧稿が不備であることは認めなければならない。しかし、この点を手直しすると、論文そのものが崩壊してしまう危険性があり、当初の体裁を残しておきたいとする自分勝手な欲望も手伝って、あえてそのままにしておくことにした。また、平安期に存在した尼寺については、大江篤「淳和太后正子内親王と淳和院」(大隅和雄・西口順子編『シリーズ女性と仏教』第一巻「尼と尼寺」所収、一九八九年)で指摘された山城太秦安養寺のほか、私自身も一、二確認しているが、それらは追加できなかった。以上の点について、平・大江両氏の御海容を乞う次第である。

なお、平氏の右の論文には、平安期以降の女性差別観の成立が「日本独自の女性ケガレ観・女人不浄観」に由来するものであるとする、拙稿に対する批判も含まれている。同様の見解は西口順子『女の力』(一九八七年)にもすでにみられ、ここでも「神祇思想に存在した浄穢観」が女性忌避の原因であったとされている。尼の仏教界からの排除を、儒教的な家族倫理の導入や家父長制社会の成立といった理由のみに求めようとしたのは、確かに一面的であり、さまざまな要因が重なりあっているとみた方が事実に近いのかもしれない。しかし、その場合においても、私が問題とした「八世紀中葉」と「八世紀と九世紀の交わり」という二つの時期において、尼の地位の変動に最も大きな影響を及ぼしたものと言えば、やはり儒教思想であるとの見方は、今も捨て切れないでいることを付記しておきたいと思う。

第三章　諸寺別当制の展開と解由制度

『古文書研究』第一九号（一九八二年七月刊）に掲載された「寺院別当と交替解由制度」をもとにしている。僧尼団や寺院内部の制度のみではなく、国家史の制度の中で古代寺院の性格を考えてみようとしたもので、当時大学院のゼミに出席させていただいていた、福井俊彦先生の御仕事に刺激されて着手した研究であった。学界発表はせず、瀬野精一郎先生の中世史ゼミで一度報告した記憶がある。私としては、比較的短期間のうちにまとめることのできた論文であったように思う。補訂作業もすでに一九八六年の夏休みに一通り終えていたから、本書に収載した論文の中では、最も早く手直しが済んでいたことになる。その際、誤解に気づいた部分や表現の不備なところを訂正したほか、注や引用史料も若干増やしたが、論旨そのものは全く変っていない。従って、研究史の整理もその時点までのものに限られている。

本章第一節で触れた諸寺別当制の成立をめぐる問題については、旧稿が公になるのとほぼ同時期に、内容的に関連を有する論文がいくつか発表された。橋本政良氏の「古代寺院運営における三綱の役割とその選任について」（『ヒストリア』第九五号、一九八二年）や、加藤優氏の「良弁と東大寺別当制」（奈良国立文化財研究所創立30周年記念論文集『文化財論叢』所収、一九八二年）などがそれである。とくに後者の成果を踏まえつつ、第一節の部分を大幅に書き改める意図を持っていたが、引き続いて永村真氏の「東大寺別当の成立過程」（竹内理三先生喜寿記念論文集刊行会編『律令制と古代社会』所収、一九八四年）などが出されたため、結局断念した。当時の問題意識については、その後「諸寺別当制をめぐる諸問題」（雄山閣編『古代史研究の最前線』第二巻、政治・経済編下、一九八六年）で概略述べたことがある。

本章の中で、多少なりとも学界に寄与するところがあるとすれば、それは諸寺の交替公文を提示・分析した第三節であろう。しかし、これも寺院史の研究者から若干の注目を浴びただけで、その後かなり進展しているはずの、勘会制や交替式一般の研究者からは、今だに一顧だにされていないのは寂しい思いがする。

第四章　寺院在庁と国衙在庁

『日本歴史』第三九六号（一九八一年五月）に発表した『『在庁』の成立をめぐる一試論――『寺院在庁』への視角――』が原題である。これに先立って、一九七九年度の早稲田大学史学会大会で報告したが（その時の題は「寺院在庁と国衙在庁」）、さらにそれは同年三月に同大学に提出した修士論文の、補論として執筆した部分がもとになっている。本書に収めたものの中では最も古い論文で、未熟な誤りも目立ち、何よりもその後に気づいたり、御教示を受けた寺院在庁の関連史料が余りにも多かったため、それらを取り入れて今回大幅に改稿した。むろん、論旨そのものは全く変っていない。四天王寺や祇園社における在庁の存在を私信で御教示いただいた森川英純氏、広隆寺の在庁史料である宮内庁書陵部所蔵青蓮院古文書を提供された飯沼賢二氏には、改めて感謝したい。また、白山関係の在庁を見落していたことは私もすぐに気づいたが、時を同じくして、白山加賀馬場についての黒田俊雄氏や竹森靖氏の労作が相継いで出されたため、それらの成果を大いに利用させていただいた。以上の方々に厚く御礼申し上げるものである。

中世史料の分析が主になっているような印象を与えるが、もともとの視点は古代にあった。つまり、中世に残存した古代的遺制を通じて、日本古代寺院の特質を探ろうとしたもので、第三章と密接な関係を有している。当時、平安時代史で一つのブームとなっていた国衙在庁をめぐる研究動向の中で、寺院の在庁に全く目が向けられていなかったことをもどかしく思ったことが、執筆動機である。それとともに副次的に意図したのは、山岳系寺院にまま見られる在庁を修験組織特有のものとして捉えようとする、民俗学の研究動向に疑問を呈することであった。

私としては比較的自信のある論文であったが、発表当時はほとんど反響がなかった。かえって、ないものねだりの批判を一、二受けたことを記憶している。しかし、この論文をまとめていなかったならば、おそらく第五章として収録した「僧綱制の変質と惣在庁・公文制の成立」の論文も書き上げられなかったであろう。その意味で愛着のある作品の一つである。なお、細川涼一氏が「中世の法隆寺と寺辺民衆――勧進聖・三昧聖・刑吏――」（『部落問題研究』第七六号、一九八三年）で紹介してくれたのと、義江彰夫氏が『国史大辞典』第六巻（一九八五年）の「在庁」の項で評価して下さったのはうれしかった。

第五章　僧綱制の変質と惣在庁・公文制の成立

『史学雑誌』第九一編第一号（一九八二年一月）に発表した論文で、注を若干増補したほかは、ほぼ旧稿のままである。さらにさかのぼれば、一九七九年三月、早稲田大学大学院文学研究科に提出した同じ題名の修士論文がもとになっているが、当初の面影はほとんど留めていない。

この論文のキーワードとも言うべき「惣在庁」の重要性に気づいたのは、竹内理三先生が早稲田大学における御在職最後の年である一九七七年度に、大学院で講義された「日本寺院組織の研究」を受講してからである。たまたまその中で、仁和寺の組織に話が及んだ時、二、三の史料を挙げて惣在庁のことにも触れられたが、その実態についてはよくわからないと、ふと漏らされたことが私自身が研究を深める一つのきっかけであったように思う。また、その頃、関幸彦氏の「中世初期における国衙権力の構造とその特質」（『日本歴史』第三六〇号、一九七八年）などのように、惣在庁が国衙在庁を統轄するものと誤解して論じられる傾向が一部にあったことも、私を研究意欲に駆り立てた要因であったことは確かである。

しかし、これまで全く未開拓のテーマであっただけに、私自身も試行錯誤の連続で、修士論文として提出した時点では余りにも不備の多いものであった。何とか活字論文として公表できそうなものに書き改めるまでに、それから一年以上もかかっている。その間、伊藤清郎氏の中世僧綱制をめぐる研究が続々と公にされ始めたことも、大きな刺激となった。現在では不満な点も多いが、本書に収めた論文の中では最も心血を注いだものと言ってよいかもしれない。これを読み返すと、東京西落合にあった薄汚れた六畳一間のアパートで、朝夕原稿用紙と格闘していた頃の苦しい日々のことが、まるで昨日のことのように思い起こされる。こうしてやっとの思いで書き上げた論文が掲載された、『史学雑誌』第九一編第一号が出たのは一九八二年の一月であったが、これより一カ月程前に刊行された『ヒストリア』第九三号（一九八一年十二月）で、同じテーマを扱った森川英純氏の「法務・惣在庁・威儀師」に接した時には、一瞬目の前が真暗になった。実際には森川氏の所論と拙稿とでは、惣在庁の位置付けや典拠史料を異にしており、互いに双方の不備を補い合うものと言ってよいのだが、その時はこれで拙稿の価値も半減したとの思いに真剣にかられたのである。これも今となってはなつかしい思い出である。

第六章　「賜綱所」と「召具綱所」――仁和寺御室の性格究明への一視点――

『信州大学教育学部紀要』第五七、五八号（一九八六年八月、十二月刊）に掲載された論文で、前章に収めた論文の補論として執筆したもの。本書の中では唯一、信州大学着任後に成稿した論文であるが、主旨はすでに二年前の一九八四年十一月、史学会第八十二回大会日本史部会で口頭発表している。本書に収録するにあたっては二、三の気づいた誤字・誤植を訂正しただけで、他は全く手を加えていない。史学会大会で発表した時は、竹内理三先生が最前列の席で聞いていて下さり、随分と緊張した思い出がある。

ここで意図したことは、前稿で十分論じ切れなかった「賜綱所」の語義を詳しく検討することと、あわせて中世僧綱制の研究が相継いで出された結果、それを余りに高く評価しすぎる当時の傾向に疑問を呈することであった。しかし、一方でこの作業が仁和寺御室の歴史的性格の究明の必要性を導く結果となったことは、本文のむすびのところに記した通りである。これ以後も仁和寺御室に関心を抱き続けているが、一九八七年十一月一日の日本古文書学会第二十回大会（於国学院大学）で『仁和寺御室次第』の問題点」を口頭発表したのみで、私自身の研究はさほど進展していない。

第七章　入道親王と法親王の関係について

本章の原型は『史観』第一一〇冊（一九八四年三月刊）に寄稿した「入道親王と法親王の関係についての覚書」であるが、そこでは見落しや不用意な表現も目立ち、自家撞着に陥っていた部分もあったので、その後に気づいた史料を加えつつ、全面的に書き改めたものである。口頭では確か、竹栞会（竹内理三先生が早稲田大学を退職されたあと、教え子たちが集まって数年間続けていた親睦会）の例会で報告させていただいた記憶がある。

執筆当初から、とんでもない勘違いをしているのではないか、あるいは誰でも気づいている当たり前のことを述べているに過ぎないのではないか、などといった思いが絶えずつきまとい、私としては全く自信の持てない論文であったが、それでも意外に反響が大きかった。薗田香融先生に初めてお目にかかったのは、一九八五年の研究会「日本の女性と仏教」第二回サマーセミナー（於江ノ島婦人総合センター）の折であったが、御挨拶すると開口一番にこの未熟な拙稿のことを挙げて、お誉めの言葉を頂いたのを覚えている。

　改稿にあたっては、その後に刊行された宮内庁書陵部編『皇室制度史料』皇族三（一九八五年）が、皇族の出家に関わる豊富な史料を掲載していて、大変役立った。

あとがき

竹内理三先生から戊午叢書の一冊に執筆するように御推薦を受けたのは、確か一九八三年の早春のことであった。その際には二年くらいで原稿をまとめるお約束をしておきながら、ずるずると延びて今日に至ってしまったことは、月並みな表現ではあるが私の怠惰以外の何ものでもない。その上、当初は書き下ろしにするつもりで意欲に燃えていたはずなのに、いつのまにか自分の試行錯誤の過程をとどめておくのもまた、それなりに意義のあることではないかという、甚だ都合のよい解釈をして自己満足するようになり、結局、既発表論文の補訂に終ってしまったことに、能力の限界をひしひしと感じている。

しかし、若干の弁解が許されるならば、人生の節目とも言うべき出来事が、私の場合は一九八五年以後、一、二年の間に立て続けに起ったという事情がある。同年七月、幸いにも信州大学教育学部に赴任することができたのだが、大学の教壇に立つのは初めての経験で、一年間位は講義ノートの作成に追われる日々であったし、教員養成学部の宿命か、思いのほか雑務も多かった。また、生活の安定が得られた反面、これまでのように、「必要な文献を必要な時に見る」ということが全く不可能に近い状態となり、東京と地方とのあまりにも大きな文化的落差の前に茫然とすることもしばしばであった。加えて、結婚、長男の誕生と続く生活環境の変化も、生来の不器用である上に、東京での穴蔵生活が長かった私にとっては、現実に対応するのに時間がかかり、落ち着いた研究生活をなかなか取りもどせなかった理由の一つである。わけても、その間の最大の痛恨事は、十数年に及ぶ遊学を黙認してくれた父が、私の結婚後三週間目に急死したことであった。父にまとまった研究成果を見てもらうことができなかったのは無念でならなかったが、父の死によって長男としての責任が自分の身にふりかかってきたことが新たな苦痛となった。それまで両親や家族のことを全く顧みず、勝手放題の生き方をしてきた「つけ」が今頃になって回ってきたと言えばそれまでだが、今後もしばらくはその重圧感から解放されそうにない。

それでも、こうして本書の体裁がようやく整い、あとがきを執筆する段階になると、内容の不備にもかかわらず安堵感を覚え、それとともに東京での研究生活のことがいろいろと思い起こされる。たった一年間ではあるが、大学院修士課程で竹内理三先生に御指導を受けたことが、何と言っても大きな部分を占めている。最初法学部に進んだ私は、のちに文学部に編入学したものの、史学専攻の学生となったのは大学院からであったから、なおさらこの間の思い出は尽きない。初めて演習の授業に出席した時、居並ぶ先輩方の面々に圧倒される思いで、果してついていけるかどうか自信を失いかけ、将来のことが早くも不安になった。大学院進学に後悔の念を抱きつつ、その日は深更まで早稲田界隈を彷徨した記憶がある。

竹内ゼミの授業形態の特徴は、大化前代から戦国期に至る、各々フィールドを異にする者が一堂に会して白熱した討論がなされる点にあったが、あのような学問的雰囲気は二度と味わえぬであろう。こうした中で、多くの先輩からさまざまな知識や情報を享受できたことはありがたいことで、その学恩ははかり知れないものがある。しかし、かえって自分なりの方法や視角が定まらず、初めの頃は右往左往するばかりであった。その年のゼミの夏合宿で、当時「賦役令」の研究班に属していた私は、飛騨工の境遇を、聞きかじったばかりの階級闘争史と結びつけて、報告にもならぬ報告をした。烈火の如く怒られた、その時の先生のお顔が目に焼きついて今に忘れることができない。「歴史学は言葉や理論ではないよ」と言われたことが、お叱りの言葉の中でとくに強く印象に残っているが、同じことはその後も何度か口にされた。むろん、私には現在も、素朴実証や単なる文献史料の解読・紹介といったことが歴史学の本道とは必ずしも思えないのだが、日本史学の研究動向が流行やブームに流される面の強いことに徐々に気づくにつれて、多少なりとも後々まで残るような仕事をするためには、自分自身の道をまっすぐに突き進むべきであると痛切に感じるようになった。今からすると、この夏の経験がその後の私の方向を決定づけていたように思う。

竹内先生が早稲田大学を去られたあとは、しばらくの間虚脱感に襲われたが、引き続き多くのすぐれた先生方に恵まれ、これまで通り自由な発想から研究を続けることができたのは幸いであった。とりわけ、竹内ゼミを引き継いで指導教授になられた瀬野精一郎先生、公私にわたって何かと細かい御指導を受けることになった古代史の福井俊彦先生、それと東京女子大学から数年間出講されていた大隅和雄先生のお三方から受けた御鞭撻は筆舌に尽しがたいものがある。いずれも竹内先生よりも二回りほどお若いという気安さもあってか、甘えることの方が多く、御迷惑のかけっぱなしで今日に至っている。竹内理三先生、並びに以上の三先生に厚く御礼申し上げたい。また、お世話になった先輩、友人に至っては、一々そのお名前を挙げることはとうていスペースの許すところではないが、現在もお会いする度に叱咤激励して下さる黒田日出男・樋口州男・田中寿朗・佐藤博信・新川登亀男・永村真・海老沢衷の先輩諸氏には、この場をお借りして謹しんで謝意を表しておきたい。このほか、勉強会等を通じて知り合い、本書の刊行を早くから待ち望んでくれていた吉田一彦・御子柴大介両氏の「男の友情」も忘れることのできないものである。

再び私事にわたって恐縮であるが、昨年の三回忌に著書を間に合わせることができなかった私としては、こんどこそ父の墓前に本書の上梓を報告するとともに、信州伊那の廃屋に一人住む母の膝下に届けることができるかと思うと、今から何よりの楽しみである。また、校正の作業を通じて私のやってきた仕事に理解を示してくれるようになった妻にも、日頃わがまま勝手を押し通してもらっている点とともに、その労苦に報いたいと思う。

一九九〇年八月

牛山佳幸

戊午叢書刊行の辞

今日の史学の隆盛は前代未聞といえよう。数え上げることも出来ぬ程の研究誌、ひろい歴史愛好者を含む歴史書のおびただしさ、送迎するものの目も眩むばかりである。にも拘わらずここに新たな叢書を企画する理由は三つある。一つは研究誌の多さにも拘わらず、掲載される枚数がきびしく制限され、大論文の発表の場となし難い現況を打破したいこと。二は、出版物は多数とはいえ、すべて営利的出版者の常として、時流から外れた地味な研究は出版困難である状況に、多少の手助けをしたいこと。三は、本叢書の最大の眼目とするところであるが、いわゆる若手の研究者の研究は、概して新鮮さにあふれ、前途の大成を予告する優秀さをもつにも拘わらず、正当な評価をうけること少く、著書として出版される機会が中々得られない実情を打破したいこと。私自身、恩師の推挽によって卒業論文を出版することができ、それが出発点となって、今日まで恵まれた研究生活をおくり得た恩恵を深く思う故に、とくに第三点に重点をおき、今年を以て古稀を迎えた機会に、年々多少の資を提供して出版補助とし、吉川弘文館の賛成を得て発足し、今年の干支戊午に因んで戊午叢書と名づけたものである。対象はほぼ大学修士論文とするが、未だ専書刊行のない隠れた研究者の論文集をも含めたい。大方の賛成を得て、多年に渉って恩恵をうけた学界への報謝の一端ともなれば、幸甚これにすぐるものはない。

一九七八年一二月二〇日

竹内理三

著者略歴

一九五二年
長野県に生れる
一九七五年
早稲田大学法学部より第一文学部に編入学
一九八三年
早稲田大学大学院文学研究科博士後期課程単位修得退学
日本学術振興会奨励研究員等を経て

現職
信州大学教育学部助教授

主要著書・論文
『長野県史　通史編』第一巻原始・古代(共著)
「早良親王御霊その後——中世荘園村落の崇道社の性格をめぐって——」(『荘園制と中世社会』)
「怨敵調伏法から軍荼利信仰へ——主として東国における——」(『仏教史学研究』二九巻二号)
「中世の尼寺と尼」(シリーズ女性と仏教第一巻『尼と尼寺』)

古代中世寺院組織の研究

平成二年十一月十日　第一刷発行
平成三年十月一日　第二刷発行

著者　牛《うし》山《やま》佳《よし》幸《ゆき》

戊午叢書

発行者　吉川圭三

発行所　株式会社　吉川弘文館
東京都文京区本郷七丁目二番八号
郵便番号一一三
振替口座東京〇—二四四番
電話〇三—三八一三—九一五一番(代表)

印刷＝亜細亜印刷　製本＝誠製本

〈戊午叢書〉
古代中世寺院組織の研究（オンデマンド版）

Digital Publishing

2017年10月1日　発行

著　者　牛山佳幸《うしやまよしゆき》

発行者　吉川道郎

発行所　株式会社 吉川弘文館
〒113-0033　東京都文京区本郷7丁目2番8号
TEL　03(3813)9151(代表)
URL　http://www.yoshikawa-k.co.jp/

印刷・製本　株式会社　デジタルパブリッシングサービス
URL　http://www.d-pub.co.jp/

牛山佳幸（1952～）
ISBN978-4-642-71296-5